해방된 관객

컨템포러리 총서

해방된 관객

자크 랑시에르 지음
양창렬 옮김

현실문화

차례

일러두기

- 이 책은 Jacques Rancière, *Le spectateur émancipé*(Paris: La Fabrique éditions, 2008)를 번역한 것이다.

- 지은이가 중의적으로 쓴 단어는 /를 이용하여 두 단어로 옮겼고, 문맥에서 다르게 번역될 수 있는 단어는 [ ] 안에 표시했다.

- 본문의 [ ]는 원문의 이해를 돕기 위해 옮긴이가 보충한 내용이다.

- 옮긴이 주는 [옮긴이]로 표시했다.

- 지은이가 본문에서 인용한 책의 경우, 국역본이 있으면 참조하고 옮긴이 주에 서지사항을 덧붙였다. 해당 인용 부분의 번역은 별다른 표시 없이 옮긴이가 수정했다.

- 제목 표기 시, 단행본에는 『 』를, 논문에는 「 」를, 잡지·신문 등 정기간행물에는 《 》를, 작품·전시에는 〈 〉를 사용했다.

- 외국 인명 표기는 국립국어원에서 펴낸 외래어 표기법을 원칙으로 하되, 국내에서 널리 사용되는 인명은 관행을 따르기도 했다.

I. 해방된 관객

이 책은 내가 몇 년 전에 받은 의뢰에서 시작됐다. 내 책『무지한 스승Le Maître ignorant』에서 전개된 사상들에 의거해 관객을 논하는 예술가 아카데미에서 키노트 스피치를 해달라는 의뢰였다.[1] 제안을 받고 처음엔 다소 난처했다.『무지한 스승』은 19세기 초 스캔들을 일으켰던 조제프 자코토Joseph Jacotot의 엉뚱한 이론과 특이한 생애를 제시했다. 자코토는 무지한 자가 다른 무지한 자에게 자신도 모르던 것을 가르칠 수 있다고 주장했고, 지적 능력의 평등을 공포했으며, 인민 지도에 지적 해방을 맞세웠다. 그의 사상은 19세기 중반부터 잊히기 시작했다. 1980년대에 나는 자코토의 사상을 되살림으로써 공립학교가 나아갈 바를 논하는 잔잔한 호수에 지적 해방이라는 돌을 던지면 좋겠다고 생각했다. 그런데 데모스테네스, 라신, 푸생 같은 이름으로 상징될 수 있는 예술 세계를 갖는 인간[자코토]의 생각을 현대 예술을 성찰하는 데 어떻게 사용할 수 있을까?

1　2004년 8월 20일, 프랑크푸르트의 '국제 여름 아카데미'에서 키노트 스피치를 해달라고 초대한 이는 스웨덴 출신 퍼모머이자 안무가인 모르텐 스퐁베리(Mårten Spångberg)였다. [옮긴이] 이 강연은 인터넷 동영상 사이트에서 The Emancipated Spectator로 검색하면 쉽게 찾아볼 수 있다. 발표문은 *Art Forum*, 45: 7(march 2007), pp. 271~280에 같은 제목으로 게재된 바 있고, 이 책에 재수록하기 위해 수정됐다.

곰곰이 생각해보니 지적 해방의 사유와 오늘날 관객에 관한 물음 사이에 아무런 뚜렷한 관계도 없다는 것이 또한 기회인 듯 보였다. 그것은 포스트모던이라는 형태 아래에서도 연극, 퍼포먼스, 관객에 관한 토론 대부분을 여전히 떠받치는 이론적·정치적 전제에 대해 근본적 간극을 둘 기회일 수 있었다. 관계를 끌어내고 그 관계에 의미를 부여하기 위해서는, 예술과 정치의 관계를 둘러싼 논의 한가운데에 관객에 관한 물음을 놓는 전제들의 네트워크를 재구성해야 했다. 우리가 연극적 스펙터클spectacle의 정치적 함의를 판단할 때 흔히 바탕이 되곤 하는 전반적 합리성 모델을 스케치할 필요가 있었다. 내가 여기서 연극적 스펙터클이라는 표현을 사용하는 까닭은 행위하는 몸체들을 운집한 공중le public 앞에 놓는 모든 형태의 스펙터클—극행위, 무용, 퍼포먼스, 마임 등—을 포함시키기 위해서이다.

사실 연극사를 통틀어 연극이 받아온 수많은 비판은 하나의 기본 정식으로 환원될 수 있다. 나는 그 정식을 관객의 역설이라고 부를 것이다. 그것은 유명한 배우의 역설보다 어쩌면 더 근본적인 역설이다. 이 역설을 간단히 정식화하면 다음과 같다. (디드로의 『대담Entretiens』의 계기가 된 『사생아Le Fils natural』[1757]의 허구적 상연에서처럼, 단 한 명의 숨은 관객이라도 있어야지) 관객 없이는 연극도 없다. 그런데 고발자들은 이야기한다. 관객이 되는 것은 두 가지 이유에서 좋지 않다고. 첫째, 보는 것은 인식하는 것의 반대이다. 관객은 외양을 마주하나 이 외양이 만들어지는 과정이나 외양이 감추는 현실을 모르고 있다. 둘째, 보는 것은 행위하는 것의 반대이다. 관객은 자신의 자리에서 꼼짝 않고 수동적으로 머문다. 관객이 되는 것은 동시에 인식 능력과 행위 능력에서 분리되는 것이다.

이 진단은 두 상이한 결론에 길을 열어준다. 첫 번째 결론에 따르면, 연극은 절대적으로 나쁜 것, 가상과 수동성의 무대이므로 그것이 금지하는 것(인식과 행위, 인식하는 행위와 앎에 의해 이끌린 행위)을 위해서 제거되어야 한다. 이는 오래전에 플라톤이 정식화한 결론이다. 연극은 무지한 자들이 고통 받는 인간들을 보도록 초대받는 장소라는 것이다. 연극 무대가 무지한 자들에게 제공하는 것은 파토스pathos의 스펙터클, 병病의 현시, 욕망과 고통의 현시, 다시 말해 무지에서 비롯되는 자기 분열의 현시이다. 연극의 고유한 효과는 다른 병—그림자에 매료되는 시선의 병—을 통해 이 병을 전파하는 데 있다. 연극의 고유한 효과는 등장인물들을 괴롭히는 무지의 병을 무지의 기계, 즉 시선을 가상과 수동성으로 만드는 광학 기계를 통해 전파한다. 올바른 공동체란 연극적 매개를 용납하지 않는 공동체요, 공동체를 지배하는 척도가 공동체 성원들의 생생한 태도 속에 직접 체화되는 공동체이다.

이는 가장 논리적인 추론이다. 그렇지만 연극적 미메시스mimēsis를 비판하는 자들 사이에 폭넓게 받아들여지는 추론은 아니다. 그들은 대개 전제는 그대로 두고 결론만 바꾸어왔다. 연극을 이야기하는 자는 관객을 이야기하기 마련이며, 그것이 나쁜 것이다, 라고 그들은 말했다. 이상이 우리가 알고 있는 연극의 고리, 우리 사회가 그것의 이미지에 맞게 본뜬 연극의 고리이다. 그러므로 우리에게는 다른 연극, 관객 없는 연극이 필요하다. 빈 객석 앞에서 하는 연극이 아니라, [희랍어 theatron이라는] 단어 자체에 함축된 수동적인 광학적 관계가 **드라마**라는 다른 단어—무대 위에서 생산된 것을 가리키는 단어—에 함축된 다른 관계에 복속되는 연극이 필요하다. 드라마는 행위를 뜻한다. 연극이란 운동하는 신체들이, 동원되어야 하는 살아 있는 신체들 앞에서 어떤 행위를 완수하도록 이끌리는 장소이다. 동원되어야 하는 살아 있는 신체들은 자신들의 힘을 포기했을 수 있다. 그러나 이 힘은 운동하는 신체들의 퍼포먼스에서, 이 퍼포먼스를 구축하는 지적 능력에서, 그 퍼포먼스가 만들어내는 에너지에서 재포착되고, 재활성화된다. 이 능동적 힘에 바탕을 두고 새로운 연극을, 또는 그것의 본연한 미덕, 그것의 진정한 본질—연극이라는 이름을 차용한 스펙터클들은 그 본질의 타락한 판본을 제공할 뿐이다—을 회복한 연극을 구축해야 한다. 관객 없는 연극이 필요하다. 관중이 이미지들에 현혹되는 대신에 뭔가를 배우게 되는 연극, 관중이 수동적 구경꾼이 되는 대신에 능동적 참여자가 되는 연극이 필요한 것이다.

이 방향 전환에는 두 개의 중요한 정식이 있다. 그 두 정식은 연극 개혁의 실천과 이론에서는 종종 뒤섞이지만, 그 원리에서는 서로 적대적이다. 첫 번째 정식에 따르면, 외양에 매혹되어 (관객을 무대의 등장인물과 동일시하게 만드는) 감정이입에 빠지는 부질없는 구경꾼의 바보 만들기에서 관객을 빼내야 한다. 따라서 관객에게 낯설고 일상적이지 않은 스펙터클을, 관객이 의미를 찾아내야 하는 수수께끼를 제시해야 할 것이다. 관객이 수동적 관객의 위치를 바꾸어 현상을 관찰하고 그 원인을 탐구하는 조사관이나 과학적 실험자가 되도록 강제해야 할 것이다. 또는 관객에게 행위를 결정해야 하는 사람이 직면하는 것과 유사한 범례적 딜레마를 제안해야 할 것이다. 그리하여 사리를 분별하고, 이치를 논하고, 과단성 있는 선택을 하는 그의 고유한 감각을 예민하게 만들어야 할 것이다.

두 번째 정식에 따르면, 이치를 따지는 이 거리두기 자체를 폐지해야 한다. 관객은 자신에게 제시되는 스펙터클을 평온하게 검사하는 관찰자의 위치에서 뽑아내어져야 한다. 관객은 [스펙터클을] 제어한다는 착각을 버리고, 연극 행위의 마법적 고리 속에 휩쓸려야 한다. 거기서 관객은 합리적 관찰자의 특권을 내놓고 전적인 생명 에너지를 손에 넣는 존재의 특권을 얻을 것이다.

이상이 베르톨트 브레히트Bertolt Brecht의 서사극과 앙토냉 아르토Antonin Artaud의 잔혹극을 단적으로 나타내는 근본적 태도이다. 한쪽에서 관객은 거리를 취해야 한다. 다른 쪽에서 관객은 모든 거리를 상실해야 한다. 한쪽에서 관객은 자신의 시선을 예리하게 다듬어야 한다. 다른 쪽에서 관객은 바라보는 자의 위치를 단념해야 한다. 연극을 개혁하려는 근대의 기획들은 거리를 둔 탐색과 생기 넘치는 참여라는 이 두 극 사이에서 끊임없이 진동했다. 그것들의 원리와 효과를 뒤섞을 것을 무릅쓰고서라도 말이다. 그것들은 연극을 제거하도록 만드는 진단에 의거해 연극을 변혁하고자 했다. 그것들이 플라톤의 비판 근거들을 다시 채택했을 뿐 아니라, 플라톤이 연극의 악에 맞세웠던 긍정적 정식 또한 채택했음은 놀라울 것도 없다. 플라톤은 연극의 민주적이고 무지한 공동체를 다른 공동체로, 그러니까 신체의 다른 퍼포먼스에서 단적으로 드러나는 공동체로 대체하고자 했다. 플라톤은 연극 공동체에 무용 공동체를 맞세웠다. 무용 공동체에서는 누구도 부동의 관객에 머물지 않는다. 거기서는 각자가 수학적 비례로 정해진 공동체의 리듬에 따라 움직여야 한다. 이를 위해서는 군무 안에 끼지 않겠다고 버티는 고집 센 노인들을 취하게 만들기도 해야 한다.

연극 개혁자들은 **무용**과 **연극** 사이 플라톤적 대립을 연극의 진실과 스펙터클의 모상simulacre 사이 대립으로 재정식화했다. 그들은 연극을 관객으로 이루어진 수동적 공중이 그것의 반대—자신의 생명 원리를 현동화시키는 인민의 능동적 신체—로 변환되어야 하는 장소로 만들었다. 나를 초대했던 여름 아카데미의 소개글은 위의 생각을 다음처럼 표현했다. "연극은 공중이 집단으로서의 자신과 대면하는 유일한 장소로 남아 있다." 좁은 의미에서 볼 때, 이 문장은 그저 연극의 집단적 청중을 전시회에 가는 개별 방문객이나 영화관에 든 누적 관람객과 구별하고자 한다. 하지만 그 문장에는 분명히 그 이상의 뜻이 있다. 문장에서 '연극'이란 공동체의 범례적 형태이다. 그 문장은 재현의 거리에 대립되는 자기 현존으로서의 공동체라는 관념을 함의한다. 독일 낭만주의 이래, 연극에 관한 사유는 살아 있는 집단이라는 이 관념과 연결되어왔다. 연극은 집단의 감성적² 구성—감각적 구성—이라는 형태로 나타났다. 그

---

2 〔옮긴이〕 프랑스어 esthétique를 '감성적'이라고 옮겼다. 이 단어는 형용사로도 쓰이고 관사를 붙여 명사로도 쓰이는데, 이는 각각 독일어 ästhetisch와 Ästhetik에 대응한다. (특히 칸트 미학에서) ästhetisch를 미적/미감적/심미적으로 옮길 것이냐 감성적으로 옮길 것이냐 하는 논쟁이 있듯이, esthétique도 위 두 의미를 포괄하고 있어 번역하기 까다롭다. esthétique는 희랍어 aisthēsis에서 온 것으로서, "어떤 대상, 행위, 표상에 의해 변용되는 방식, 감각적인 것에 거주하는 방식"을 가리킨다. 랑시에르가 esthétique라는 용어로 뜻하고자 하는 것은 일차적으로 이런 수용 능력과 관련된다. 랑시에르는 19세기 노동자 운동 연구를 통해 정치가 볼 수 있는 것, 생각할 수 있는 것, 말할 수 있는 것 등의 분

것을 장소와 시간을 점유하는 방식으로서의 공동체로, 즉 단순한 법적 기구에 맞서는 현동적인en acte 신체로서의 공동체로, 법과 정치 제도에 선행하여 그것들을 미리 형성하는 지각, 몸짓, 태도의 집합으로서의 공동체로 이해하자. 연극은 그 어떤 예술보다 더 감성적[미학적] 혁명—국가와 법의 역학을 바꿀 뿐 아니라 인간 경험의 감각적 형태들을 바꾸는 혁명—과 연결됐다. 그러므로 연극 개혁이란 공동체의 집회나 의식이라는 연극의 본성을 복원하는 것을 뜻했다. 브레히트는 에르빈 피스카토르Erwin Piscator[1893~1966]를 따라 이렇게 이야기한다. 연극은 집회이다. 거기서 평민들은 자신들이 처한 상황을 의식하고 자신들의 이해관계를 논한다. 아르토는 이렇게 단언한다. 연극은 정화 의례이다. 거기서 집단은 그것의 고유한 에너지에 사로잡힌다. 만일 연극이 이처럼 미메시스의 가상에 맞서는 살아 있는 집단을 구현한다면, 연극에 그것의 본질을 되돌려주고자 하는 의지가 스펙터클에 대한 비판에 기댈 수 있다고 해도 놀랄 일이 아니다.

기 드보르Guy Debord[1931~1994]가 말하는 스펙터클의 본질은 무엇

배를 둘러싼 투쟁임을 깨달았으며, 그것을 정치의 감성학(esthétique de la politique)으로 개념화했다. 이후 『감각적인 것의 나눔(Le partage du sensible)』을 기점으로 esthétique는 흔히 '미학'의 영역을 논하는 데 사용되기 시작한다. 랑시에르는 미학을 '미 또는 예술에 관한 이론'이라는 통상적 정의가 아니라 재현적 체제에 반대되는 특정한 예술 식별 체제('예술의 미학적 체제')를 가리키기 위해 사용한다. 요컨대 esthétique가 명사로 쓰일 때는 감성학, 미학으로, 형용사로 쓰일 때는 감성적, 미적으로 옮길 수 있겠다. 이 책에서 esthétique는 아무래도 '감성(학)적'보다는 '미학(적)'의 의미로 많이 쓰인다. 매 구절마다 감성학[미학] 내지 미학[감성학]이라고 표기하기 번거로워 '미학'이나 '미적'으로 옮긴 구절이 많지만, 독자는 그 단어와 마주치면 자동으로 '감성학'이나 '감성적'이라는 뜻을 함께 놓고 본문을 읽어가길 바란다.

일까? 바로 외부성이다. 스펙터클은 시각의 지배이고, 시각은 외부성, 다시 말해 자기 상실이다. 관객으로서 인간의 질병은 "관조하면 할수록 그는 더 그 자신이 아니다"[3]라는 간단한 정식으로 요약될 수 있다. 이 정식은 반플라톤적인 듯 보인다.[4] 사실, 스펙터클 비판의 이론적 토대는 포이어바흐가 했던 종교 비판을 마르크스를 통해 차용한 것이다. 스펙터클 비판과 종교 비판의 원리는 진리를 비-분리로 여기는 낭만주의적 시각에 있다. 하지만 이 생각 자체는 플라톤의 미메시스 개념에 의존한다. 드보르가 고발하는 '관조'는 자신의 진리에서 분리된 외양에 대한 관조요, 이 분리에 의해 생겨난 고통의 스펙터클이다. "분리는 스펙터클의 알파[처음]이자 오메가[끝]이다."[5] 인간이 스펙터클에서 관조하는 것은 자신이 도둑맞은 활동이다. 거기서 인간의 본질은 낯설게 변해 그 자신에

---

3   Guy Debord, *La Société du spectacle*(Gallimard, 1992), p. 16. (옮긴이) 드보르의 원문은 "Plus il contemple, moins il vit"—"관조하면 할수록, 그의 삶은 더 희박해진다"—인데, 랑시에르는 이를 "Plus il contemple, moins il est"로 바꿔 읽는다. 기 드보르, 유재흥 옮김, 『스펙타클의 사회』(울력, 2014), 32쪽 참조.

4   (옮긴이) J. Rancière, "Critique de la critique du 'spectacle';" *Et tant pis pour les gens fatigués*(Paris: Éditions Amsterdam, 2009), p. 621 : "반플라톤적으로 보이는 드보르의 유명한 구절이 하나 있다. 거기서 드보르는 "관조하면 할수록 그는 더 그 자신이 아니다"라고 이야기한다. 즉 존재와 보기가 대립되는 것이다. 하지만 결국 이는 같은 것으로 귀결된다. 왜냐하면 관객에게 결핍된 것은 바로 자신 앞에 있는 것이 분리되고 낯설게 되어버린 자기 자신의 현실, 본질, 삶이라는 사실에 대한 의식이기 때문이다. 그 순간, 미메시스 비판은 본질적으로 **분리에 대한 비판(Critique de la séparation)**—이것은 드보르의 영화 제목이기도 하다—이 된다. 다시 말해, 인간이 자신의 본질을 자기 바깥으로 투사하는 과정과 스펙터클이 동일시되어 절대악으로 취급되는 방식이 된 것이다. 그로부터 근본적인 거리 그리고 무능력이 생긴다. 모두가 스펙터클 안에 있기에 누구도 거기서 빠져나갈 이유가 없을뿐더러 스펙터클의 이유/근거를 인식하는 자도 없다."

5   Guy Debord, *La Société du spectacle*, §25. (옮긴이) 유재흥 옮김, 『스펙타클의 사회』, 28쪽 참조.

맞서 되돌아오며, 현실이라고는 박탈밖에 없는 집단적 세계를 조직하게 된다.

이처럼 스펙터클 비판과 연극에 그것의 본질을 되돌려주겠다는 탐구 사이에는 모순이 없다. '좋은' 연극이란 연극의 분리된 현실을 활용하여 그 분리된 현실을 제거하는 연극이다. 관객의 역설은 플라톤의 연극 금지 원리를 연극의 이름으로 다시 취하는 이 독특한 장치의 일부이다. 그러므로 오늘 재검토해야 하는 것은 바로 이 원리들이다. 좀 더 정확하게는 그 원리들의 가능성을 떠받치는 전제들의 네트워크, 등가―연극의 공중과 공동체 사이의 등가, 바라보기와 수동성의, 외부성과 분리의, 매개와 모상의 등가―와 대립―집단과 개인의, 이미지와 살아 있는 현실의, 능동성과 수동성의, 자기 소유와 소외 사이의 대립―의 세트를 재검토해야 할 것이다.

이 등가와 대립의 세트는 사실 죄와 대속이라는 꽤 복잡한 극작법을 구성한다. 연극은 관객을 수동적으로 만들고, 그리하여 공동체적 행위라는 자신의 본질을 배신했다며 스스로를 고발한다. 그 결과 연극은 관객에게 그의 의식과 능동성에 대한 소유를 되돌려줌으로써 자신의 효과를 뒤집고, 자신의 죗값을 치르겠다고 자임한다. 연극 무대와 퍼포먼스는 스펙터클의 악과 참된 연극의 덕 사이에서 사라지는 매개가 된다. 그것들은 관객에게 관객이기를 그치고 집단적 실천의 행위자가 되는 방법을 가르치겠다고 제안한다. 브레히트의 패러다임에 따르면, 연극적 매개는 관객에게 연극의 토대가 되는 사회 상황을 의식하게 만들고 그 상황을 변혁하기 위해 행동하는 것을 욕망하도록 만든다. 아르토의 논리에 따르면, 연극적 매개는 관객이 관객 위치에서 빠져나오도록 만든다. 스펙터클과 마주하는 대신, 관객은 퍼포먼스에 에워싸이고, 자신에게 집단적 에너지를 돌려주는 행위의 고리에 휩쓸리게 된다. 어느 경우든 연극은 자기 제거를 지향하는 매개임을 자처한다.

　바로 이 지점에서 지적 해방에 대한 기술과 명제가 등장하여 우리가 문제를 재정식화하는 데에 도움이 될 수 있다. 실제로 스스로-사라지는 이 매개는 우리에게 생소한 것이 아니다. 그것은 교육 관계의 논리 자체이다. 교육 관계에서 스승에게 부여된 역할은 자신의 지식과 무지한 자의 무지 사이에 존재하는 거리를 제거하는 것이다. 스승이 하는 수업과 그가 내주는 연습문제는 지식과 무지를 분리하는 심연을 점차 줄여나가는 데 목적이 있다. 불행히도 스승은 간극을 줄이기 위해서 끊임없이 간극을 다시 만들어야만 한다. 무지를 지식으로 대체하기 위해서 스승은 늘 한 걸음 더 나가 있어야 하고, 제자와 그 자신 사이에 새로운 무지를 다시 놓아야 한다. 이유는 간단하다. 교육학의 논리에서, 무지한 자는 스승이 아는 것을 아직 모르는 자가 아니다. 무지한 자는 자신이 모르는 것이 무엇인지 모르고, 그것을 어떻게 알아야 하는지도 모르는 자이다. 스승은 단지 무지한 자가 모르는 지식을 보유한 자가 아니다. 스승은 또한 무지한 자가 모르는 지식을 어떻게 지식의 대상으로 만들지, 어느 순간에 어느 프로토콜에 따라 그렇게 해야 하는지 아는 자이다. 사실을 말하자면, 많은 것을 이미 알고 있지 않은 무지한 자는 없다. 주위에 있는 것을 보고, 듣고, 관찰하고, 반복하고, 실수하고, 자신의 오류를 교정하면서 스스로 배우지 않는 그런 무지한 자는 없다. 하지만 스승에게 그런 지식은 **무식한 자의 지식**에 지나지 않다. 즉, 가장 단순한 것에서 가장 복잡한 것으로 나아가는 [점진적] 발전에 따라 정리될 수 없는 지식인 것이다. 무지한 자는 자신이 발견한 것과 자신이 이미 알고 있는 것을 비교하면서, 우연한 마주침에 따라 또한 산술 규칙에 따라, 무지를 최소한의 지식으로 만드는 민주적 규칙에 따라 나아간다. 무지한 자는 더 아는 데에만, 자신이 아직 모르는 것을 아는 데에만 전념한다. 무지한 자에게 부족한 것, 그 자신이 스승이 되지 않는 이상 학생에게 늘 부족할 것, 그것은 **무지에 대한 지식**이다. 지식과 무지를 분리하는 정확한 거리에 대한 인식이 무지한 자에겐 부족한 것이다.

[지식과 무지 사이 거리에 대한] 측정이야말로 무지한 자들의 산술 범위를 벗어난다. 스승이 알고 있는 것, 지식 전달 프로토콜이 먼저 학생에게 가르쳐주는 것, 그것은 무지가 최소한의 지식이 아니라 지식의 반대라는 것이다. 지식은 인식의 집합이 아니라 하나의 위치이다. 정확한 거리는 어떤 잣대로도 측정할 수 없는 거리이다. 그 거리는 차지하고 있는 위치들의 게임[상호작용]에 의해서만 증명되며, 스승과 스승을 따라잡기 위해 훈련을 해야 한다고 간주되는 자를 분리하는 '한 걸음 앞'의 종결될 수 없는 실천에 의해 실행된다. 그 거리는 스승의 방식과 무지한 자의 방식을 분리하는 근본적인 심연의 은유이다. 왜냐하면 그 거리는 두 지적 능력을 분리하기 때문이다. 무지가 무엇으로 이루어지는지 아는 지적 능력과 무지를 모르는 지적 능력. 정리된 점진적 발전의 가르침이 학생에게 가르치는 것은 먼저 이 근본적인 간극이다. 그것은 우선 학생에게 학생 자신의 무능력을 가르친다. 그렇게 점진적 가르침은 자신의 행

위 속에서 자신의 전제인 지적 능력의 불평등을 쉼 없이 입증한다. 자코토는 이 종결될 수 없는 입증을 바보 만들기라고 명명한다.

자코토는 바보 만들기의 실천에 지적 해방의 실천을 맞세우곤 했다. 지적 해방은 지적 능력의 평등을 입증하는 것이다. 지적 능력의 평등이란 지적 능력의 발현이 모두 동등한 가치를 갖는다는 말이 아니다. 지적 능력의 평등이란 지적 능력이 그 모든 발현 속에서 자기 자신과 관련하여 평등하다는 말이다. 심연에 의해 분리되는 두 종류의 지적 능력이 있는 것이 아니다. 인간이라는 동물은 만물을 배운다. 그가 처음에 모국어를 배울 때처럼. 그가 인간들 사이에서 자리를 차지하기 위해 자신을 둘러싼 사물과 기호의 숲에서 모험하는 법을 배울 때처럼. 즉, 관찰하면서, 그리고 사물과 다른 사물을 비교하고, 기호와 사실을 비교하고, 기호와 다른 기호를 비교하면서 말이다. 문맹자가 아는 것이 암기한 기도문밖에 없다 해도, 그는 이 지식을 자신이 아직 모르는 것, 예컨대 종이 위에 적힌 이 기도문의 단어들과 비교할 수 있다. 그는 기호를 하나씩 보면서 자신이 모르는 것과 자신이 아는 것 사이의 관계를 배울 수 있다. 그가 그럴 수 있으려면, 한 걸음 한 걸음 자기 앞에 있는 것을 관찰하고 자신이 본 것을 이야기하고 자신이 이야기한 것을 입증하면 된다. 기호를 더듬거리며 읽는 무지한 자에서 가설을 구축하는 학자에 이르기까지 늘 동일한 지적 능력이 작동한다. 자신의 지적 모험을 소통하기 위해, 다른 지적 능력이 그에게 소통하려고 애쓰는 것을 이해하기 위해 기호를 다른 기호로 번역하고, 비교하고 형상을 만드는 지적 능력이 작동한다.

이 시적인 번역 작업은 모든 학습에서 핵심에 있다. 그 작업은 무지한 스승의 해방하는 실천에서 핵심에 있다. 무지한 스승이 모르는 것, 그것은 바보를 만드는 거리, 전문가만 '메울' 수 있는 근본적인 심연으로 변환되는 거리이다. 거리는 폐지해야 할 악이 아니라, 모든 소통의 정상적 조건이다. 인간이라는 동물은 기호의 숲을 통해 소통하는, 거리를 두고 떨어져 있는 동물이다. 무지한 자가 넘어야 하는 거리는 그의 무지와 스승의 지식 사이에 존재하는 심연이 아니다. 무지한 자가 넘어야 하는 거리는 그가 이미 알고 있는 것에서 그가 아직 모르는 것으로 이어지는 길, 그가 나머지 것을 배웠던 것처럼 배울 수 있는 길, 그리고 그가 지식을 가진 자의 위치를 차지하기 위해서가 아니라 번역하는 기술을, 자신의 경험을 단어로 바꾸고 그 단어를 시험하는 기술을, 자신의 지적 모험을 타인이 사용할 수 있게 번역하는 기술을, 타인이 자신들의 고유한 모험을 번역하여 그에게 제시한 것을 역-번역하는 기술을 더 잘 실천하기 위해서 배울 수 있는 길이다. 무지한 자가 이 길을 지나가도록 도울 수 있는 사람이 무지한 스승이라고 불리는 까닭은 그가 아무것도 모르기 때문이 아니라 그가 '무지에 대한 지식'을 포기함으로써 자신의 지식과 자신의 제어를 갈라놓기 때문이다. 무지한 스승은 학생에게 **자신의** 지식을 알려주지 않는다. 그는 학생더러 사물과 기호의 숲에서 직접 모험을 해보라고 명령한다. 학생이 본 것에 대해서 이야기하고, 학생이 본 것에 대해서 어떻게 생각하는지 이야기하라고 명령한다. 그것을 [스스로] 입증하고 그것을 [다른 이에게] 검증시키라고 명령한다. 무지한 스승이 모르는 것, 그것은 지적 능력의 불평등이다. 모든 거리는 현사실적 거리이다. 모든 지적 행위는 무지와 지식 사이에 난 길이다[6]. 그 길은 무지와 지식을 가르는 경계는 물론이거니와 위치의 모든 고정성과 모든 위계를 폐지한다.

이 이야기와 오늘날 관객에 관한 물음 사이에 무슨 관계가 있을까? 우리는 극작가가 자신의 공중에게 사회적 관계의 진실과 자본주의의 지배에 맞서 투쟁하는 수단을 설명하고 싶어 하는 시대에 더는 살고 있지 않다. 하지만 가상들이 사라졌다고 해서 반드시 그것의 전제들이 사라진 것도 아니고, 목적들의 지평을 상실했다고 해서 수단들의 기구가 없어진 것도 아니다. 거꾸로 가상을 상실했기에 예술가는 관객에 대한 압력을 강화하게 될 수도 있다. 어쩌면 관객은 자신들이 무엇을 해야 하는지 알 수 있게 될 것이다. 퍼포먼스가 관객을 그들의 수동적 태도에서 끌어내어 공통 세계의 능동적 참여자로 변환시킨다면 말이다. 그것이 연극 개혁가들이 바보 만드는 교육자들과 공유하는 첫 번째 신념이다. 즉 두 위치를 분리하는 심연에 대한 신념. 극작가나 연출가가 관객이 했으면 하고 바라는 것이 무엇인지 알지 못한다 할지라도, 그들은 적어도 한 가지는 안다. 그들은 관객이 **한 가지를 할** 필요가 있음을 안다. 능동성과 수동성을 분리하는 심연을 넘을 필요가 있음을.

하지만 거리를 없애려는 의지야말로 거리를 만들어내는 것은 아닌

---

6   〔옮긴이〕영어 발표문에는 이렇게 적혀 있다. "모든 거리는 우연의 문제이다. 모든 지적 행위는 무지의 형태와 지식의 형태를 잇는 우연한 실을 짜는 것이다." J. Rancière, "The Emancipated Spectator," *Artforum*, p. 275 참조.

지 물음으로써 문제의 용어들을 뒤집을 수 있지 않을까? 능동적인 것
과 수동적인 것 사이에 근본적 대립을 사전에 설정하지 않고서야, 제자
리에 앉은 관객을 능동적이지 않다고 선언하게 해주는 것이 무엇이겠는
가? 본다는 것이 이미지 배후에 있는 진실과 연극 바깥의 현실에 무지
한 채 이미지와 외양에 만족하는 것을 뜻한다는 전제에 기대지 않고서
야, 어째서 보기와 수동성을 동일시할 수 있겠는가? 말이 행위의 반대
라는 편견에 기대지 않고서야, 어떻게 듣기와 수동성을 동류시할 수 있
겠는가? 이 대립—보기/알기, 외양/현실, 능동성/수동성—은 명확하게
정의된 항들 사이의 논리적 대립과 전혀 다른 것이다. 그 대립은 고유하
게 감각적인 것의 나눔, 즉 위치 및 이 위치에 결부되는 능력과 무능력
에 대한 **선험적** 분배를 정의한다.[7] 그 대립은 불평등이 구현되는 알레고

7　〔옮긴이〕감각적인 것의 나눔에 관한 설명으로는 다음의 구절을 참조. "어떤 공통적인 것의 존
재 그리고 그 안에 각각의 몫들과 자리들을 나누는 마름질을 동시에 보여주는 이 감각적 확실성의 체
계를 나는 감각적인 것의 나눔이라고 부른다. 따라서 감각적인 것의 나눔은 나눠진 공통적인 것과 배
타적 몫들을 동시에 고정한다. 몫들과 자리들의 이러한 배정은 공간들, 시간들 그리고 활동 형태들에
대한 나눔에 바탕을 둔다. 이 나눔은 어떤 공통적인 것이 참여의 대상이 되는 방식 그리고 이 사람 저
사람이 이 분유/나눔에 참여하는/몫을 갖는 방식을 규정한다. 시민은 통치 행위와 피통치 행위에 '참
여하는/몫을 갖는' 자라고 아리스토텔레스는 말한다. 그러나 나눔의 다른 형태(거기에 누가 참여할지
를 결정하는 나눔)가 이 참여/몫을 가짐에 선행한다. 말하는 동물은 정치적 동물이라고 아리스토텔레
스는 말한다. 그러나 노예는 언어를 이해할지라도 그것을 '소유하고 있'지 않다. 장인들은 자신들의 일
외의 다른 것에 헌신할 '시간이 없기' 때문에 공통적인 것들에 관여할 수 없다고 플라톤은 말한다. '일
은 기다려주지 않기' 때문에 그들은 '다른 곳에' 있을 수 없다. 감각적인 것의 나눔은 그가 행하는 것에
따라서, 이 활동이 행해지는 시간과 공간에 따라서 누가 공통적인 것에 참여할 수 있는지를/몫을 가
질 수 있는지를 보여준다. 무엇을 '점유'하느냐에 따라, 공통적인 것에 능력이 있는지 또는 능력이 없는
지가 규정된다. 그 점유에 따라 공통 공간에 보일 수 있는지 또는 보일 수 없는지, 공통의 말을 지녔는
지 아닌지 등이 규정된다. 따라서 정치의 토대에, 벤야민이 말하는 '대중들의 시대'에 고유한 그 '정치

리이다. 그래서 사람들은 대립 자체의 기능을 바꾸지 않은 채 항들의 가치를 바꾸고, '좋은' 항을 나쁜 항으로 변환하고 나쁜 항을 좋은 항으로 변환할 수 있다. 이리하여 무대 위의 배우나 바깥[현실]의 노동자는 그들의 신체로 행위를 하는 반면 관객은 아무것도 하지 않는다는 이유로 폄하된다. 직접적인 것과 세속적인 것에 몰두하는 육체노동자와 경험적 실무가의 맹목에 대해 관념을 관조하고 미래를 내다보며 우리 세계에 관한 전반적 시각을 갖는 자들의 폭넓은 관점을 맞세우자마자 보는 것과 하는 것의 대립은 되돌아온다. 예전에 선거권과 피선거권을 가질 수 있으며 자신의 지대地代로 살아가는 지주들을 **능동적** 시민이라고 부르고, 이런 직무에 어울리지 않고 생계를 유지하기 위해 노동을 하는 자들을 **수동적** 시민이라고 부를 때가 있었다. 항의 의미는 바뀔 수 있고, 위치도 서로 교환될 수 있다. 핵심은 능력을 소유한 자들과 능력을 소유하지 못한 자들이라는 두 범주를 대립시키는 구조가 그대로 남아 있다는 데 있다.

해방은 보기와 행위 사이의 대립이 의문에 부쳐질 때 시작된다. 해

의 심미화'와는 아무런 관계가 없는 어떤 '미학'이 있다. 이 미학은 어떤 예술 의지에 의해, 인민을 예술 작품으로 생각함으로써 정치를 도착적으로 파악하는 의미로 이해되어서는 안 된다. 유추하자면, 우리는 미학을 어쩌면 푸코에 의해 다시 검토된 칸트적 의미로, 자신에게 느껴지도록 주어지는 것을 결정짓는 선험적 형식들의 체계로 이해할 수 있다. 시간들과 공간들, 보이는 것과 보이지 않는 것, 말과 소음의 경계를 나누는 것이 경험 형식으로서의 정치의 장소와 쟁점을 동시에 규정한다. 정치는 우리가 무엇을 보는지, 그것에 대해 우리가 무엇을 말할 수 있는지, 누가 보는 능력과 말하는 자질을 가지고 있는지, 공간들의 속성들과 시간의 가능성들은 무엇인지를 그 대상으로 한다." 자크 랑시에르, 오윤성 옮김, 『감성의 분할』(도서출판 b, 2008), 13~15쪽.

방은 말하고, 보고, 행하는 관계들을 구조 짓는 명증성들 자체가 지배와 예속의 구조에 속한다는 사실을 우리가 이해할 때 시작된다. 해방은 보기 역시 이 위치 분배를 확인하거나 변형하는 행위일 수 있음을 이해할 때 시작된다. 관객 역시 학생이나 학자처럼 행위한다. 관객은 관찰하고 선별하고 비교하고 해석한다. 관객은 자신이 본 것을 그가 다른 무대에서, 다른 종류의 장소에서 보았던 다른 많은 것들과 연결한다. 관객은 자기 앞에 있는 시의 요소들을 가지고 자기만의 시를 짓는다. 관객은 퍼포먼스에 참여한다. 퍼포먼스를 자기 방식대로 다시 하면서, 예를 들어 퍼포먼스가 전달한다고 간주되는 생의 에너지를 회피하면서 퍼포먼스를 단순한 이미지로 만들고 이 단순한 이미지를 자신이 책에서 읽었거나 꿈꾸었던, 자신이 겪었거나 지어냈던 이야기와 연결시키면서 말이다. 그리하여 관객은 거리를 둔 구경꾼인 동시에 자신에게 제시되는 스펙터클에 대한 능동적 해석가이다.

그것이 요점이다. 배우나 극작가, 연출가, 무용수 또는 퍼포머가 하듯 관객들이 그들 나름의 시를 짓는 만큼, 관객들도 뭔가를 보고 느끼고 이해한다. 압바스 키아로스타미Abbas Kiarostami[1940~]의 카메라에 포착된 이맘 후사인 이븐 알리Husayn ibn 'Ali의 죽음을 추모하는 전통적인 시아파 종교극(타지예Ta'zieh)을 보는 관객들의 시선과 표정의 급속한 변화를 관찰해보자. 극작가나 연출가는 관객이 이러한 것을 보고, 저러한 것을 느끼고, 이러한 것을 이해하고 그로부터 저러한 결론을 끌어내길 바랄지 모른다. 이것이 바보를 만드는 교육자의 논리요, [어떤 것이] 동일하게 똑바로 전달되어야 한다는 논리이다. 한쪽에, 그러니까 하나의 신체 또는 정신에 어떤 것(예를 들어 지식, 능력, 에너지)이 있고 그것은 다른 쪽으로 옮겨져야 한다. 학생이 **배워야** 하는 것은 스승이 학생에게 **가르쳐야** 하는 것이다. 관객이 **보아야 하는** 것은 연출가가 관객에게 **보게 만드는** 것이다. 관객이 느껴야 하는 것은 연출가가 관객에게 전달하는 에너지이다. 원인과 결과의 이러한 동일성이 바보 만들기 논리의 핵심이다. 이 동일성에 대해 해방은 원인과 결과의 분리를 맞세운다. 이것이 무지한 스승의 역설이 뜻하는 바이다. 학생은 스승에게서 스승 본인도 알지 못하는 어떤 것을 배운다는 것. 학생은 그로 하여금 찾도록 강제하고 이 탐구를 검증하는 [스승의] 제어 효과인 어떤 것을 배운다. 그러나 그는 스승의 지식을 배우는 것은 아니다.

혹자는 예술가에게 관객을 지도할 생각이 없다고 말하기도 할 테다. 오늘날 예술가는 무대를 사용해 교훈을 강요하거나 메시지를 전달하지 않으려 한다는 것이다. 예술가는 의식의 형태, 감정의 강도, 행위를 위한 에너지를 만들어내고 싶을 뿐이라는 것이다. 하지만 예술가는 [관객이] 지각하고 느끼고 이해하게 될 것은 자신이 극작법이나 퍼포먼스 안에 집어넣은 것이라고 늘 전제한다. 그는 원인과 결과의 동일성을 늘 전제한다. 원인과 결과 사이에 상정되는 이 동등성 자체는 불평등주의 원리에 바탕을 둔다. 그것은 스승이 스스로 갖는 특권, '적절한' 거리에 대한 인식 그리고 그 거리를 없애는 수단에 대한 인식에 바탕을 둔다. 그러나 여기서는 전혀 다른 두 거리가 혼동되어 있다. 예술가와 관객 사이의 거리가 있다. 퍼포먼스가 예술가의 아이디어와 관객의 감각 내지 이해 사이에 스펙터클이자 자율적인 사물로서 끼어 있는 한, 퍼포먼스 자체에 내재하는 거리도 있다. 해방의 논리에서는 무지한 스승과 해방된 수습생 사이에 늘 제3의 것이 있다. 제3의 것―한 권의 책 또는 전혀 다른 글 조각―은 양측 모두의 바깥에 있다. 쌍방은 그것[제3의 것]을 참조하여 학생이 본 것, 학생이 본 것에 대해 이야기한 것, 학생이 본 것에 대해 생각한 것을 공통으로 검증하게 된다. 퍼포먼스의 경우에도 마찬가지이다. 퍼포먼스는 예술가가 관객에게 지식이나 숨을 전달하는 것이 아니다. 퍼포먼스는 제3의 것이다. 누구도 그 소유자가 아니고 누구도 그 의미를 소유하지 못하는 퍼포먼스는 예술가와 관객 사이에 끼어 있으며, 동일한 방식으로 이루어지는 전달, 원인과 결과의 동일성을 모조리 멀리하는 제3의 것이다.

해방에 대한 이 같은 생각은 연극과 연극 개혁의 정치가 자주 의거해온 생각―해방이란 분리 과정에서 상실된 자기와의 관계를 재전유하는 것이라는 생각―과 분명하게 대립한다. 분리와 분리의 폐지라는 생각은 드보르의 스펙터클 비판을 마르크스의 소외 비판을 거쳐 포이어바흐의 종교 비판과 연결한다. 이 논리에서 제3항의 매개는 박탈과 박탈을 은폐하는 논리에 포획된, 자율의 치명적 가상에 불과할 수밖에 없다. 무대와 객석의 분리는 지양해야 할 하나의 상태이다. 이 외부성을 다양한 방식으로 제거하는 것―관객을 무대 위로 올리고 퍼포머가 객석으로 가기, 무대와 객석의 차이를 제거하기, 퍼포먼스를 다른 장소로 옮기기, 길거리·도시·삶의 획득을 퍼포먼스와 동일시하기―이야말로 퍼포먼스의 목적 자체이다. 그리고 확실히 자리의 분배를 뒤엎기 위한 이 노력은 연극적 퍼포먼스를 풍부하게 한다. 하지만 자리를 재분배하는 것과 연극이 스펙터클의 분리에 종지부를 찍는 공동체의 결집을 목적으로 삼아야 한다는 요청은 다른 것이다. 전자는 새로운 지적 모험의 발명에 착수하고, 후자는 신체를 그것의 적절한 자리에, 이 경우 성체를 분배받는 자리에 할당하는 새로운 형태에 착수한다.

실제로 매개를 거부하고, 제3항을 거부하는 것은 연극이 그 자체로 공동체적 본질을 가지고 있음을 긍정하는 것이다. 극작가가 관객 집단이 해야 한다고 그가 바라는 것을 더 조금 알수록, 그는 관객이 어쨌든 집단으로 행동해야 하고 그들의 집적을 공동체로 변형해야 한다는 것을 더 많이 안다. 바야흐로 연극이 그 자체로 공동체적 장소라는 이 생각을 따져볼 때이다. 무대 위의 살아 있는 신체들은 한곳에 모인 신체들에 말을 건넨다. 그 때문에 연극을 텔레비전 앞에 앉은 개인들의 상황이나 영사된 그림자 앞에 앉은 영화 관객의 상황과는 근본적으로 다른 공동체적 감각/의미의 전달 매체로 충분히 볼 수 있다. 신기하게도 연극 연출에서 이미지 사용과 온갖 종류의 영사가 일반화되어도 이 믿음은 하등 변하지 않는다. 영사된 이미지들은 살아 있는 신체들에 합류하거나 그것들을 대체할 수 있다. 관객이 연극의 공간에 모여 있는 동안, 마치 연극이 지닌 생생한 공동체적 본질은 보존되는 것 같으며, 다른 곳에서는 일어날 수 없을 정확히 어떤 일이 연극 관객들 사이에 일어나는가라는 물음을 피할 수 있는 것 같다. 같은 시간에 같은 텔레비전 쇼를 시청하는 다수의 개인들보다 연극 관객들에게 더 상호작용적이며 더 공동체적인 것이 어떤 게 있을까?

내 생각에, 이 어떤 것은 그저 연극이 그 자체로 공동체적이라는 전제일 뿐이다. 이 전제는 계속해서 연극적 퍼포먼스에 선행하며 퍼포먼스의 효과를 예견한다. 연극에는, 퍼포먼스 앞에는, 미술관·학교·거리에서와 마찬가지로, 자신이 직면하거나 자신을 에워싸는 사물, 행위, 기호의 숲에서 자기 자신의 길을 그리는 개인들밖에 없다. 관객에게 공통된 힘은 어느 집단의 성원이라는 자격에서 오는 것도 아니고 어떤 특정한 형태의 상호작용과도 무관하다. 관객에게 공통된 힘은 자신이 지각한 것을 각자의 방식으로 번역하고, 그렇게 지각한 것을 개별적인 지적 모험과 연결하는 관객이 저마다 갖고 있는 힘이다. 개별적인 지적 모험은 그것이 다른 어떤 지적 모험과도 닮지 않은 만큼, 관객을 다른 모든 이와 동류로 만들어준다. 지적 능력의 평등에 의거한 이 공통의 힘은 개인들을 서로 연결해주고 그들이 자신의 지적 모험을 교환하게 해준다. 이러기 위해서는 그 공통의 힘이 개인들을 서로 떼어놓고, 개인들이 자신의 고유한 길을 그리기 위해서 모두가 가진 힘을 똑같이 사용할 수 있어야 한다. 우리의 퍼포먼스—가르치기, 연기하기, 말하기, 쓰기, 예술 작품 만들기, 바라보기—가 입증하는 것은 공동체에 구현된 힘에 우리가 참여한다는 것이 아니다. 그것은 익명의 능력이다. 이 능력은 각각의 그/그녀를 다른 그/그녀와 평등하게 만들어준다. 이 능력은 축소할 수 없는 거리를 통해 발휘된다. 그 능력은 이어지고 떨어지는 예측 불가능한 게임[작용]을 통해 발휘된다.

이어지고 떨어지는 이 힘 안에 관객의 해방이, 다시 말해 관객인 우리 각자의 해방이 있다. 관객이 된다는 것은 우리가 능동성으로 바꿔야 하는 수동적 조건이 아니다. 관객이 된다는 것은 우리의 정상적 상황이다. 우리는 배우고 우리는 가르친다. 우리는 행위하고 우리는 관객으로 서 인식하기도 한다. 관객은 매 순간 자신이 보거나 말해온 것, 하거나 꿈꿔온 것을 연결한다. 특권화된 시작점도 특권화된 형식도 없다. 도처에 시작점, 교차, 매듭이 있으며, 그것들 덕분에 우리는 새로운 어떤 것을 배울 수 있다. 첫째, 근본적 거리를 인정하지 않고, 둘째, 역할 분배를 인정하지 않으며, 셋째, 영토들 사이 경계를 인정하지 않는다면 말이다. 우리는 관객을 배우로 변형하거나 무지한 자를 학자로 변형할 필요가 없다. 우리는 무지한 자 안에서 작동하는 지식을 인정하고 관객에게 고유한 활동/능동성을 인정할 필요가 있다. 모든 관객은 이미 자신의 이야기의 배우이다. 모든 배우, 모든 행위하는 인간은 같은 이야기의 관객이다.

나는 내 자신의 정치적·지적 경험으로 잠시 우회함으로써 이 점을 기꺼이 예증해보고 싶다. 나는 대립하는 두 요청 사이에서 망설이던 세대에 속한다. 한 요청에 따르면, 사회 체계에 대한 이해를 소유한 자들은 이 체계 때문에 고통 받는 자들이 투쟁에서 무기로 삼을 수 있도록 [자신이] 이해한 내용을 가르쳐야 한다. 다른 요청에 따르면, 알고 있다고 가정되는 자들은 사실 착취와 반역이 무슨 뜻인지 전혀 모르는 무지한 자이므로, 자신들이 무지한 자 취급 했던 노동자들 곁에서 지도받아야 한다. 이 이중의 요청에 부응하기 위해서 나는 먼저 새로운 혁명 운동의 무기를 마르크스주의의 진리에서 찾아내고자 했다. 그다음 공장에서 노동하고 투쟁하던 자들에게서 착취와 반역의 의미를 배우고자 했다. 나나 내 세대에게나 이 두 시도 가운데 어느 것도 완전히 설득력 있지는 않았다. 이런 상황에서 나는 노동운동사에서 노동자와 지식인—노동자를 지도하거나 노동자에게 지도받겠다고 찾아온 지식인— 사이의 모호한 또는 이루어지지 못한 만남의 이유를 찾게 됐다. 그리하여 나는 문제가 무지와 지식 사이에 놓여 있는 것도 아니고, 능동성과 수동성, 개인성과 공동체 사이에 있는 것도 아님을 알게 됐다. 5월 어느 날, 나는 1830년대 두 노동자의 서신 자료를 열람하면서 당시 노동자들의 조건과 의식 형태에 관한 정보를 찾으려 했다. 나는 뜻하지 않게 전혀 다른 것을 만났다. 그것은 145년 전 또 다른 5월 어느 날 일어난 다른 두 방문객의 모험이었다. 두 노동자 가운데 한 사람은 메닐몽탕에 있는 생시몽 공동체에 막 들어간 참이었다. 그는 친구에게 낮에는 노동하고 수련하고 밤에는 게임하고 합창하고 낭송하는 유토피아적인 일과 시간표를 전해주었다. 편지 수신자는 답신에서 자신이 동료 둘과 함께 전원 파티를 하며 봄날의 일요일을 만끽한 참이라고 했다. 그 수신자가 그에게 이야기한 것은 노동자의 휴일—다음 주에 일할 것에 대비해 심신을 회복하기—과 사뭇 달랐다. 그것은 종류가 전혀 다른 여가로의 난입이었다. 풍경의 형태, 빛, 그림자를 즐기는 탐미주의자의 여가, 시골 숙소에 묵으며 형이상학적 가설을 발전시키는 철학자의 여가, 길이나 숙소에서 우연히 마주치는 모든 벗에게 신앙을 설파하는 데 애쓰는 전도자의 여가.[8]

노동 조건과 계급 의식 형태에 관한 정보를 주겠거니 했던 이 노동

8   Cf. Louis-Gabriel Gauny, *Le Philosophe plébéien*(Presses universitaires de Vincennes, 1985), pp. 147~158.

자들은 전혀 다른 것을 나에게 제공했다. 유사함의 감정, 평등의 증명을 말이다. 그들 역시 그들 자신의 계급 안에서 관객이요 방문객이었던 것이다. 선전자로서 그들이 벌인 활동은 산책자이자 관조자로서 그들이 누린 한가로움과 분리될 수 없었다. 그들의 여가에 관한 간단한 기록은 **보기, 하기, 말하기** 사이에 수립된 관계를 재정식화하도록 강제한다. 스스로 관객이자 방문객이 됨으로써 그들은 감각적인 것의 나눔—노동하는 자들은 발길 닿는 대로 눈길 닿는 대로 끌려 다닐 시간이 없다. 그리고 집단적 신체의 성원들은 개인성의 형태와 표지에 쏟을 시간이 없다.—을 뒤엎었다. 바로 이것이 해방이라는 단어의 의미이다. 행위하는 자와 보는 자를 나누는 경계를, 개인과 집단적 신체의 성원을 나누는 경계를 교란하기. 여가를 보낸 날들이 두 서신 교환자와 그들의 동류에게 가져다준 것은 그들의 조건에 대한 지식도 아니고 이튿날의 노동과 다가올 투쟁을 위한 에너지도 아니었다. 그것은 공간과 시간의 나눔을, 노동과 여가의 나눔을 지금 여기에서 재편성하는 것이었다.

시간의 바로 그 내부에 만들어진 이 단절을 이해하기란 축소할 수 없는 간극을 줄여야 한다는 종결되지 않는 과제 속에서 자신의 제어를 확고히 하는 대신 유사함과 평등의 귀결을 발전시키는 것이었다. 이 두 노동자도 아무나 그렇듯이 지식인이었다. 그들은 방문객이자 관객이었다. 한 세기 반 뒤에 도서관에서 그들의 편지를 읽는 연구자처럼, 마르크스주의 이론을 듣고 찾아간 방문객 또는 공장 입구에서 유인물을 돌리는 사람처럼. 지식인과 노동자 간에도 배우와 관객 간에도 메워야 할 간극 따위는 없었다. 이 경험을 설명하기에 알맞은 담론을 위한 결론 몇 가지를 그로부터 끌어낼 수 있다. 그들의 낮과 그들의 밤에 관한 이야기를 서술하는 것은 다른 경계들을 교란하도록 강제했다. 시간, 시간의 상실, 시간의 재전유에 대해 말하는 이 이야기는 다른 곳에서, 다른 시대에, 전혀 다른 글쓰기 장르로 언표되는 비슷한 이야기, 즉 『국가/정체Politeia』 제2권의 이야기와 연관 지어질 때에야 그 의미와 효력을 갖는다. 거기서 플라톤은 연극의 거짓말하는 그림자를 비난하기에 앞서 다음과 같이 설명한다. 질서정연한 공동체에서는 각자가 한 가지만 해야 한다. 장인은 그의 일터 말고 다른 곳에 있을 시간이 없으며 본성에 따라 자신이 부여받은 (무)능력에 부합하는 일 말고 다른 것을 할 시간이 없다.

이 두 방문객의 이야기를 듣기 위해서는 경험적 이야기와 순수 철학 사이의 경계, 분과 학문 사이의 경계 그리고 담론 수준 사이의 위계를 흐리게 만들 필요가 있었다. 한쪽에 사실들의 이야기가 있고, 다른 한쪽에 역사의 이성이나 배후에 숨겨진 진리를 발견하는 철학적이거나 과학적인 설명이 있는 것이 아니었다. 사실이 있고 그 사실에 대한 해석이 있는 것이 아니었다. 하나의 이야기를 말하는 두 가지 방식이 있었던 것이다. 결국 내가 해야 했던 것은 어느 봄 일요일의 이야기와 철학자의 대화가 어떻게 상호 번역되었는지 보여주는 번역 작업이었다. 이 번역과 이 역-번역에 알맞은 고유어를 발명해야 했다. 이 이야기의 의미, 그 이야기를 설명해주던 현실, 그 현실이 행동에 제공한 교훈을 물을 수도 있을 모든 이에게 이 고유어가 이해 불가능하게 남을 것을 무릅쓰고서 말이다. 사실 이 고유어는 자신의 고유한 지적 모험에 의거해 그것을 번역하려는 사람들에 의해서만 읽힐 수 있다.

이 전기적傳記的 우회를 통해 나는 내가 다루는 주제의 중심으로 돌아온다. 가로질러야 하는 경계들과 교란해야 하는 역할 분배에 관한 이 이야기들은 동시대 예술의 시사성과 만난다. 동시대 예술에서는 모든 특정한 예술적 능력이 제 고유의 영역에서 빠져나와 서로 자리와 힘을 교환하는 경향이 있다. 오늘날 우리가 볼 수 있는 대사 없는 연극과 대사 있는 춤. 조형 작품의 양식을 한 설치와 퍼포먼스. 대형 벽화 연작으로 변환된 비디오 영사 작품. 활인화活人畵나 역사화로 취급된 사진. 멀티미디어 쇼로 변신한 조각 그리고 여타의 조합들. 그런데 이 장르 혼합을 이해하고 실천하는 세 가지 방식이 있다. [먼저] 총체적 예술 작품의 형식을 되살리는 방식. 총체적 예술 작품은 삶이 된 예술의 극치로 가정됐다. 그것은 오히려 오늘날 지나치게 비대해진 예술적 자아가 발현되는 작품이 되거나 소비주의적 하이퍼-액티비즘의 형태를 띠는 작품이 되거나 한다. 동시에 그 둘이 되지는 않더라도 말이다. 그다음, 역할과 정체성, 현실과 가상, 유기적인 것과 기계적·디지털적 인공 기관이 끝없이 교환되는 포스트모던한 현실에 알맞은 예술 수단들의 혼종에 대한 관념이 있다. 이 두 번째 관념은 첫 번째 관념과 결론에서는 별로 다를 바 없다. 그것은 대개 형태가 다른 바보 만들기로 귀결된다. 그 형태는 경계를 교란하고 역할의 혼동을 이용함으로써 퍼포먼스의 원리는 묻지 않은 채 그 효과만 증대시키려 한다.

세 번째 방식이 남았다. 그것은 효과의 증폭을 꾀하지 않고 원인-효과 관계 자체를 의문시하고 바보 만들기의 논리를 지탱하는 전제들의 세트를 의문시한다. 재현을 현전으로, 수동성을 능동성으로 변환하려는 하이퍼-연극에 맞서, 그것은 거꾸로 연극 무대에 부여되는 공동체적 활력과 역량의 특권을 폐지함으로서 연극 무대를 이야기 서술하기, 책 읽기 또는 이미지 바라보기와 동등하게 만든다. 요컨대 그것은 연극 무대를 이질적 퍼포먼스들이 서로 번역되는 새로운 평등의 무대/장면으로 인식할 것을 제안한다. 실제로 이 모든 퍼포먼스에서 관건은 우리가 아는 것과 알지 못하는 것을 연결하는 것, 자신의 능력을 펼치는 퍼포머인 동시에 이 능력이 새로운 맥락에서, 다른 관객 곁에서 무엇을 산출할 수 있는지를 관찰하는 관객이 되는 것에 있다. 예술가들은 연구자들과 마찬가지로 그들 능력의 발현과 효과가 전시되는 무대를 구축한다. 이 발현과 효과는 새로운 지적 모험을 번역하는 새로운 고유어 면에서는 불확실해진다. 고유어의 효과는 예견될 수 없다. 고유어의 효과는 능동적 해석자 역할을 맡는 관객을, '이야기'를 전유하기 위해 자신의 고유한 번역을 가다듬고 그 이야기를 제 자신의 이야기로 만드는 관객을 요구한다. 해방된 공동체는 이야기꾼과 번역가의 공동체이다.

나는 이 모든 것으로부터 다음과 같이 이야기할 수 있음을 알고 있다. 말, 여전히 그리고 그저 말. 욕하려고 하는 말이 아니다. 우리는 많은 연설가들이 말 이상의 것을 위해, 새로운 삶에 진입하는 정식을 위해 말을 돌리는 것을 들었다. 우리는 스펙터클이길 그만두고 공동체의 의식을 자처하는 무대 상연을 무수히 보았다. 심지어 오늘날에도 삶을 변화시키려는 욕망에 대한 '포스트모던한' 온갖 회의주의에도 불구하고 우리는 종교적 신비로 변해버린 무수한 설치 작품과 스펙터클을 보고 있으니만큼, 말은 그저 말이라는 이야기를 듣는다고 해서 꼭 터무니없는 것도 아니다. 말씀이 살이 됐다는 환상과 관객을 능동적으로 바꾸었다는 환상을 내쫓기, 말이 그저 말이고 스펙터클이 그저 스펙터클임을 알기, 이것들은 어떻게 말과 이미지가, 이야기와 퍼포먼스가 우리가 사는 세계의 뭔가를 변화시킬 수 있는지를 우리가 더 잘 이해할 수 있도록 도울 수 있다.

II. 비판적 사유의 재난

내 세대는 사회적·문화적 비판 전통[1] 속에서 성장했다. 그 전통을 의문에 부치는 것은 물론 내가 처음이 아니다. 많은 저자들이 비판 전통의 시대는 갔다고 선언했다. 옛날에는 외양의 광채 뒤에 감춰진 어둡고 견고한 현실을 비난하는 것을 여전히 즐길 수 있었다. 오늘날에는 외양의 군림에 맞세울 그 어떤 견고한 현실도 남아 있지 않고, 소비 사회의 승리에 맞세울 그 어떤 어두운 이면도 남아 있지 않다. 곧바로 말해보자. 나는 이러한 담론에 내 목소리를 보태려는 것이 아니다. 거꾸로 나는 비판 전통의 개념과 절차가 전혀 낡지 않았음을 보이고 싶다. 그것들은 여전히 매우 잘 작동하고 있다. 심지어 그것들의 유통 기한이 지났다고 선언하는 자들의 담론에서마저 작동할 정도로 말이다. 하지만 그것들이 현재 사용되는 방식은 그것들의 정향과 목적이라고 간주되어온 것이 완전히 뒤집혔음을 증언한다. 따라서 우리가 비판을 진정으로 비판하고 싶다면 끈질기게 지속되는 해석 모델과 전도된 그것의 방향/의미를 해명해야 한다.

---

1   〔옮긴이〕특히 "1950~60년대 개혁주의 테마들, 즉 바르트식의 상품 신화론 고발, 보드리야르식의 소비 사회 고발, 상품 물신주의 비판"을 염두에 둔 표현이다. J. Rancière, "Critique de la critique du 'spectacle'", *Et tant pis pour les gens fatigués*, p. 628 참조.

이 목적을 위해 나는 동시대의 몇 가지 표시들을 검토할 것이다. 그것들은 예술, 정치, 이론 영역에서 일어나는 비판 전통 고유의 묘사와 증명 방식의 전도를 예증해준다. 이를 위해 이 전통이 오늘도 여전히 가장 뿌리 깊게 남아 있는 영역에서 출발할 것이다. 그 영역은 예술 영역으로서, 작품들이 특히 세계의 상태에 관한 전면적 성찰의 일환으로 제시되는 대형 국제 전시회의 영역이다. 예컨대 2006년, 세비야 비엔날레의 예술 감독 오쿠이 엔위저Okwui Enwezor [나이지리아, 1963~]는 전 지구화 시대에 "사회적·경제적·정치적 유대를 훼손하고 침식하는 기계장치들"[2]을 폭로하는 데 이 행사를 바쳤다. 황폐화하는 기계장치들의 제1열에는 당연히 미국 전쟁 기계가 있었다. 전시회장에 입장할 때 관람객은 아프가니스탄 전쟁과 이라크 전쟁을 다루는 방을 거치게 된다. 이라크 내전의 이미지들 곁에, 뉴욕에 기반을 둔 독일 예술가 조세핀 멕세퍼Josephine Meckseper [1964~]가 찍은 반전 시위 사진들이 걸려 있다. 사진 중 하나가 눈길을 사로잡는다. 후경에는 피켓을 든 시위대 무리가 보인다. 내용물이 넘쳐 바닥에 쏟아진 쓰레기통이 전경을 차지한다. 사진의 제목은 그저 〈무제Untitled〉다. 이 맥락에서 그 제목은 제목이 필요 없다고 말하고 싶어 하는 것 같다. 이미지가 그 자체로 뭔가를 충분히 말해주고 있으니 말이다.

정치적 피켓과 쓰레기통 사이의 긴장 관계를 예술에서 비판 전통

---

2   전시의 정확한 제목은 The Unhomely: Phantom Scenes in Global Society이다.

조세핀 멕세퍼, 〈무제〉, 2005.

을 특히 대표하는 예술 형식인 콜라주로 접근하면 이 이미지가 무엇을 말하는지 이해할 수 있다. 시위 사진은 그 용어의 전문적 의미에서 콜라주는 아니다. 사진의 효과는 콜라주와 포토몽타주의 예술적이고 정치적 성공을 가져왔던 요소들—갈등적이지는 않더라도 이질적인 요소들이 동일 평면 위에서 일으키는 충격—을 노린다. 초현실주의 시대에 그 기법은 부르주아의 범속한 일상 아래에 있는 욕망과 꿈의 억압된 현실을 현시하는 데 쓰인다. 이어서 마르크스주의는 이질적 요소들의 부적합한 마주침을 통해 평범한 일상과 민주적 평화라는 외양 아래 감춰진 계급 지배의 폭력에 민감하도록 만들기 위해 그 기법을 사용한다. 이것은 브레히트의 소격疏隔효과Verfremdungseffekt의 원리이다. 그것은 또한 1970년대 미국의 참여 예술가 마르타 로슬러Martha Rosler[1943~]가 연출한 포토몽타주의 원리이기도 하다. 로슬러는 단란한 미국인 가정의 실내 이미지 위에 베트남 전쟁의 이미지들을 붙이는 '전쟁을 집으로 가져오기Bringing the War Home'라는 연작[1967~1972]에서 포토몽타주를 사용했다. 〈풍선들Balloons〉[1967~1972]이라는 몽타주를 보자. 구석에 바람이 들어간 풍선이 보이는 널찍한 저택을 배경으로, 한 베트남 남성이 미군의 총탄에 맞아 숨진 아이의 시신을 팔에 보듬고 있다. 두 이미지의 접속은 이중의 효과를 낳는 것으로 간주됐다. 미국 가정의 행복과 제국주의 전쟁의 폭력을 연결하는 지배 체계에 대한 의식뿐만 아니라 이 체계에 공모하고 있다는 죄책감. 한편으로 이미지는 이렇게 이야기한다. 여기에 당신이 볼 줄 모르는 은폐된 현실이 있다. 당신은 그것을 인식해야 하며 이 인식에 따라 행동해야 한다, 라고. 하지만 상황에 대한 인식이 그 상황을

마르타 로슬러, 포토 몽타주, 〈전쟁을 집으로 가져오기: 풍선들〉, 1967~1972.

바꾸려는 욕망을 낳는다는 증거는 없다. 그래서 이미지는 다른 것을 이야기한다. 그것은 이야기한다. 여기에 당신에게 책임이 있음을 알기 때문에 당신이 보고 싶어 하지 않는 명백한 현실이 있다. 이처럼 비판 장치는 은폐된 현실에 대한 의식과 부인된 현실에 대한 죄책감이라는 이중의 효과를 노리곤 한다.

시위대와 쓰레기통 사진은 이 포토몽타주와 동일한 요소들—먼곳의 전쟁과 내수 소비—을 이용한다. 멕세퍼는, 로슬러가 리처드 닉슨의 전쟁에 적대적이듯이, 조지 W. 부시의 전쟁에 적대적이다. 하지만 사진 위에서 대립되는 것들의 작용은 전혀 다르게 기능한다. 시위대와 쓰레기통 사진은 미국의 과소비와 먼 곳의 전쟁을 연결함으로써 전쟁에 적대적인 투사鬪士의 에너지를 강화하지 않는다. 그것은 오히려 전쟁을 집으로 가져와야 한다고 새롭게 주장하는 시위대들의 발치에 이 과소비를 던진다. 로슬러의 포토몽타주는 요소들의 이질성을 강조한다. 죽은 아이의 이미지가 고급한 실내에 통합되면 그 실내는 폭발될 수밖에 없다. 거꾸로, 쓰레기통 옆 시위대 사진은 그 둘의 근본적 동질성을 강조한다. 쓰레기통에 넘쳐나는 음료수 용기는 필시 시위대가 거기에 버린 것일 테다. 사진은 우리에게 그들의 행진 자체가 스펙터클한 이미지와 분개를 소비하는 자들의 행진이라고 암시한다. 이미지를 이렇게 읽는 방식은 멕세퍼를 유명하게 만들어준 설치 작품과 일치한다. 오늘날 여러 전시회에서 볼 수 있는 이 설치 작품들은 상업용 내지 홍보용 진열장과 아주 흡사한 작은 진열장이다. 거기에는 어제의 포토몽타주에서처럼 이질적 우주에 속한다고 간주되는 요소들이 모여 있다. 예컨대 〈판매용-Selling

Out〉[2004]이라는 설치에서는, 전쟁을 제국주의의 본국에 정말 들여오고자 했던 영국 도시 게릴라 집단의 역사에 관한 책[The Angry Brigade 1967~1984]이 남성 패션 용품들 가운데에 놓여 있다. 다른 설치에서는 공산주의 선전 포스터 곁에 여성용 란제리 마네킹이 있거나 향수병에 "절대 일하지 말라"라는 68년 5월의 슬로건이 붙어 있다. 이것들이 일견 모순되는 것 같지만 동일한 현실에 속하며, 정치적 급진성 역시 젊은 이의 패션처럼 유행하는 현상임을 보이는 것이 중요하다. 시위대 사진은 나름의 방식으로 그것을 증언하는 것 같다. 시위대는 중동의 도시에 폭탄을 투하하는 소비 제국이 추진하는 전쟁에 맞서 항의한다. 이 폭탄은 상품과 스펙터클의 제국이 붕괴하는 스펙터클처럼 연출된 바 있는 트윈 타워의 파괴에 대한 응답이다. 따라서 이미지는 우리에게 이렇게 이야기하는 것 같다. 이 시위대가 거기에 있는 까닭은 트윈 타워가 붕괴되는 이미지와 이라크 폭격의 이미지를 그들이 소비했기 때문이라고. 시위대가 길거리에서 우리에게 보여주는 것도 하나의 스펙터클이다. 최종심급에서 테러리즘과 소비, 항의와 스펙터클은 상품의 등가 법칙에 지배되는 하나의 동일한 과정으로 귀결된다.

그러나 만일 이 시각적 논증을 끝까지 밀고 간다면 비판적 절차의 폐지에 이르러야 할 것이다. 만일 모든 것이 스펙터클한 전시에 지나지 않다면, 비판적 담론이 갖는 실효성의 토대인 외양과 현실 간 대립은 스스로 무너지고, 그와 더불어 어둡거나 부인된 현실 쪽에 위치하는 존재들에 대한 모든 죄책감도 무너진다. 이 경우, 비판 장치는 단지 그 자신의 소권 소멸을 드러내게 될 것이다. 그런데 사정이 그렇지 않다. 혁명적 선전과 젊은이의 유행/패션을 섞는 작은 진열대는 어제의 투사적 개입이 사용한 이중의 논리를 추구한다. 그 작은 진열대는 우리에게 여전히 말한다. 여기에 당신이 볼 줄 모르는 현실이 있다고. 상품 진열의 군림은 끝이 없고, 오늘날 프티-부르주아의 라이프 스타일은 끔찍하게 허무주의적이라고. 또한, 저기에 당신이 보고 싶지 않은 현실이 있다고. 당신이 반란의 몸짓이라고 주장하는 것은 상품 전시에 의해 지배되는 구별 기호들의 전시 과정에 가담한다고. 따라서 비판적 예술가는 늘 이미지들의 전시에 의해 감춰지는 비밀을 폭로하는 단락과 충돌을 만들겠다는 계획을 짠다. 로슬러에게 충돌은 재화와 이미지의 행복한 진열 뒤에 제국주의의 폭력이 있음을 폭로한 게 분명하다. 멕세퍼의 경우에는 이미지들의 진열이 현실의 구조와 동일한 것으로 밝혀진다. 현실 구조에서는 모든 것이 상품 진열 방식으로 전시된다. 언제나 중요한 것은 관객에게 그가 볼 줄 모르는 것을 보여주고, 그가 보고 싶어 하지 않는 것에 대해 수치심을 갖게 하는 것이다. 비판 장치가 스스로를 그것이 고발하는 논리에 속하는 사치스러운 상품으로 보일 것을 무릅쓰고서라도 말이다.

그러므로 비판적 패러다임의 고발에 내재하는 변증법이 있다. 그 고발은 비판적 패러다임의 효력 상실을 선언함으로써 그것의 메커니즘을 재생산하게 된다. 현실에 대한 무지 또는 비참에 대한 부인을 현실과 비참이 사라져버린 사실에 대한 무지로 변환할 것을 무릅쓰고서, 죄책감을 주는 것을 외면하려는 욕망을 죄책감을 느껴야 할 것이 하나도 없다는 사실을 외면하려는 욕망으로 변형할 것을 무릅쓰고서 말이다. 실질적으로 예술가뿐 아니라 철학자인 페터 슬로터다이크Peter Sloterdijk[독일, 1947~]도 자신의 책 『거품Schäume』[2004]에서 이런 논변을 옹호한다. 그가 묘사하는 바에 따르면 근대성의 과정은 반중력의 과정이다. 물론 그 용어는 먼저 인간의 우주 정복을 가능케 한 기술 발명 그리고 견고한 공업 세계를 커뮤니케이션 및 가상현실 기술로 대체하는 기술 발명을 가리킨다. 그 용어는 또한 삶이 옛날에 가졌던 중력─그것은 삶이 짊어지는 고통, 매서움, 비참을 뜻한다─과 중력이 현실적 무게를 대거 상실했을 수 있다는 관념을 표현한다. 결과적으로 "현실을 가난의 존재론으로 정식화한 정의"에 의거하는 비판적 사유의 전통적 절차는 더는 존재할 이유가 없어져버린 셈이다. 슬로터다이크에 따르면, 만일 그런 절차가 존속한다면, 그 이유는 실재의 견고함에 대한 믿음과 비참에 대한 죄책감이 그런 절차의 대상이 사라진 뒤에도 살아남은 데 있다. 그 절차는 대상이 사라진 뒤에도 필연적 가상의 방식으로 살아남는다. 마르크스는 인간이 종교와 이데올로기의 하늘에 비참한 현실의 전도된 이미지를 투사投射하는 모습을 보곤 했다. 우리 동시대인들은 그 반대의 일을 하고 있다고 슬로터다이크는 본다. 우리 동시대인들은 견고한 현실이라는 허구에 일반화된 경감 과정의 전도된 이미지를 투사한다. "공적 공간에서 표현되는 생각이 무엇이든 간에, 그 텍스트를 작성하는 것은 비참의 기만이다. 모든 담론은 권력의 위치에 오른 사치를 비참의 은어로 재번역하라는 법에 복종한다."[3] 중력과 비참의 소멸 앞에서 느끼는 죄스러

---

3   Peter Sloterdijk, *Écumes*(trad. Olivier Mannoni, Paris, Maren Sell, 2005), p. 605. 〔옮긴이〕 Peter Sloterdijk, *Sphären III: Schäume, Plurale Sphärologie*(Frankfurt am Main: Suhrkamp, 2004).

운 곤혹은 사회의 비참을 묘사하고 희생자를 부각하는 낡은 담론을 다시 취하는 가운데 거꾸로 표현될 것이다.

이 분석은 비판 전통의 형식과 내용에서 자유로워지라고 우리에게 촉구한다. 하지만 그 분석은 그렇게 하기 위해 비판 전통의 논리를 재생산하는 것을 대가로 지불한다. 한 번 더 말하거니와 그 분석은 우리가 전반적인 가상 구조의 희생자라고, 그러니까 생산력 발전의 저항할 수 없는 전반적 과정—이는 부의 비물질화 과정으로서, 옛 믿음과 이상의 상실이라는 결과를 낳는다—에 대한 우리의 무지와 우리의 저항의 희생자라고 이야기한다. 우리는 이 논변에서 『공산당 선언Manifest der Kommunistischen Partei』의 파괴할 수 없는 논리를 쉽게 알아볼 수 있다. 자칭 포스트모더니즘이 그 논리에서 자신의 경전이 되는 정식—"고체인 것은 모두 기체로 흩어진다"—을 차용해야 했던 것은 대수롭지 않은 일이 아니다. 모든 것은 유동적이고 액체 상태이며 기체 상태로 변할 것이다. 현실, 비참, 전쟁의 현실을 아직도 믿고 있는 이데올로그들을 비웃을 일만 남을 것이다.

의도가 아무리 도발적이어도 이 테제들은 여전히 비판 전통의 논

---

*슬로터다이크를 생각할 경우, 이 경감이라는 테마가 특히, 『기포(Blasen)』(1998), 『지구(Globen)』(1999)와 함께 3부작 『영역들(Sphären)』을 이루는, 『거품』에 들어 있다. 그는 우리 사회가 경감의 사회라고 이야기한다. 현실도 점점 줄어들고 가난도 점점 줄어든다는 것이다. 이는 가난이 사라졌고, 현실이 사라졌으며, 결국 아직도 가난과 현실이 존재한다고 믿게 만들려는 이들은 악의를 지닌 사람들뿐이라는 절대적 신념의 일종이다. 따라서 일종의 나선 모양의 비판이 있다. 드보르식으로 거짓 부를 비판하는 것이 아니라 이제 거짓 가난을 비판하는 것이다." J. Rancière, "Critique de la critique du 'spectacle'," Et tant pis pour les gens fatigués, p. 629 참조.

리에 갇혀 있다. 그 테제들은 불가피한 역사적 과정과 그 필연적 효과라는 테제—현실을 가상으로 변환하거나 가상을 현실로 변환하는, 가난을 부로 변환하거나 부를 가난으로 변환하는 역전 메커니즘—를 충실히 따르고 있다. 그 테제들은 인식하지 못하는 무능력과 무지하고자 하는 욕망을 계속 고발한다. 그리고 그것들은 늘 부인의 한가운데에 있는 죄책감을 지적한다. 따라서 비판 전통에 대한 이런 비판은 비판 전통의 개념과 절차를 여전히 사용한다. 어떤 것이 바뀐 것도 사실이다. 어제까지만 해도 이 절차들은 해방 과정으로 향하는 의식 형태와 에너지를 불러일으킬 계획이었다. 이제 그 절차들은 해방의 지평과 완전히 절연했다. 곧, 명확히 해방의 꿈에 맞서는 쪽으로 돌아섰다.

시위대와 쓰레기통의 우화가 예시하는 것은 이 같은 맥락이다. 사진은 필시 행진하는 이들에 대한 어떤 비난도 표현하지 않는다. 뭐니 뭐니 해도 1960년대에 이미 고다르Jean-Luc Godard는 "마르크스와 코카콜라의 아이들"을 조롱하곤 했다. 하지만 고다르는 그 아이들과 함께 행진했다. 왜냐하면 베트남 전쟁에 맞서 행진하면서 코카콜라 시대의 아이들은 마르크스의 아이들과 함께 싸웠거나 어쨌든 싸우고 있다고 여겼기 때문이다. 40년 사이에 변한 것은 마르크스가 코카콜라에 의해 사라졌다거나 흡수되었다는 것이 아니다. 마르크스는 사라지지 않았다. 그는 자리를 바꿨다. 그는 이제 복화술하는 목소리마냥 체계의 한가운데에 존재한다. 마르크스는 마르크스의 아이들과 코카콜라의 아이들의 공통된 수치를 증언하는 수치스러운 유령 또는 수치스러운 아버지가 되었다. 오래전에 그람시Antonio Gramsci는 소비에트 혁명을 『자본Das Kapital』에 맞서는 혁명으로, 그러니까 부르주아 과학주의의 바이블이 되어버린 마르크스의 책에 맞서는 혁명으로 규정한 적이 있다. 내 세대를 키운 마르크스주의—상품의 신화론, 소비 사회와 스펙터클의 제국의 환영을 고발하는 마르크스주의—에 대해서도 그처럼 말할 수 있을 것이다. 40년 전, 마르크스주의는 사회를 지배하는 기계들을 고발함으로써 사회 지배와 대결하는 자들에게 새로운 무기를 제공한다고 간주됐다. 오늘날 마르크스주의는 상품과 스펙터클이 군림하고, 모든 것이 다른 모든 것과 등가를 이루며, 모든 것이 제 자신의 이미지와 등가를 이룬다는 탈주술적 지식이 됐다. 이 포스트-마르크스주의적이고 포스트-상황주의적인 지혜는 열렬한 소비의 쓰레기 아래 푹 파묻힌 인류를 묘사하는 환등상幻燈像적인 그림을 제공하는 데 만족하지 않는다. 그 지혜는 또한 지배의 법칙을 그 법칙에 이의를 제기한다고 칭하는 모든 것을 제압하는 힘으로 그린다. 그 지혜는 모든 항의를 스펙터클로 만들고, 모든 스펙터클을 상품으로 만든다. 그 지혜는 항의를 공허함의 표현이면서 또한 죄책감의 증명으로 만든다. 복화술을 쓰는 유령의 목소리가 우리에게 말한다. 우리는 두 번 죄를 짓고 있다고, 두 가지 반대되는 이유로 죄를 짓는 거라고. 우리는 죄책감을 가져야 할 어떤 것도 없다는 사실을 모른 체하면서 현실과 죄책감이라는 케케묵은 생각을 아직 고집하고 있다고. 또한 우리 자신이 상품, 스펙터클, 항의를 소비함으로써 상품 등가의 수치스러운 군림에 일조하고 있다고. 이 이중의 혐의는 정치적 입장들의 주목할 만한 재분배를 함축한다. 한편으로 상품과 이미지의 왕국에 대한 좌파의 오래된 고발은 이 불가피한 왕국에 대한 아이러니하거나 멜랑콜리한 승

낙의 형태가 된다. 다른 한편, 투사鬪士적 에너지는 우파로 향하게 된다. 우파에게 그 에너지는 상품과 스펙터클을 새로이 비판하는 데 자양분을 제공한다. 상품과 스펙터클의 폐해가 민주주의적 개인이 저지른 범죄로 다시 규정되는 것이다.

그러니 한편으로, 좌파의 아이러니 또는 멜랑콜리가 있다. 이는 전복을 꿈꾸는 우리의 모든 욕망이 여전히 시장 법칙에 복종하고 있으며, 우리가 할 수 있는 일이라곤 전 지구적 시장에서 할 수 있는 새로운 게임, 즉 우리 자신의 삶을 한없이 실험하는 게임에 만족하는 것 말고는 없음을 고백하도록 [우리를] 압박한다. 이는 우리가 괴물[짐승]의 체내에 흡수됐음을 보여준다. 거기서는 우리가 짐승에 맞서 활용할 수 있을지 모르는 자율적이고 전복적인 실천 능력과 상호작용 네트워크마저 짐승의 새로운 권력, 즉 비물질적 생산의 권력에 봉사한다. 짐승은 그의 잠재적 적이 지닌 욕망과 능력을 지배한다. 짐승은 잠재적 적에게 최상품을, 그러니까 자신의 삶을 무한한 가능성의 부식토처럼 실험할 수 있는 능력을 가장 싼값에 제공함으로써 그렇게 한다. 짐승은 각자에게 각자가 소망할 수 있는 것을 제공한다. 멍청이들에게는 리얼리티 쇼를 주고, 영리한 이들에게는 자기 가치를 높일 가능성을 준다. 멜랑콜리한 담론은 우리에게 이야기한다. 바로 거기에 함정이 있다고. 자본주의의 권력을 쓰러뜨리겠다고 믿었지만 거꾸로 그 권력에 이의 제기 하는 에너지를 빨아들여 [그 권력에] 원기를 회복할 수단을 제공하고 만 자들이 빠진 바로 그 함정 말이다. 이 담론은 뤽 볼탕스키Luc Boltanski와 에브 샤펠로Ève Chiapello의 『자본주의의 새로운 정신Le Nouvel Esprit du capitalisme』에서 자신의 자양분을 찾아냈다. 이 사회학자들에 따르면 1960년대의 반란 그리고 특히 68년 5월 학생 운동의 슬로건은 1973년 석유 위기 이후 곤궁에 처한 자본주의에 재생의 수단을 제공했을 수 있다. 68년 5월은 사실 자본주의에 대한 노동 운동 측의 '사회적' 비판—불평등과 비참에 대한 비판 그리고 공동체의 유대를 파괴하는 이기주의에 대한 고발—에 반대하여 자본주의에 대한 '예술적 비판'의 테마—탈주술화된 세계에 맞선 항의, 진정성·창의성·자율에 대한 요구—를 내세웠던 것 같다. 바로 이 테마들이 동시대 자본주의에 통합되었던 것 같다. 자율 및 진정한 창의성에 대한 이 욕망에 그것의 새로운 '유연성', 그것의 융통성 있는 감독, 가볍고 혁신적인 구조, 개인의 주도 및 '프로젝트별로 생기는 자율적 집단cité par projets'에 대한 호소를 제공하면서 말이다.

이 테제는 그 자체로 보면 그다지 견고하지 않다. 이 테제에 소재를 제공하는 것은 관리직 대상 세미나 담론이며, 그것은 동시대 자본주의의 지배 형태들의 현실과 동떨어져 있다. 노동의 '유연성'이란 68년 5월의 아이들이 창의성을 일반화하자고 호소했던 것을 가리키기보다 해고, 공장 폐쇄 및 이전의 위협 아래 증가한 생산성의 형태에 강제로 적응한 것을 가리킨다. 요컨대 노동에 창의성을 도입하려는 고민은 1968년 운동의 슬로건과 거리가 멀다. 거꾸로 1968년 운동은 '참여'의 테마에 반대하여 그리고 교육받은 무던한 청년더러 인간의 얼굴을 한 현대화된 자본주의에 참여하라는 초대에 반대하여 진행됐다. 그런 테마나 초대는 1960년대 새로운 자본주의 이데올로기 및 국가 개혁의 핵심이었다. 사회적 비판과 예술적 비판 사이 대립은 이의 제기의 역사적 형태에 대한 어떤 분석에도 근거하고 있지 않다. 그 대립은, 부르디외Pierre Bourdieu의 교훈에 준해서, 비참에 반대하고 노동자들과의 공동체적 유대에 찬성하는 투쟁을 그리고 자율적 창의성을 추구하는 개인주의적 욕망을 반란에 잠시 몸담았던 그랑 부르주아지나 프티 부르주아지 출신 아이들에게 귀속시키는 데 만족한다. 그러나 노동자 해방을 지향하는 집단적 투쟁은 낡은 공동체적 유대가 가하는 구속을 이겨낸 개인적 삶과 능력의 새로운 경험과 절대 분리되지 않았다. 사회적 해방은 동시에 감성적[미학적] 해방이었다. 즉, 낡은 위계질서에서 노동자의 정체성을 특징짓던 느끼고 보고 이야기하는 방식과 단절하는 것이었다. 사회적인 것과 감성적인[미학적인] 것 사이의 연대, 모두를 위한 개인성의 발견과 자유로운 집단성을 찾는 기획의 연대가 노동자 해방의 핵심이었다. 그 연대는 동시에 사회학적 세계관이 한결같이 거부했던 계급과 정체성의 무질서를 의미했다. 사회학적 세계관은 19세기에 그런 무질서에 맞서 구축됐다. 아주 자연스럽게도 사회학적 세계관은 1968년의 시위와 슬로건에서 그 무질서를 다시 발견했다. 사회학적 세계관이 1968년 탓에 계급, 계급의 존재 방식, 계급의 행위 형태의 적절한 배분에 야기된 교란을 기어이 없애려고 애쓰는 것도 이해가 된다.

따라서 그 테제가 매력적일 수 있었던 것은 그것이 지닌 참신함이나 설득력 때문이 아니라, 그것이 공모의 가상에 대한 '비판적' 테마를 재가동한 방식 때문이다. 그 테제는 그렇게 좌파주의의 멜랑콜리한 판본—짐승의 권력에 대한 고발과 짐승에 맞서 싸우고 있다고 믿으며 짐승에 봉사하는 자들이 빠진 가상에 대한 고발이라는 이중의 고발로부

터 영양을 취하는 판본—에 자양분을 제공했다. '예술적' 반란을 회수해
야 한다는 테제가 여러 결론으로 이어지는 것도 사실이다. 경우에 따라
서 그 테제는 어쨌든 급진적일 수 있는 급진적 명제를 뒷받침한다. 오늘
날 자본과 국가에 흡수된 일반 지성의 힘들이 대거 탈퇴해야 한다는 파
올로 비르노_Paolo Virno_의 테제 내지 가상적 자본주의에 맞서 잠재적 전
복을 해야 한다는 브라이언 홈스_Brian Holmes_의 테제가 그 예다.[4] 그 테제
는 정신을 잃어야 했을 자본주의를 파괴하지 않고 구출하는 데 주력하
는 전도된 투사주의 명제를 키우기도 한다.[5] 그 테제의 정상 최저 수위
는 기체 상태나 액체 상태나 비물질적으로 변한 지배 현실에 대항할 그
어떤 견고한 지점도 상실해버린 세계의 흐름을 바꾸는 것은 불가능하
다는, 탈주술적 사실 확인의 수준이다. 정말이지 멕세퍼가 촬영한 시위
대/소비자는 우리 시대의 저명한 사회학자가 아래와 같이 묘사한 전쟁
을 앞에 두고 무엇을 할 수 있을까? "오늘날 힘의 근본 기술은 회피, 모
걸음, 생략, 도피, 영토에 갇힘으로써 귀결되는 질서 확립, 질서 유지, 그
리고 그 결과에 대한 책임 및 그에 따른 비용을 지불해야 할 필요성에
대한 실질적 거부이다. (…) 스텔스 전투기와 탐지기로 자동 유도 되는 인

---

4   Paolo Virno, *Miracle, virtuosité et "déjà-vu". Trois essais sur l'idée de "monde"*(Éditions de
l'Éclat, 1996) 그리고 Brian Holmes, "The Flexible Personality. For a New Cultural Critique," in
Hieroglyphs of the Future. Art and Politics in a networked era(Broadcasting Project, Paris/Zagreb,
2002. www.geocities.com/CognitiveCapitalism/holmes1.html에서도 볼 수 있다)와 "Réveiller
les fantômes collectifs. Résistance réticulaire, personnalité flexible"(www.republicart.net/disc/
artsabotage/holmes01_fr.pdf)을 보라.

5   Bernard Stiegler, *Mécréance et discrédit 3; L'esprit perdu du captialisme*(Galilée, 2006).

공 지능 미사일이 가하는 공격—갑작스럽게, 어디에서인지 모르게 나타났다가 곧바로 시야에서 사라지는 공격—이 보병으로 이루어진 지상의 전초 부대 그리고 적에게서 영토를 빼앗으려는 노력을 대체했다. (…) 군사력과 그 기습hit-and-run 전략은 액체 근대 시대의 새로운 전쟁 유형에 관한 실질적 쟁점이 무엇이었는지를 예고하고 구현하며 전조가 되었다. 새로운 영토를 정복하는 것이 아니라 전 지구적이고 유동적인 새로운 힘을 가로막던 벽을 무너뜨리기."[6] 이 진단이 나온 때가 2000년이다. 이후 8년 동안 이루어진 군사 작전을 통해 그 진단이 전적으로 입증됐다고 보기는 어려울 것 같다. 하지만 멜랑콜리한 예언은 입증 가능한 사실을 대상으로 하지는 않는다. 예언은 그저 우리에게 이렇게 이야기할 뿐이다. 사태는 보이는 것과는 다르다고. 이것은 언젠가 반박될 위험을 무릅쓰지 않는 명제이다. 멜랑콜리는 자기 자신의 무능력을 먹고 산다. 멜랑콜리는 자신의 무능력을 일반화된 무능력으로 전환할 수 있고, 체계에 대한 비판적 해석이 체계 자체의 한 요소가 되는 세계에 대한 탈주술적 시선을 던지는 명석한 정신의 위치를 확보할 수 있으면 그만이다.

이런 좌파적 멜랑콜리에 맞서 우파의 새로운 격분이 발전하는 것을 우리는 봤다. 후자는 시장, 미디어, 스펙터클에 대한 고발을 민주주의적 개인이 일으키는 피해에 대한 고발로 재정식화한다. 옛날에 지배적 의견은 민주주의라는 이름을 공적 자유에 바탕을 두는 통치 형태와 자

6   Zygmunt Bauman, *Liquid Modernity* (Polity Press, 2000), pp. 11~12. (옮긴이) 지그문트 바우만, 이일수 옮김, 『액체근대』(도서출판 강, 2005), 21~22쪽.

유 시장이 제공하는 자유로운 선택에 기반을 두는 개인적 생활 방식의 수렴으로 이해했다. 소비에트 제국이 유지되는 한, 지배적 의견은 전체주의라 불리는 적에 이 민주주의를 대립시켰다. 민주주의＝인권＋자유시장＋개인의 자유로운 선택이라는 정식에 관한 합의는 적의 소멸과 함께 흩어졌다. 1989년 이후 시기에 인권과 개인의 자유로운 선택의 결합이 낳는 치명적 효과를 고발하는 지식인 캠페인은 점차 격앙됐다. 사회학자, 정치철학자, 도덕가는 돌아가면서 우리에게 이렇게 설명했다. 마르크스가 잘 봤듯이, 인권이란 이기적인 부르주아 개인의 권리요 모든 상품을 소비하는 자의 권리이며, 이 권리는 오늘날 이 소비자들로 하여금 그들의 열광을 구속하는 모든 족쇄를 부수고, 그리하여 학교, 종교, 가족과 같이 시장 권력에 한계를 부과하던 모든 전통적 권위 형태들을 파괴하도록 부추긴다고. 바로 그것이 민주주의라는 단어의 실질적 의미라고 그들은 이야기했다. 자신의 욕망을 충족시키는 것밖에는 관심이 없는 개인의 법칙. 민주주의적 개인은 평등을 원한다. 그들이 원하는 평등은 상품 판매자와 구매자 사이에 유지되는 평등이다. 그들이 원하는 것은 모든 인간관계에서 시장의 승리이다. 그리고 그들은 평등에 빠지면 빠질수록 더 열렬히 이 승리에 협력하게 된다. 이러한 기초 위에서, 다음을 입증하기란 쉬운 일이었다. 1960년대 학생 운동과 특히 프랑스의 68년 5월 운동이 추구했던 것은 자본의 법칙이 삶에 전체적으로 쇄도하는 것에 반대하던 전통적 권위 형태의 파괴였을 뿐이며, 그 운동의 유일한 효과란 우리 사회를 그 어떤 소속도 없이 풀려난 채 유일한 시장 법칙을 위해서만 전적으로 처분 가능하게 존재하는 분자들의 자유로운 집적으로 변환하는 것이었다.

이러한 새로운 상품 비판은 평등주의 소비에 대한 민주주의의 갈
망이 낳은 귀결로서 시장의 지배뿐 아니라 사회적·인간적 유대의 전체
주의적이고 테러리스트적인 파괴를 제시하면서 한 걸음 더 내디뎌야 했
다. 옛날에는 개인주의와 전체주의가 대립됐다. 이 새로운 이론화 속에
서 전체주의는 자유로운 선택과 무제한적 소비에 대한 개인주의적 광신
의 귀결이 된다. 세계무역센터가 무너지던 즈음, 저명한 정신분석가이자
법학자이자 철학자인 피에르 르장드르Pierre Legendre는《르몽드Le Monde》
에 게재한 인터뷰에서 테러리스트의 공격을 서구의 억압된 것의 회귀이
자 서구의 상징 질서 파괴―그것은 동성 결혼에 집약되어 있다―의 비
준으로 설명했다.[7] 2년 뒤, 저명한 철학자이자 언어학자인 장-클로드 밀
네르Jean-Claude Milner는『민주주의 유럽의 범죄적 경향』에서 르장드르의
해석을 더 급진적으로 밀어붙인다.[8] 밀네르가 민주주의 유럽에 씌운 범
죄는 단적으로 말해 유대인 학살이다. 그는 이렇게 주장한다. 민주주의
란 사회적 무제한의 지배요, 무제한한 과정을 한없이 확장하고픈 욕망
에 따라 움직인다. 거꾸로 유대 민족은 혈통과 계승의 법칙에 충실한 민
족이기에 민주주의에 내재하는 이런 경향의 유일한 장애물을 대표했다.
그래서 민주주의는 유대 민족을 제거할 필요가 있었고 이 제거의 유일

---

7   〔옮긴이〕Pierre Legendre, "Entretien avec A. Spire," *Le Monde*(23 octobre, 2001).

8   〔옮긴이〕Jean-Claude Milner, *Les Penchants criminels de l'Europe démocratique*(Lagrasse:
Verdier, 2003).

한 수혜자로 판명됐다. 그리고 프랑스 대중 매체의 인텔리겐치아를 대변하는 알랭 핑켈크로트Alain Finkielkraut는 2005년 11월에 일어난 프랑스 방리유 소요에서 브레이크 없는 소비를 추구하는 민주주의적 테러리즘의 직접적 귀결을 보았다. 그는 이렇게 선언한다. "학교를 파괴하는 이 사람들이 이야기하는 게 실제로 뭘까요? 그들의 메시지는 더 많은 학교나 더 나은 학교를 지어달라는 구호 요청이나 요구가 아닙니다. 그것은 그들과 그들이 욕망하는 대상 사이의 매개자들을 청산하려는 의지입니다. 그들이 욕망하는 대상은 무엇일까요? 간단해요. 돈, 메이커 그리고 때로는 여자, (…) 그들은 모든 것을 지금 원하죠. 그들이 원하는 것은 소비 사회의 이상입니다. 그 이상은 그들이 텔레비전에서 보는 바로 그것이죠."[9] 바로 이 저자는 청년들이 이슬람 광신도들에 의해 소요에 떠밀려 나온 것이라고 주장하는바, 논증은 결국 민주주의, 소비, 유치함, 종교적 광신과 테러리스트적 폭력을 단 하나의 형상으로 환원하는 것이었다. 소비와 스펙터클에 대한 비판은 결국 문명의 충돌과 테러에 맞서는 전쟁이라는 가장 노골적인 테마와 동화됐다.

나는 포스트-비판적 비판의 우파적 격분과 좌파의 멜랑콜리를 대립시켰다. 하지만 이는 동전의 양면이다. 둘 모두 똑같이 비판 모델—사회 투쟁의 전투원들을 무장시키기 위해서 상품 법칙이 아름다운 외양의 궁극적 진리라고 폭로하던 비판 모델—을 전도시킨다. 폭로는 같은

---

9   2005년 11월 18일 자《하레츠(Haaretz)》에 게재된 핑켈크로트의 인터뷰. 미셸 바르쇼프스키(Michel Warschawski)와 미셸 시보니(Michèle Sibony)의 번역.

보조로 늘 계속된다. 폭로는 그것이 고발하는 제국에 맞서는 어떤 무기도 더는 제공하지 못하는 것 같다. 좌파의 멜랑콜리는 우리더러 짐승의 권력에 대한 대안이 없음을 인정하고, 우리가 그 권력에 만족함을 고백하라고 촉구한다. 우파의 격분은 우리가 짐승의 권력을 부수려 하면 할수록 짐승의 승리에 기여하게 된다고 우리에게 경고한다. 비판 절차와 그 목적 사이의 절연은 대신 비판 절차에서 실효적 희망을 모조리 빼앗는다. 멜랑콜리한 자들과 예언가들은 문명이 앓는 병의 증상을 해독하는 식견 있는 이성의 옷을 걸친다. 이 식견 있는 이성은 병자들—이들은 자신이 병자임을 모르는 병에 걸렸다—에게 아무런 효과도 없는 것으로 나타난다. 체계에 대한 종결될 수 없는 비판은 결국 이 비판이 아무런 효과도 가질 수 없는 대상의 이유를 논증하는 것과 같아진다.

물론 식견 있는 이성의 무능력은 우연이 아니다. 무능력은 포스트-비판적 비판의 이 형상에 본래적이다. '민주주의적 개인주의'의 테러리즘에 맞서 계몽의 이성이 패배했다며 한탄하는 예언가들은 이 이성 자체에 대해서도 의혹을 품는다. 그 예언가들은 자신들이 고발하는 '테러'가 인간을 함께 붙잡아두는 전통적 제도의 끈—가족, 학교, 종교, 전통적 연대—에서 풀려나간 개인적 원자들이 자유롭게 동요한 결과라고 본다. 그런데 이러한 논변은 충분히 식별 가능한 역사를 갖는다. 그 논변은 프랑스 혁명에 대한 반혁명적 분석으로 거슬러 올라간다. 분석에 따르면, 프랑스 혁명은 개인들을 결집하고 교육하고 보호했던 집단적 제도—종교, 군주정, 봉건적 예속 관계, 동업 조합 등—의 조직을 파괴했다. 분석에서 이 파괴는 프로테스탄트 개인주의의 산물인 계몽주의 정신의 산물이었다. 결과적으로 연이 끊기고, 문화적 동질성을 상실했으며, 보호받지 못하는 개인들은 동시에 대중적 테러리즘과 자본주의 착취의 먹잇감이 됐다. 현재의 반민주주의 캠페인은 민주주의, 시장, 테러가 연결됐다고 보는 이 같은 분석을 공개적으로 다시 취한다. 반민주주의 캠페인이 부르주아 혁명과 상품 물신주의에 관한 마르크스의 분석을 위의 분석으로 환원할 수 있다면, 그것은 마르크스의 분석 자체가 이 토양에서 생겨났으며 자양분 이상의 것을 거기서 끌어왔기 때문이다. 인권, 부르주아 혁명, 소외된 사회관계에 대한 마르크스의 비판은 사실 민주주의 혁명을 공동체의 조직tissu을 분열시키는 개인주의적 부르주아 혁명으로 간주하는 혁명 이후의 반혁명적 해석 지형 위에서 발전했다. 그리고 아주 자연스럽게도 마르크스주의에서 발원하는 비판 전통의 비판적 전환은 우리를 그 지형으로 데려간다.

그러므로 사회적·문화적 비판의 전통이 고갈됐다는 것은 틀린 말이다. 그 전통은 지금 지배 담론을 구조 짓는 그것의 전도된 형태를 띠며 매우 순조롭게 유지되고 있다. 간단히 말해 그 전통은 그 원산지—근대성을 개인주의에 의해 사회적 유대가 끊어진 것으로 해석하고 민주주의를 대중적 개인주의로 해석하는 지형—로 다시 돌아갔다. 그 전통은 동시에 '민주주의적 근대성'에 대한 이 같은 해석 논리와 사회 해방 논리 사이의 원초적 긴장으로 다시 돌려보내졌다. 시장과 스펙터클에 대한 비판과 모든 해방적 목표 사이에 오늘날 존재하는 절연은 그 기원에서부터 사회 해방 운동을 사로잡은 긴장의 최종 형태이다.

이 긴장을 이해하기 위해서는 '해방'이라는 단어의 본래 의미—소수의 상태에서 탈출하기—로 돌아가야 한다. 그런데 사회 해방의 투사들이 탈출하고 싶어 한 이 소수의 상태란 원리상 두 세기 전에 반혁명 사상가들이 꿈꿨고 오늘날 상실된 사회적 유대를 복원코자 하는 포스트-마르크스주의 사상가들이 동정하는 '공동체의 조화로운 조직'과 같은 것이다. 향수의 대상이 되는 이 조화롭게 조직된 공동체란 각자가 제자리에 자신의 계급에 위치하면서, 자신의 소관인 직무를 담당하고, 자리와 직무에 부합하는 감각과 지성의 장비를 갖춘 공동체이다. 그것은 플라톤적 공동체이다. 거기서 장인들은 자신들의 자리에 남아 있어야 하는데, 왜냐하면 일은 기다려주지 않으며 즉 일은 아고라에서 노닥거리고 민회에서 심의하고 극장에 그림자를 보러 갈 시간을 남겨주지 않으며, 또한 신성은 장인들을 그런 점유/업무에 맞추고 고정하는 철의 혼—감각과 지성의 장비—을 주었기 때문이다. 이것이 바로 내가 감각적인 것의 치안적 나눔이라고 부르는 것이다. 점유/업무와 장비 사이에 '조화로운' 관계가 있다는 것, 특정한 시간과 공간에 존재하고 거기서 한정된 업무를 수행한다는 사실과 이 활동에 부합하도록 느끼고 이야기하고 행하는 능력을 갖춘다는 사실 사이에 '조화로운' 관계가 있다는 것. 사실상 사회적 해방이란 '점유/업무'와 (다른 공간과 다른 시간을 쟁취할 수 없는 무능력을 뜻했던) '능력' 사이의 일치와 단절하기를 의미했다. 사회적 해방이란 일이 기다려주지 않음을 알고, '시간 없음'에 의해 가공된 감각을 지닌 장인의 점유/업무에 맞추어진 노동자의 신체를 해체하는 것을 뜻했다. 해방된 노동자는 지금 여기서 hic et nunc 이 신체와는 다른 신체와 다른 '혼'을 스스로 형성한다. 어떤 특정한 점유/업무에도 맞춰지지 않은 자들의, 어떤 특수 계급에도 속하지 않고 아무나n'importe qui에게 속하는 느끼고 말하고 생각하고 행동하는 능력을 작동시키는 자들의 신체와 혼을.[10]

해방에 대한 이 같은 관념과 실천은 역사적으로 지배와 해방에 관한 전혀 다른 관념과 섞이거나 결국 그것에 굴복했다. 지배를 분리 과정과 연결하고, 결과적으로 해방을 상실한 통일성의 회복과 연결하는 관념에 말이다. 청년 마르크스의 텍스트에 모범적으로 요약되어 있는 이러한 시각에 따르면, 자본의 법칙에 예속되는 것은 통일성이 깨져버린 사회에서 생기는 일이다. 그런 사회에서 부는 소외되어 사회 위나 면전에 내던져진다. 그래서 해방이란 잃어버린 재화를 공동체를 통해 전반적으로 재전유하는 것으로 나타날 수밖에 없었다. 그리고 이 재전유는 전

---

10 〔옮긴이〕 "노동의 용도는 신체의 어떤 질서에, 그러니까 사회적 질서에서 분배되는 자리 및 직무와 이런저런 자리에 위치하고 이런저런 직무에 헌신하는 신체들이 갖는 능력이나 무능력 사이의 어떤 조화에 상응했다. '사회적 본성'에 관한 이런 생각에 따르면, 지배 형태는 감각적 불평등의 문제였다. 생각하고 통치하기로 되어 있던 인간은 노동하고 생계를 유지하고 재생산하기로 되어 있던 자들과 같은 인간성을 갖지 않았다. 플라톤이 주장하듯, 사람들은 신이 통치자의 영혼에는 금을, 장인의 영혼에는 철을 넣었다고 '믿어야' 했다. 그 본성은 '마치 …… 처럼'의 문제였다. 그 본성은 '마치 …… 처럼'의 형식으로 존재했다. 마치 그것이 존재했던 것처럼 사태가 돌아갈 필요가 있었다. 장인은 마음 깊숙이 이 이야기에 설득될 필요가 없었다. 장인이 그것을 감각하고, 마치 그것이 참인 것처럼 제 손과 눈과 정신을 이용하기만 하면 됐다. 그리고 장인은 자신이 받은 영혼의 종류에 맞게 〔사회적〕 조건이 주어진다는 거짓말이 그들이 살고 있는 조건의 현실에 상응하는 한, 그만큼 더욱더 그렇게 했다. 감성적〔미학적〕 경험에 의해 구축된 공동체의 '마치 …… 처럼'이 사회적 해방에서 작동하는 '마치 …… 처럼'과 만나는 지점이 바로 여기이다. 사회적 해방이 감성적인〔미학적인〕 까닭은 그것이 그러한 '믿음'에 의해 움직여지는 신체를 해체하는 것을 뜻했기 때문이다." J. Rancière, "Aesthetic Separation, Aesthetic Community," *The Emancipated Spectator* (translated by Gregory Elliott, London, New York: Verso, 2009), p. 70 참조.

반적 분리 과정에 대한 인식의 결과일 수밖에 없었다. 이 시각에서 보면 지금 여기 새로운 감각 세계에서 살기 위해 스스로 새로운 신체를 만든 장인들의 해방 형태는 분리 과정 및 이 과정에 대한 무지에서 비롯한 가상일 수밖에 없었다. 해방은 사회를 그것의 진리에서 분리해냈던 전반적 과정의 종언으로서만 도래할 수 있었다.

그로부터 해방이란 새로운 능력의 구축으로 더는 간주되지 않게 됐다. 해방은 실질적 무능력의 이면에 불과한 가상의 능력에 빠진 자들에게 과학을 약속하는 것이었다. 과학의 논리 자체는 약속을 무한정 지연하는 논리였다. 자유를 약속했던 과학은 또한 전반적 과정에 대한 과학이었으나 그 효과는 전반적 과정에 대한 고유한 무지를 무한정하게 만들어내는 것이었다. 그래서 과학은 기만적 이미지들을 해독하고, 가상·예속·비참이라는 올가미에 개인을 한층 더 가둬둘 뿐인 자기 성숙이라는 가상적 형태의 가면을 벗기는 데 전념해야 했다. 바르트Roland Barthes의 『신화론Mythologies』의 시대와 드보르의 『스펙터클의 사회La Société du spectacle』의 시대 사이에 이미지들에 대한 비판적 독해와 그 이미지들이 은폐하는 기만적 메시지들의 폭로가 얼마나 강렬한 수준이었는지 우리는 알고 있다. 모든 이미지에 감춰진 기만적 메시지를 해독하려는 이 강렬함이 1980년대 들어 이제 더는 이미지와 현실을 구별할 필요가 없음을 깨달았다는 단언과 함께 어떻게 전도됐는지도 우리는 알고 있다. 이 전도는 전반적 사회 과정을 자기-은폐 과정으로 여기는 근본적 논리의 결론일 뿐이다. 숨겨진 비밀은 결국 [사회] 기계의 자명한 작동 방식과 하등 다를 바 없다. 바로 그것이 드보르가 설정한 스펙터클 개념의 진리이다. 스펙터클은 현실을 가리는 이미지들의 진열대가 아니다. 그것은 분리된 현실로서의 사회적 활동과 사회적 부의 존재이다. 스펙터클의 사회에서 사는 자들의 상황은 플라톤의 동굴 안에 결박된 수인囚人들의 상황과 같다. 동굴이라는 장소에서는 이미지들이 현실로 간주되고, 무지가 지식으로, 가난이 부로 간주된다. 그리고 수인들은 자신들의 개인적·집단적 삶을 다르게 구축할 수 있다고 상상하면 할수록 동굴의 예속 상태에 더 빠져들게 된다. 이 무능력의 선고는 그것을 공포하는 과학에 되돌아온다. 스펙터클의 법칙을 인식하는 것은 스펙터클이 어떻게 그것의 현실과 동일한 위조를 무한정 되풀이하는지를 인식하는 것과 같다. 드보르는 이 원의 논리를 간략한 정식으로 요약한다. "실제로 전도된 세계에서 참은 거짓의 한 계기이다."[11] 이렇게 전도에 대한 인식은 그 자체로 전도된 세계에 속하며, 예속에 대한 인식은 예속의 세계에 속한다. 그러므로 이미지의 가상에 대한 비판은 현실의 가상에 대한 비판으로 역전될 수 있었고, 거짓 부에 대한 비판은 거짓 가난에 대한 비판으로 뒤집힐 수 있었다. 자칭 포스트모던한 전회란 이런 의미에서 보면 동일

11   Guy Debord, *La Société du spectacle*, p. 6. [유재흥 옮김, 『스펙타클의 사회』, 18쪽.] [옮긴이] "기 드보르가 "실제로 전도된 세계에서 참은 거짓의 계기이다"라고 말하는 구절이 있다. 대체로 스펙터클의 이유를 안다고 해서 스펙터클의 지배가 바뀌지는 않는다. 결국 스펙터클의 권력을 언표하는 목소리의 권위만 남게 된다. 드보르의 영화들을 보면 이는 특히 민감한 문제가 된다. 영화 속에는 어떤 의미에서 대수롭지 않은 이미지들만 쭉 지나간다. 중요한 것은 다음과 같이 말하는 목소리이다. "당신은 이 이미지들 앞에서 그것들을 멍청이처럼 쳐다보고 있다. 이 이미지들은 어떤 의미에서 당신 자신의 죽음이다." 분리를 이야기하는 이 목소리는 어떤 의미에서 분리에 할애된 것이다. 그 목소리는 우리 모두가 이미지들 속에 있고 늘 거기에 있을 것이며 거기서 빠져나가지 못할 거라고 이야기한다." J. Rancière, "Critique de la critique du 'spectacle'," *Et tant pis pour les gens fatigués*, p. 621 참조.

한 원 안에서 한 바퀴 더 도는 것일 뿐이다. 모던한 비판에서 포스트모던한 니힐리즘으로 가는 이론적 이행은 없다. 현실과 이미지의 방정식, 부와 가난의 방정식을 다른 방향으로 읽은 것일 뿐이다. 포스트모던한 기질 탓으로 돌려지는 니힐리즘은 처음부터 모던한 사회의 숨겨진 비밀을 폭로하겠다고 말하는 과학의 숨겨진 비밀일 수 있다. 이 과학은 비밀의 파괴 불가능성과 그것이 고발하는 위조 과정의 무한정한 재생에서 영양분을 얻는다. 비판 절차와 모든 해방 전망의 연결이 끊기는 것은 비판적 패러다임의 핵심에 있던 이접$_{disjonction}$을 폭로할 뿐이다. 그 절연은 비판적 패러다임의 가상을 비웃을 수 있으나 그 패러다임의 논리를 되풀이한다.

그러므로 '비판에 대한 (실질적) 비판'은 그 논리를 한 번 더 뒤집는 것일 수 없다. 비판에 대한 실질적 비판은 비판 개념과 비판 절차들, 그것들의 계보와 그것들이 사회 해방의 논리와 교착되는 방식에 대한 재검토를 거친다. 재검토는 특히 강박적 이미지의 역사에 대한 새로운 시선을 거친다. 그 강박적 이미지를 둘러싸고 비판적 모델의 역전, 즉 상품과 이미지의 파도에 휩쓸리고 상품과 이미지의 허망한 약속에 속아 넘어간 소비자 개인이라는 가엾은 백치의 (완전히 케케묵었으나 항상 사용될 준비가 되어 있는) 이미지가 만들어졌다. 상품과 이미지의 유해한 진열에 대한 이 강박적 고민 그리고 상품과 이미지의 피해자인지도 모르고 우쭐해 있는 자에 대한 표상은 바르트, 보드리야르, 드보르의 시대에 생겨난 것이 아니다. 그것들은 19세기 후반에 아주 특정한 맥락에서 부과됐다. 그때는 생리학이 영혼의 통일성과 단순성이었던 것 대신에 자극과 신경

회로의 다수성을 발견한 시대였고, 이폴리트 텐Hippolyte Taine과 더불어 심리학이 뇌를 '이미지의 군락'으로 변형한 시대였다. 문제는, 과학에서 양量의 지위 격상이 다른 것, 즉 민주주의라고 불리는 통치 형태의 주체인 서민 무리의 지위 격상과, 자격 없는 다수 개인들의 지위 격상과 동시에 발생한다는 것이다. 복제된 텍스트와 이미지의 증식, 상점가의 쇼윈도, 시가지의 조명은 그 자격 없는 개인들을 지식과 향락의 공유된 세계에 거주하는 완전한 권리를 가진 주민들로 변환하곤 했다.

이런 맥락에서 소문이 나기 시작했다. 너무 많은 자극이 사방에서 터져나온다고. 너무 많은 사고와 이미지가 그 범람을 제어할 준비가 안된 두뇌에 밀려든다고. 손에 넣을 수 있는 너무 많은 쾌락 이미지가 대도시 빈민의 시야에 쏟아진다고. 너무 많은 신지식이 서민 자녀의 모자란 머릿속에 던져진다고. 그들의 신경 에너지를 흥분시키는 것은 심각한 위험이었다. 그 흥분의 결과가 바로 미지의 욕구의 분출이었다. 미지의 욕구는 단기적으로는 사회 질서에 맞서는 새로운 공격을 낳고, 장기적으로는 근면하고 건실한 종족의 고갈을 낳는다. 소비 가능한 상품과 이미지의 과잉에 대한 한탄은 먼저 민주주의 사회를 단어, 이미지, 체험 형식을 전유할 수 있는 개인이 넘쳐나는 사회로 묘사하는 그림으로 나타났다. 실제로 그것은 19세기 엘리트들의 커다란 불안, 그러니까 전례 없는 체험 형식의 유통 앞에서 느끼는 불안이었다.[12] 이 체험 형식은 아무 행인이나, 아무 방문객이나, 아무 여성 독자나 자신들이 체험한 세계를 재편성하는 데 기여할 수 있는 재료를 제공하기에 알맞다. 전례 없는 마주침의 증가는 서민의 신체 안에서 전례 없는 능력의 각성을 낳기도 했다. 해방 즉 볼 수 있는 것, 생각할 수 있는 것, 할 수 있는 것의 오래된 나눔의 붕괴는 이 증가에서 자양분을 획득했다. 서민으로서 새로운 삶의 형태를 실험한 동시대의 쌍둥이 형상―엠마 보바리와 국제 노동자 협회― 앞에서 두려움에 사로잡힌 엘리트들은 먼저 '소비 사회'의 기만적 유혹을 규탄했다. 물론 이 두려움은 다수성을 제어하지 못할 만큼 두뇌가 빈약한 가난한 자들에게 인자하게 마음 쓰는 형태를 취했다. 달리 말하면, 삶을 재발명하는 이 능력은 상황을 판단하지 못하는 무능력으로 변환됐다.

　이 온정 넘치는 염려와 그것이 함축하는 무능력이라는 진단은 사회 현실의 과학을 사용하여 서민 남녀로 하여금 허위 이미지로 가장된 그들의 실제 상황을 의식하도록 만들고 싶었던 자들에 의해 널리 답습됐다. 그런 자들은 온정 넘치는 염려와 무능력이라는 진단을 떠맡았다. 왜냐하면 그들은 상품 생산의 전반적 운동이 그것에 예속된 행위자들에게 가상을 자동으로 만들어낸다고 보는 제 고유의 시각을 신봉했기 때문이다. 그렇게 그들은 또한 사회 질서에 위험한 능력을 숙명적 무능력으로 변환하는 것을 신봉했다. 사실 사회 비판 절차들이 추구하는 목

12　〔옮긴이〕 "[이미지의 과잉을 고발하는 데] 원형이 되는 이 환상을 이폴리트 텐보다 잘 표현한 이는 없다. 텐은 '이미지의 군락'을 고안했다. 종교와 봉건이라는 커다란 수호목(守護木)에 더는 몸을 피할 수 없는 사회적 풍경을 그렸고, 말과 이미지로 가득한 거리와 쇼윈도의 근대 도시를 그렸다. 안위를 걱정하는 쩨쩨한 민주주의적 개인을 고발했고, 잘못된 지식과 헛된 이미지에 휩쓸려 흥분하는 혁명적 대중을 고발했다. 민중의 머리에서 사유가 들끓는 상황을 우려한 엘리트의 이와 같은 평결, 이를 영속화한 것은 우선 이미지가 너무 많다는 비판의 범속한 테마였다." J. Rancière, "Le théâtre des images," *Alfredo Jaar: La Politique des Images*(Zurich: JRP/Ringier, 2007), p. 73.

적은 무능력한 자들, 그러니까 볼 줄 모르는 자들, 자신들이 본 것의 의미를 이해하지 못하는 자들, 획득된 지식을 투사(投射)적 에너지로 변환할 줄 모르는 자들을 치료하는 데 있다. 그리고 의사에게는 치료해야 할 환자가 필요하다. 무능력을 치료하기 위해서 의사는 무능력을 무한정 재생할 필요가 있다. 이 재생을 보장하기 위해서는 건강을 병으로 그리고 병을 건강으로 주기적으로 돌려놓기만 하면 된다. 40년 전에 비판 과학은 이미지를 현실로 간주하고 이미지의 숨겨진 메시지의 유혹에 넘어가 버리는 얼간이를 우리가 비웃게 만들곤 했다. 그사이에 '얼간이'는 외양 뒤에 있는 현실과 이미지 안에 숨겨진 메시지를 알아보는 기술을 배웠다. 그리고 이제 당연히 재활용된 비판 과학은 이미지 안에 숨겨진 메시지가 있고 외양과 구분되는 현실이 있다고 여전히 믿고 있는 이 얼간이들을 보며 우리가 미소 짓게 만든다. 기계는 얼간이의 무능을 폭로하는 비판의 무능 위에서 자본을 축적하면서 시간이 끝날 때까지 그렇게 굴러갈 수 있다.

나는 동일한 기계장치를 끝없이 유지하는 이 회전에 한 바퀴를 추가하고 싶지 않았다. 오히려 나는 행보를 바꿀 필요성과 방향을 제안했다. 이 행보의 핵심에는 능력에 대한 해방의 논리와 집단의 농락을 비판하는 논리 사이 연결을 끊으려는 시도가 있다. 고리에서 벗어나려면 다른 전제에서 출발해야 한다. 즉 우리의 과두제 사회 질서와 그것의 대역인 이른바 비판적 논리에 비추어 보아 확실히 사리에 어긋나는 가정에서 출발해야 한다. 우리는 이렇게 전제할 것이다. 무능력한 자들은 능력을 갖고 있다. 무능력한 자들을 그들의 위치에 가둬두는 기계의 숨겨진 비밀 따위는 없다. 우리는 이렇게 가정할 것이다. 현실을 이미지로 변환하는 불가피한 메커니즘 따위는 없다. 모든 욕망과 에너지를 자신의 배 속에 흡수하는 괴물 같은 짐승 따위는 없다. 복원해야 할 잃어버린 공동체 따위는 없다. 있는 것이라고는 그저 아무 곳에서나 아무 때나 돌발할 수 있는 불일치dissensus의 무대들뿐이다. 불일치란 외양 아래 숨겨진 현실도 없고, 모두에게 소여所與의 명증함을 강제하는 식으로 소여를 제시하고 해석하는 단일 체제도 없는 감각적인 것의 조직화를 뜻한다. 모든 상황은 내부에서부터 쪼개질 수 있고, 상이한 지각·의미화 체제하에서 재편성될 수 있다. 지각할 수 있는 것과 생각할 수 있는 것의 풍경을 재편성한다는 것은 가능태의 영토를 변경하고 능력과 무능력의 분배를 변경한다는 말이다. 불일치는 지각되고, 생각할 수 있고, 할 수 있는 것의 명증함을 문제 삼는 동시에 공통 세계의 좌표를 지각하고 생각하고 변경할 수 있는 자들의 나눔을 문제 삼는다. 정치적 주체화 과정은 바로 소여의 통일성과 볼 수 있는 것의 명증성을 쪼갬으로써 가능태의 새로운 지형도를 그리는 셈해지지 않은 능력들의 행위 속에서 구성된다. 해방의 집단적 지적 능력은 전반적인 예속화 과정에 대한 이해가 아니라 불일치의 무대 안에 투자된 능력들의 집단화이다. 그것은 아무나의 능력, 자격 없는 인간의 자격을 작동시키는 것이다. 내가 말했듯이, 이는 사리에 어긋나는 가설들일 뿐이다. 그렇지만 나는 물신의 가면을 벗기는 종결될 수 없는 과제에서 또는 짐승의 전능함에 대한 종결될 수 없는 증명에서보다는 이 힘에 대한 탐구에서 오늘날 찾거나 발견할 것이 더 많다고 생각한다.

III. 정치적 예술의 역설

모더니즘 패러다임에 대한 고발과 예술의 전복적 힘에 대한 회의주의가 지배하던 시대가 가고, 예술은 경제적·국가적·이데올로기적 지배 형태에 답하는 것을 사명으로 한다는 주장이 곳곳에서 다시 들린다. 또한 이처럼 다시 표명된 사명이 모순적이지는 않더라도 상충하는 형태를 취하는 모습도 보게 된다. 어떤 예술가들은 미디어와 광고의 아이콘들을 기념비적 조상影像으로 변형함으로써 이 아이콘들이 우리의 지각에 미치는 힘을 자각하게 만든다. 어떤 예술가들은 세기의 참화에 바쳐진 보이지 않는 기념비를 묵묵히 땅에 묻는다. 어떤 이들은 하위주체적 정체성을 그리는 지배적 표상의 '편향'을 우리에게 보여주는 데 몰두하고, 어떤 이들은 부유浮遊하거나 해독 불가능한 정체성을 지닌 인물들의 이미지들을 앞에 두고 우리더러 시선을 예리하게 만들라고 제안한다. 어떤 예술가들은 세계화된 권력에 반대하는 시위대의 플래카드와 가면을 만들고, 어떤 예술가들은 세계의 대기업 회의에 또는 대기업들의 정보·커뮤니케이션 네트워크에 신분을 위장하고 침투한다. 어떤 사람들은 미술관에서 새로운 생태 기기를 실연하고, 어떤 사람들은 새로운 사회적 관계를 유발하는 새로운 환경을 만들어내기 위해 마련한 작은 돌멩이나 눈에 띄지 않는 네온사인을 곤궁에 처한 방리유에 설치한다. 어떤 이는 혜택을 받지 못하는 구역에 미술관의 걸작들을 옮겨놓고, 어떤 이들은 미술관의 전시실을 방문객이 두고 간 쓰레기로 채운다. 어떤 이는 이주 노동자들에게 돈을 지불하고 제 자신의 무덤을 파도록 시킴으로써 그들이 임금 체계의 폭력을 보일 수 있도록 했고, 어떤 이는 사회적 유대를 복구하는 실천 속에 예술을 집어넣으려고 스스로 슈퍼마켓 계산대 점원이 된다.

예술을 재정치화하려는 의지는 이렇게 매우 다양한 전략과 실천 속에서 표명된다. 이 다양성은 동일한 목적에 도달하기 위해 선택된 다채로운 수단만을 표현하지는 않는다. 그것은 추구하는 목적에 관한, 지형의 재편성 자체에 관한, 정치란 무엇이며 예술은 무엇을 하는가에 관한 보다 근본적인 불확실성을 증언한다. 그렇지만 이 구구한 실천들에는 공통점이 있다. 그것들은 대체로 어떤 실효성 모델을 당연한 것으로 간주한다. 즉, 예술은 지배의 흉터를 보여주거나, 주류를 이루는 아이콘들을 조롱하거나, 자신의 고유한 장소에서 탈출하여 사회적 실천으로 변모하거나 등등의 이유 때문에 정치적이라고 간주된다는 것. 미메시스 전통에 대한 비판이라고 가정되는 것의 호시절이 끝났음에도, 이 전통은 예술적·정치적으로 전복적이고자 하는 형태들 속에서까지 여전히 지배적임을 인정하지 않을 수 없다. 예술은 불쾌하기 짝이 없는 것들을 우리에게 보여줌으로써 우리를 반항적으로 만들 수 있다고 가정된다. 예술은 작업실이나 미술관 바깥으로 움직인다는 사실을 통해 우리를 동원할 수 있다고 가정된다. 예술은 스스로 이 체계의 요소임을 부인함으로써 우리를 지배 체계의 반대파로 변모시킬 수 있다고 가정된다. 예술가가 서투르거나 수신인이 어쩔 수 없는 자라고 가정할 수 있을지 모르겠지만, 원인에서 효과로, 의도에서 결과로 가는 이행은 늘 명증한 것으로 상정된다.

'예술의 정치'는 이렇게 기이한 정신분열증에 의해 표식된다. 예술가와 비평가는 예술에 대한 사유와 실천을 항상 새로운 맥락 속에 위치시키라고 우리에게 촉구한다. 후기 자본주의, 전 지구화, 포스트포드주의 노동, 정보 통신, 디지털 이미지의 맥락 속에서 예술 전략을 완전히 다시 사고해야 한다고 그들은 곧잘 우리에게 이야기한다. 그들 대부분은 이 모든 새로움에 앞서 어쩌면 한두 세기 전에 위태로워진 바 있는 예술의 실효성 모델들을 계속해서 인정한다. 그래서 나는 통상적 관점을 뒤집고 싶고, 역사적으로 거리를 두고 물음을 던지고 싶다. 예술의 정치에 관한 우리의 기대와 판단은 어떤 실효성 모델을 따르는가? 이 모델 자체는 어느 시대에 속하는가?

나는 18세기 유럽으로 이동할 것이다. 당시 지배적인 미메시스 모델에 대해 두 방식으로 이의가 제기됐다. 미메시스 모델은 예술 제작의 감각적 형태들과 그 형태를 수용하는 그/그녀들의 감정과 사유가 변용될 때 거치는 감각적 형태들 사이에 연속성의 관계가 있다고 상정하곤 했다. 고전 연극 무대는 관객이 허구의 형태로 인간의 행동, 인간의 덕과 악덕을 보도록 고무되는 확대경으로 간주됐다. 연극은 세계에서 방향을 잡기 위해 식별해야 하는 상황들의 논리와 모방하거나 피해야 하는 사유·행위 모델을 제안하곤 했다. 몰리에르_{Molière}의 『위선자 타르튀프_{Le Tartuffe ou l'Imposteur}』는 위선자를 식별하고 증오하는 법을 가르쳤고, 볼테르_{Voltaire}의 『마호메트_{Mahomet}』나 고트홀트 에프라임 레싱_{Gotthold Ephraim}

Lessing의 『현자 나탄Nathan der Weise』은 광신을 피하고 관용을 좋아하는 법을 가르쳤다. 이런 교훈적인 사명은 얼핏 우리가 생각하고 느끼는 방식과는 거리가 멀다. 그렇지만 그 사명의 기초가 되는 인과적 논리는 우리에게 매우 친숙하다. 이 논리에 따르면 우리가 (연극 무대에서뿐만 아니라 사진 전시나 설치 작품에서) 보는 것은 작가의 의지대로 배치된 어떤 상태를 나타내는 감각적 기호이다. 이 기호들을 식별하는 것은 우리 세계를 읽는 어떤 방식에 들어간다. 그리고 이러한 읽기는 친근감이나 거리감을 낳는다. 그런 감정은 그렇게 기호로 표시되는 상황에 작가가 바라는 방식으로 개입하도록 우리를 몰아넣는다. 이를 예술의 실효성에 대한 교육학적 모델이라고 부르자. 이 모델은 우리 동시대인의 제작과 판단을 계속해서 표식한다. 우리는 확실히 연극으로 습속이 교정된다고 더는 생각하지 않는다. 우리는 이런저런 광고 아이돌을 수지樹脂로 본떠 만든 것이 스펙터클을 조직하는 미디어 제국에 맞서도록 우리를 일으켜 세우리라고 여전히 믿고 싶어 한다. 우리는 식민지 개척자들이 식민 지배를 받는 자들을 표상하는 방식을 다루는 사진 연작이 오늘날 정체성을 그리는 지배적 표상의 함정을 분쇄할 수 있도록 우리를 도우리라고 여전히 믿고 싶어 한다.

그런데 이 모델은 1760년대부터 이중의 형태로 의문에 붙여졌다. 첫 번째는 정면 공격의 형태이다. 내가 염두에 둔 것은 루소Jean-Jacques Rousseau의 『달랑베르에게 보내는 연극에 관한 편지Lettre à d'Alembert sur les spectacles』와 그것의 핵심에 있는 고발, 즉 몰리에르의 『인간 혐오자 Le Misanthrope』의 자칭 도덕적 교훈에 대한 고발이다.[1] 루소의 비판은 저자의 의도에 대해 제기된 소송을 넘어 더 근본적인 어떤 것을 가리켰다. 연극에서 신체가 수행하는 퍼포먼스, 그것의 의미 그리고 그것의 효과 사이에 재현 모델이 상정한 직선이 끊어진 것이다. 몰리에르는 인간 혐오자의 솔직함은 옳고, 그 주변에 있는 사교계의 위선은 틀렸다고 말하는 것일까? 아니면 사회생활을 영위하는 데 요구되는 것들을 사계교가 중시하는 것은 옳고, 인간 혐오자의 불관용은 틀렸다고 말하는 것일까? 여기서도 겉보기에 철지난 물음을 우리의 시사 문제로 쉽게 옮길 수 있다. 이런저런 종족 숙청 기획의 희생자들을 사진에 재현하여 갤러리 벽에 붙인 것에서 무엇을 기대해야 할까? 학살자들에 대한 격분? 고통 받는 이들에 대한 대수롭지 않은 동정? 주민들의 비탄을 미적 행사의 계기로 삼는 사진가에 대한 분노? 아니면 주민들에게서 희생자라는 격하된 지위만을 보는 사진가의 공모적 시선에 대한 분개?

1   〔옮긴이〕 "루소의 논쟁은 사실 재현 논리의 일관성을 다르게 공격한다. 빙켈만은 표현적 능력과 형식적 완성도 사이의 조화라는 전제를 무너뜨린다. 루소는 그 용어의 고유한 의미에서 윤리적 영역에 관해 질문을 던진다. Ethos는 '존재 방식'을 뜻하며 루소의 논쟁은 다음과 같이 요약된다. 연극의 존재 방식, 무대 위에서 허구적으로 겪게 되는 행위와 감정의 존재 방식은 연극이 주민의 존재 방식을 실제로 교육하겠다고 자처하는 것과 모순된다. 사실 연극은 공동체를 이루는 덕들을 군중에게서 박탈하기 위해서만 군중을 끌어모은다. 연극의 고유한 형식은 "소수의 사람을 어두운 동굴 안에 슬프게 가둬두고, 그들을 침묵과 무위 속에 명청하고 꼼짝 못하게 붙드는 배타적 공연들"의 형식이다. 분리와 수동성, 이는 재현적 무대의 고유한 특질이자 반사회적 특질이다. 루소는 이것에 축제를 맞세운다. 축제에는 모두가 참가하고, 모두가 배우/행위자가 되어 〔연극〕 무대에 의해 모상 쪽으로 돌아갔던 그 감정들을 주고받는다. 루소에 따르면 스파르타의 연속적인 축제가 그런 것이었다. 근대 공화국의 공민 축제─제네바 사람들이 전원이나 물 위에서 즐긴 오락이 그것의 맹아를 보여준다─가 그런 것이었다. 나중에 프랑스 혁명의 축제에 영감을 주고 20세기 초에 다시 꽃을 피우게 되는 원대한 꿈, 공연을 집단적 행위로 변환하겠다는 원대한 꿈도 그런 것이다." J. Rancière, *Aisthesis: Scènes du régime esthétique de l'art* (Paris: Galilée, 2011), pp. 35~36.

이는 결정 불가능한 물음이다. 예술가의 의도가 의심스러웠다거나 그 실천이 불완전했을 수 있기 때문도 아니고, 예술가가 재현된 상황에 맞는 감정이나 생각을 전달하기에 적절한 정식을 찾지 못했을 수 있기 때문도 아니다. 문제는 정식 자체에 기인한다. 문제는 이미지, 몸짓, 말의 생산 그리고 관객의 생각·감정·행위를 촉구하는 상황에 대한 지각 사이에 감각적 연속체가 있다는 전제에 기인한다. 많은 조형 예술가들이 오늘도 여전히 믿고 있거나 믿는 척하는 모델이 두 세기도 전에 연극에서 처음으로 위기에 빠진 것은 놀랄 일이 아니다. 연극은 예술의 실효성에 관한 어떤 관념을 이끄는 전제(와 모순)가 적나라하게 노출되는 곳이다. 그리고 『인간 혐오자』가 그 범례를 제공한다는 것도 놀랄 일이 아니다. 그 연극의 주제 자체가 역설을 표시하기 때문이다. 연극을 좌지우지하는 법칙이 위선자의 행동을 지배하는 법칙이라면, 연극이 위선자들의 가면을 벗길 수 있기는 한 것일까? 살아 있는 신체들이 자기 것이 아닌 생각과 감정의 기호들을 연출할 수 있을까? 『달랑베르에게 보내는 연극에 관한 편지』로부터 20년이 지나, 도덕 교육으로서의 연극을 여전히 꿈꾸던 극작가인 프리드리히 폰 실러Friedrich von Schiller 는 『도적 떼Die Räuber』에서 위선자 프란츠 모어와 그의 형 카를을 대립시킴으로써 그 꿈을 연극적으로 증명했다. 카를 모어는 세계의 위선에 반항하는 숭고한 신실함을 범죄를 저지를 정도까지 밀어붙인다. '본성에 부합하게' 행동함으로써 각자 괴물로 행동하게 되는 두 주인공의 대결에서 어떤 교훈을 기대해야 할까? 프란츠는 선언한다. "본성의 끈은 끊어졌다."[2] 『도적 떼』의 우화는 그것의 단절점으로 연극적 실효성의 윤리적 형상을 끌고 간다.

우화는 연극적 실효성을 본성의 질서에 기입하기 위해 조정되는 것으로 여겨지는 세 요소를 분리한다. 세 요소란 행위를 구축하는 아리스토텔레스의 규칙, 본보기를 제시하는 플루타르코스식 도덕, 신체에 따라 생각과 감정을 표현하는 근대의 정식이다.

문제는 재현/상연 장치에 의해 전달되는 메시지가 도덕적으로 또는 정치적으로 타당한가와 상관없다. 그것은 이 장치 자체와 관련 있다. 그 장치의 균열로부터, 예술의 실효성이란 메시지를 전달하거나 행동의 좋은 표본과 나쁜 표본을 주거나 재현/상연을 해독하는 법을 가르치는 데 있지 않다는 사실이 드러난다. 예술의 실효성은 먼저 신체의 배치로, 모여서 또는 떨어져서, 맞은편에 또는 중간에, 안에 또는 바깥에, 가까이에 또는 멀리에 존재하는 방식을 정의하는 개별적 시공간의 마름질로 구성된다. 루소의 논쟁이 분명히 한 것은 바로 이것이었다. 하지만 그의 논쟁은 곧바로 이 실효성에 관한 사유를 너무 단순한 양자택일로 단락시켜버렸다. 루소의 논쟁이 재현/상연의 의심스러운 도덕 교훈에 맞세운 것은 그저 재현/상연 없는 예술, 예술적 퍼포먼스의 무대와 집단생활의 무대를 분리하지 않는 예술이다. 이는 연극의 공중에 대해 현실태로

---

2   〔옮긴이〕 "'본성의 끈은 끊어졌다.' 이 진술은 단순히 가족 드라마의 문제가 아니다. 무어가의 형제—위선자와 반항아—는 재현의 원리와 그 윤리적 실효성 사이의 일치를 떠받치던 본성에 관한 관념이 붕괴했음을 말로 선언하고 행위로 표명한다. 끊어진 것은 사유와 신체들 위에 표시되는 사유의 기호들 사이의 연속성, 그리고 살아 있는 신체들의 퍼포먼스와 그것이 다른 신체들에 미치는 효과 사이의 연속성이었다. '미학'이란 무엇보다 바로 이 붕괴를 뜻한다. 미학은 우선 작품의 조직과 그것의 실효성 사이의 상응을 가능케 하던 조화와 단절하는 것을 뜻한다." J. Rancière, "Aesthetic Separation, Aesthetic Community," p. 62.

존재하는 인민을 맞세우고, 플루타르코스가 칭송한 스파르타의 에페보스$_{eph\bar{e}bos}$[청년 집단]가 그랬던 것처럼 도시의 자기 현존이 일어나는 공민의 축제를 맞세운다. 루소는 이렇게 플라톤이 개시한 논쟁을 계승했다. 플라톤은 연극적 미메시스의 기만과 좋은 미메시스—내면의 정신적 원리에 의해 움직이며, 자신의 통일성을 노래하고 춤추는, 현동적인 도시의 무용—를 대립시켰다. 이 패러다임은 예술의 정치가 나타나는 장소를 지시하지만, 곧장 예술과 정치를 한꺼번에 은닉하기 위해 그리한다. 그 패러다임은 재현/상연이 습속과 생각을 교정한다는 의심스러운 주장을 원-윤리적 모델로 대체한다. 사유가 재현되는/상연되는 신체나 이미지에 담긴 교훈의 대상이 아니라 습속에, 공동체의 존재 방식에 직접 구현되는 것이라는 의미에서 원-윤리. 이 원-윤리적 모델은 삶의 형태가 된 예술에 대한 사유로서 우리가 모더니티라고 명명하는 것에 계속 수반됐다. 그 모델은 20세기 초 4반세기에 전성기를 맞았다. 총체적 예술 작품, 현동적인 인민의 합창, 기계적 신세계를 노래하는 미래주의적이거나 구축주의적인 교향곡. 이 형태들은 우리에게 먼 과거의 것이다. 하지만 자신을 제거해야 하는 예술 모델, 관객을 배우로 변환함으로써 자신의 논리를 뒤집어야 하는 연극 모델, 예술을 미술관 밖으로 끄집어내 거리에서 일어나는 몸짓으로 만들거나 미술관 내에서 예술과 삶의 분리를 폐기하는 예술적 퍼포먼스 모델은 우리 가까이 남아 있다. 따라서 재현적 매개의 불확실한 교육법에 맞서는 것은 다른 교육법, 즉 윤리적 무매개의 교육법이다. 양극에 위치한 두 교육법은 예술의 정치에 관한 성찰 대부분이 오늘까지도 자주 갇혀 있는 고리를 정의한다.

그런데 이 양극성은 예술의 실효성의 세 번째 형태가 존재한다는 사실을 가리는 경향이 있다. 이 세 번째 형태는 엄밀하게 말해서 미학적 실효성이라는 이름을 받을 만하다.[3] 그것은 예술의 미학적 체제에 고유한 것이기 때문이다. 그것은 역설적 실효성이다. 그것은 예술 제작의 감각적 형태와 그 제작이 관객, 독자, 청자에 의해 전유될 때 거치는 감각적 형태 사이의 불연속, 분리 자체의 실효성인 것이다. 미학적 실효성은 거리와 중화의 실효성이다. 이 점에 대해서는 설명이 필요하다. 사실 어떤 사회학에서는 미학적 '거리'를 미에 대한 탈존적 관조와 동일시했다. 탈존적 관조는 예술 제작과 그 수용의 사회적 토대를 감추고, 그럼으로써 현실에 대한 비판적 의식과 현실에 영향을 끼치는 수단을 저지할 수 있다는 것이다. 이런 비판은 미학적 거리의 원리와 그 실효성을 구성하는 것—예술가의 의도, 예술의 장소에서 제시되는 감각적 형태, 관객의 시신, 공동체의 상태 사이에 존재하는 결정 가능한 모든 관계의 중지—을 놓친다. 루소가 『달랑베르에게 보내는 연극에 관한 편지』를 집

---

3   〔옮긴이〕 "'미학적 실효성'이란 원인과 효과 사이의 그 어떠한 정해진 연결과도 단절함으로써 발생하는 역설적 종류의 실효성을 뜻한다. 칸트가 미란 '개념 없이 보편적 만족 대상으로 표상되는 것'이라고 정의할 때 개념화했던 것은 바로 이 비규정성이다. 그 정의는 미를 조화로 보는 낡은 정의와 자주 동일시되었고, 숭고의 절단에 대치되었으며, 재현과의 근대적 단절을 위한 정식으로 사고됐다. 내 생각에 이런 견해는 '개념 없이'라는 구절에 수반되는 재현 논리와의 근본적인 단절을 간과하고 있다. 그 구절은 예술적 포에이시스(poiēsis) 개념과 미적 쾌락 형태 사이에 더는 어떤 상응도 존재하지 않으며, 포에이시스와 아이스테시스(aisthēsis) 사이에 더는 어떤 정해진 관계도 존재하지 않는다는 뜻이다. 예술은 일련의 개념들의 사용을 수반하지만 미는 어떤 개념도 갖지 않는다. 예술의 자유로운 유희에 제공되는 것은 자유로운 외양이다. 이는 자유로운 외양이 두 감각중추 —예술 제작의 감각중추와 그것을 즐기는 감각중추— 사이의 절연된 공동체의 산물임을 뜻한다." 같은 글, pp. 63~64.

필하던 시기에 이 이접에 상징적 지위를 부여한 것은 고대 조각에 대한 겉보기에 대수롭지 않은 묘사, 즉 〈벨베데레의 토르소Belvedere Torso〉라고 알려진 조각상에 대한 요한 요하임 빙켈만Johann Joachim Winckelmann의 묘사였다. 이 분석이 재현 패러다임에 대해 야기한 단절은 두 본질적 지점에 기인한다. 첫째, 이 조각상에는 재현 모델에서 형상의 표현미와 동시에 그 모범적 성격을 정의할 수 있게 해주던 것이 하나도 없다. 그 조각상에는 메시지를 내뱉을 수 있는 입이 없고 감정을 표현할 수 있는 얼굴도 없으며 행위를 지시하거나 실행할 수 있는 팔다리도 없다. 그런데 빙켈만은 그것을 모든 영웅 가운데서도 가장 활동적인 영웅, 열두 과업을 수행한 영웅 헤라클레스의 조각상으로 보기로 결정했다. 빙켈만은 그 조각상을 자신의 과업을 완수하고서 신들 사이에 받아들여진, 휴식을 취하는 헤라클레스로 봤다. 그는 바로 이 한가한 인물을 희랍의 미, 곧 희랍적 자유—예술과 삶의 분리를 몰랐던 민족의 잃어버린 자유—의 산물인 희랍의 미를 모범적으로 대표하는 것으로 만들었다. 조각상은 루소의 축제가 그러하듯 한 민족의 삶을 표현한다. 이 민족은 그 후 사라져, 어떤 감정도 표현하지 않고 모방해야 할 어떤 행위도 제안하지 않는 이 한가한 인물 속에서만 현존하게 된다. 바로 그것이 두 번째 지점인데, 조각상은 예술가의 의도, 공중의 수용 방식, 집단적 삶의 어떤 짜임새 사이에 인과 관계를 보장할 수 있는 모든 연속체에서 벗어난다.

빙켈만의 묘사는 이처럼 역설적 실효성의 모델을 그렸다. 표현이나 움직임의 덧셈이 아니라 반대로 뺄셈을 통해서—초연함이나 철저한 수동성을 통해서, 삶의 형태 속에 뿌리내림으로써가 아니라 집단적 삶의

두 구조 사이의 거리를 통해서. 실러는 『인간의 미적 교육에 관한 편지
Briefe über die ästhetische Erziehung des Menschen』에서 미학적 실효성을 중지의 실
효성으로 정의하면서 바로 이 역설을 발전시켰다. 경험에 고유한 '유희
본능'은 예술과 그것이 사회에 뿌리내리는 방법을 전통적으로 특징짓던
대립을 중화시켰다. 예술은 수동적인 질료에 형상을 능동적으로 부과
하는 것으로 정의되곤 했다. 그리고 이 효과는 예술을 사회적 위계와 일
치시켰다. 그 위계 속에서 능동적 지성의 인간은 물질적 수동의 인간을
지배했다. 예술적 실천 구조와 위계적 세계 구조 사이 전통적 일치의 중
지를 상징화하기 위해, 실러는 머리 없는 몸을 묘사하던 것이 아니라 몸
없는 머리, 즉 〈주노 루도비시Juno Ludovisi〉의 두상을 묘사했다. 그것 역시
철저한 초연함, 근심·의지·목적의 철저한 부재로 특징지어지며, 능동성
과 수동성 사이 대립 자체도 중화시켰다.

이 역설은 내가 재현적 매개의 체제와 대립하고, 윤리적 무매개의
체제와 대립하는 예술의 미학적 체제라고 부르는 것의 짜임새와 '정치'
를 정의한다. 미학적 실효성은 본래 예술 형태의 제작과 특정 공중에 대
한 특정 효과의 생산 사이에 있는 모든 직접적 관계를 중지하는 실효성
을 뜻한다. 빙켈만이나 실러가 우리에게 말하는 조각상은 신의 형상이
다. 신은 종교적·공민적 숭배의 요소이지만, 조각상은 더는 그렇지 않
다. 조각상은 어떤 신앙도 예시하지 않으며 더는 어떤 사회적 권세도 의
미하지 않는다. 그것은 습속의 교정도 신체의 동원도 전혀 일으키지 않
는다. 그것은 어떤 특정 공중에게도 호소하지 않으며 미술관 방문객이
나 소설 독자와 같이 불특정한 무명의 공중에게 호소한다. 그것은 피렌

체의 성모 마리아, 네덜란드의 선술집 장면, 과일이 담긴 잔, 생선 진열대가 방문객이나 독자에게 제공될 수 있는 것과 같은 방식으로 그들에게 제공된다. 뒷날 레디-메이드, 전용된 상품, 뜯긴 포스터들이 그렇게 되는 방식으로 말이다. 이제 이 작품들은 그 제작을 낳은 삶의 형태들에서 분리된다. 희랍 민족의 집단적 삶의 다소 신화적 형태들에서, 미술품에 그 용도를 정해주었던 군주제적, 종교적, 귀족제적 지배의 근대적 형태들에서 분리된 것이다. 희랍 조상은 옛날의 공민적 종교 의식에서는 예술에 속하지 않았으나 이제 미술관에 놓이고 나서는 예술에 속하게 된다. 희랍 조상이 갖는 이중의 시간성은 예술과 삶이 분리되고 분리되지 않는 이중의 관계를 정의한다. 미술관—단순히 건물을 뜻하는 것이 아니라 공통 공간을 마름질하는 형태이자 특정한 가시성의 방식을 뜻하는 것으로서—은 용도 변경된 조상을 둘러싸고 설립됐기에, 뒷날 세속적 세계에서 전혀 다른 형태의 용도 변경된 오브제도 받아들일 수 있게 될 것이다. 또한 그 이유 때문에 미술관은 오늘날 정보를 다루거나 공통 사무를 논하는 지배적 방식에 맞서려는 정보 유통 방식과 정치적 논의 형태를 받아들이기에 알맞을 수 있을 것이다.

미학적 단절은 독특한 형태의 실효성을 확립했다. 절연의 실효성, 예술적 노하우의 생산과 한정된 사회적 목적 사이의 관계와 단절하는 실효성, 감각적 형태, 그 형태에서 읽어낼 수 있는 의미작용, 그 의미작용이 산출할 수 있는 효과 사이의 관계와 단절하는 실효성. 우리는 이를 불일치의 실효성이라고 달리 말할 수 있다. 내가 말하는 불일치란 이념이나 감정의 갈등이 아니다. 불일치란 감각 능력의 여러 체제 사이의 갈등이다. 바로 그러한 이유로 미학적 분리의 체제에서 예술은 정치와 관련되는 것이다. 실제로 불일치는 정치의 중심에 있다. 정치는 우선 권력 행사나 권력 획득을 위한 투쟁이 아니다. 정치의 틀은 우선 법과 제도로 정의되지 않는다. 정치의 첫 번째 물음은 어떤 대상과 어떤 주체가 이 제도와 이 법에 연관되는지, 어떤 형태의 관계가 고유하게 정치 공동체를 정의하는지, 이 관계가 어떤 대상에 연관되는지, 이 대상을 지칭하고 그것에 대해 논의하기에 어떤 주체가 적절한지를 아는 데 있다. 정치란 공통 대상이 그 안에서 정의되는 감각적 틀을 재편성하는 활동이다. 정치란 '자연적' 질서의 감각적 명증성과 단절하는 것이다. '자연적' 질서는 먼저 개인과 집단에게 시간 내지 공간의 어떤 유형, 존재하고 보고 이야기하는 어떤 방식을 할당하면서 개인과 집단을 명령이나 복종으로, 공적 삶이나 사적 삶으로 미리 정해버린다. 공통적인 것과 사적인 것의 분배 ―이는 또한 보이는 것과 보이지 않는 것의 분배, 말과 소음의 분배이기도 하다― 속에서 신체를 그것이 있어야 할 자리에 놓는 논리를 나는 치안이라는 용어로 부르자고 제안했다. 정치란 감각적 소여들의 명증성 속에서 권력 관계를 예견하는 이 치안 질서와 단절하는 실천이다. 정치는 공통적인 것의 공간을 다시 그리는 집단적 언표행위의 심급을 발명함으로써 치안 질서와 단절한다. 플라톤이 대립되는 추론에 의해 a contrario 우리에게 가르쳐주듯이, 정치는 공간과 유능(-무능)의 분배에서 단절이 일어날 때 시작한다. 정치는 다른 일을 할 시간을 남겨두지 않는 노동의 비가시적 공간에 머물러 있도록 운명 지어진 존재들이 그들이 갖지 않은 시간을 가짐으로써 스스로를 공통 세계를 함께 나눠 가진 자로서 긍정하고, 거기서 보이지 않았던 것을 보게 하고, 신체의 소음으로 만 들렸던 것을 공통적인 것에 대해 논의하는 말로 듣게 만들 때 시작 한다.

감성적[미학적] 경험이 정치와 관련되는 까닭은, 그 경험이 또한 불일치의 경험에 의해 정의되기 때문이다. 불일치의 경험은 미메시스나 윤리를 통해 예술 제작을 사회적 목적에 맞추는 것에 대립된다. 예술 제작은 불일치의 경험에서 그 기능성을 잃는다. 예술 제작은 그 제작의 효과를 예견하면서 그것에 용도를 정해주는 연결 네트워크에서 벗어난다. 예술 제작은 중화된 시공간에서 제시된다. 예술 제작은 또한 어떤 감각운동의 여하한 연장에서 분리된 시선에 주어진다. 그 결과 생기는 것은 지식, 덕, 아비투스habitus의 체내화가 아니라 어떤 경험적 신체의 분리이다. 이 점에서 팔다리가 절단되고 자신의 세계를 잃은 〈토르소〉 조상은 작품의 감각적 물질성과 그 효과 사이에 존재하는 특정한 형태의 관계를 상징한다. 한 시인은 정치에 그다지 관심을 기울이지 않았지만 이 역설적 관계를 그 누구보다 잘 요약했다. 내가 염두에 둔 것은 릴케Rainer Maria Rilke이다. 팔다리가 절단된 다른 조상, 상고기上古期 아폴론의 토르소에 그가 바친 시를 나는 생각한다. 그 시는 이렇게 끝난다.

하나도 없기에,
그대를 보지 않는 곳이란. 그대는 삶을 바꿔야만 한다.

denn da ist keine Stelle,
die dich nicht sieht. Du mußt dein Leben ändern.

삶은 바뀌어야 한다. 팔다리가 절단된 조상은 도처에서 관객을 '응시하는' 표면을 정의하기 때문이다. 달리 말해, 조상의 수동성은 어떤 새로운 장르의 실효성을 정의하기 때문이다. 이 수수께끼 같은 명제를 이해하기 위해서 어쩌면 전혀 다른 무대/장면에서 일어나는 팔다리와 시선에 관련된 다른 이야기에 관심을 쏟아야겠다. 1848년 프랑스 혁명 때, 혁명적 노동자 신문인《노동자들의 경종 Le Tocsin des travailleurs》은 언뜻 보아 '비정치적' 텍스트를 하나 게재한다. 자신의 고용주와 작업 현장의 집주인을 위해 방에 마루판을 까는 일을 하는 소목장이 노동자의 노동일과를 묘사한 텍스트였다. 그런데 이 묘사에서 핵심은 팔의 활동과 시선의 활동 사이의 이접이다. 그것은 소목장이를 이중의 종속에서 빼내주었다.

"자신이 마루판을 깔고 있는 방의 작업을 끝마치기 전까지, 그는 자기 집에 있다고 생각하면서 그 방의 배치를 마음에 들어 한다. 창이 정원으로 나 있거나 그림 같은 풍경이 내려다보이면, 그는 일순간 팔을 멈추고서 널찍한 전망을 향해 상상의 나래를 펴고 인근 주거 소유자들 이상으로 그 전망을 만끽한다."[4]

---

4   Louis-Gabriel Gauny, "Le travail à la tâche," in *Le Philosophe plébéien*, pp. 45~46. 〔옮긴이〕 이 구절에 대한 다른 설명도 참조하자. "이는 미학적 단절이 만들어낸 것이다. 작업하는 장소를 전유하여 자유로운 시선의 현장으로 이용하는 것이다. 그것은 가상을 포함하지 않으며, 자신을 위해 새로운 신체와 새로운 감각중추를 형성하는 문제이다. 노동자가 된다는 것은 감각 장비와 그 용도가 상응하는 어떤 형태를 뜻했다. 그것은 정해진 신체, 즉 시선과 팔 사이의 정해진 조정을 뜻했다. 일하는 팔과 주의를 다른 곳으로 돌리는 시선 사이의 분리는 노동자의 신체를 감각적인 것의 새로운 편성 안에 집어넣는다. 이는 신체가 '할 수 있는' 것과 할 수 없는 것 사이의 '올바른' 관계를 전복한다. 겉보기

팔에서 분리된, 그들의 순종적 활동 공간을 쪼개 거기에 자유로운 비활동 공간을 끼워 넣는 이 시선은 감각 능력의 두 체제 사이 충돌인 불일치를 잘 정의해준다. 이 충돌은 유능함을 다루는 '치안적' 경제의 동요를 표식한다. 전망을 독차지하는 것은 이미 '기다려주지 않는 노동'의 공간과는 다른 공간 속에서 자신의 현존을 정의하는 것이다. 이는 팔의 노동의 필연에 순종하는 자들과 시선의 자유를 소유한 자 사이의 나눔을 깨뜨리는 것이다. 이는 마지막으로 프랑스식 정원의 선들과 사회 기구의 선들이 수렴되는 곳에 위치한 자들의 권력과 전통적으로 연결되던 이 원근법적 시선을 전유하는 것이다. 이 미학적 전유는 부르디외 같은 사회학자들이 말하는 가상과 같지 않다. 이 미학적 전유는 사회적 자리·직무·유능함에 대한 치안적 나눔에 더는 '들어맞지' 않는 다른 신체의 구성을 정의한다. 따라서 이 '비정치적' 텍스트가 혁명의 봄 때 노동자 신문에 게재된 것은 실수 탓이 아니다. 노동자가 집단적 목소리를 내는 가능성은 이러한 미학적 단절을, 노동자 존재 방식의 분열을 거친다. 피지배자들에게는 지배 메커니즘을 의식하는 것이 문제였던 적이 없다. 그들에게 문제는 지배와는 다른 것에 열중하는 신체를 스스로 만들어내는 것이었다. 위의 소목장이는 우리에게 가리킨다. 상황에 대한 인식을 획득하는 것이 관건이 아니라 이 상황에 맞지 않는 '정념'을 획득하

에 비정치적인 이 묘사가 혁명적 노동자 신문에 게재된 것은 우연이 아니다. '노동자들의 목소리'의 가능성은 노동자의 신체의 실격을 조건으로 했다. 그것은 사회체의 '에토스'를 정하는 능력과 무능력 사이의 전체 관계 세트를 재분배하는 것을 조건으로 했다." J. Rancière, "Aesthetic Separation, Aesthetic Community," pp. 71~72.

는 것이 중요하다고.[5] 신체를 재량껏 사용하는 가운데 이 정념, 이 동요를 만들어내는 것은 이런저런 예술 작품이 아니라 작품을 전시하는 새로운 형태에 상응하는, 그 작품의 분리된 실존 형태에 상응하는 시선의 형태이다. 혁명적 노동자의 신체를 형성하는 것은 다비드나 들라크루아적 의미의 그런 혁명적 그림이 아니라, 미술관이라는 중립적 공간에서, 게다가 저렴한 백과사전에 수록된 복제에서 그 작품들을 볼 수 있는 가능성이다. 거기서 그 작품들은 과거에 왕의 권능, 고대 도시의 영광, 신앙의 신비를 이야기하는 작품과 대등해진다.

어떤 의미에서 작동하는 것은 비움이다. 그것이 바로 언뜻 역설적으로 보이는 예술적-정치적 기획이 우리에게 가르쳐주는 바이다. 그 기획은 폭발적 성격을 드러낸 2005년 가을의 반란이 일어난 파리 방리유들 가운데 한 곳—사회적 유형流刑에 처해지고 인종 간 긴장에 따른 폭력의 자국이 새겨진 방리유 가운데 한 곳— 에서 현재 펼쳐지고 있다. 지배 담론의 설명에 따르면 '방리유의 위기'는 대중적 개인주의에 의해 야기된 사회적 유대 상실 탓이다. '도시 야영Campement urbain'이라는 예술가

---

5 〔옮긴이〕루이-가브리엘 고니(Louis-Gabriel Gauny)의 에피소드는 『철학자와 그의 빈자들(Le Philosophe et ses pauvres)』에도 등장한다. 당시 랑시에르는 부르디외의 『구별짓기(La Distinction)』의 분석을 반박하는 데 관심이 있었다. 부르디외는 노동자의 '무관심한' 시선이 계급 현실을 부인하는 것으로 본 반면, 랑시에르는 그러한 시선의 전복적 가치를 강조했다. 이 책 『해방된 관객』에서 랑시에르는 고니의 묘사에서 수행된 주체화의 의미를 더 강조한다. 노동자의 팔에서 무관심한 미적/감성적 시선이 분리되는 것은 '노동자의 목소리'를 가능케 하는 조건이었다. 이에 관해서는 J. Rancière, "Work, Identity, Subject," in *Jacques Rancière and the Contemporary Scene: The Philosophy of Radical Equality*(edited by Jean-Philippe Deranty and Alison Ross, New York: Continuum, 2012), p. 214 참조.

집단은 이 도시들 가운데 한 곳에서 지배 담론을 배후에서 공격하는 미학적 기획을 실행했다. 〈나와 우리Je et Nous〉[2003]라는 제목하에, 그 집단은 주민 일부를 동원하여 겉보기에 역설적인 공간을 만들어냈다. '완전히 쓸모없고 취약하며 비생산적인' 이 공간은 모두에게 열려 있고 모두의 보호 아래 있지만, 한 사람에 의해서만 점유될 수 있는 명상이나 고독한 사색의 장소이다.[6] 독자적인 자리를 쟁취하려는 이 집단적 투쟁의 눈에 띄는 역설은 쉽게 해결 가능하다. 그/그녀가 홀로 있을 수 있는 가능성이 사회적 관계의 형태로 나타난다. 그런 사회적 관계 형태는 정확히 말해서 이 방리유의 생활 조건 탓에 불가능한 사회적 삶의 차원이다. 거꾸로 이 빈 장소는 홀로 있을 가능성을 가진 사람들의 공동체를 그린다. 그것은 한 집단의 성원들이 '나'일 수 있는 동등한 능력을 의미한다. '나'의 판단은 다른 모든 이의 것으로 돌려질 수 있고, 그렇게 칸트의 미적 보편성 모델에 따라 새로운 종류의 '우리', 즉 미학적이거나 불일치적인 공동체를 창설할 수 있다. 비어 있고 쓸모없으며 비생산적인 장소는 감각적 실존 형태와 그것에 결부된 '유능'과 '무능'의 정상적 분배 속에서 이루어진 절단을 정의한다. 이 프로젝트에 연계된 한 영상 작품에서, 실비 블로셰Sylvie Blocher[1953~]는 어떤 티셔츠를 입은 주민들을 보여준다. 티셔츠에는 주민 각자가 고른 문구, 그들의 미학적 구호 같은 것이 새겨

---

6   (옮긴이) 이 작업은 〈나와 우리〉 프로젝트(2003~2006)의 일환으로 '정원 위 9m²(9m² au-dessus d'un jardin)'라는 모임이 구상했던 것이다. http://leblogdelaville.canalblog.com/archives/2011/06/19/21433657.html의 이미지, 그리고 Oliver Davis, *Jacques Rancière*(Cambridge: Polity, 2010), pp. 155~156의 설명 참조.

져 있다. 그 문구 중에서 나는 다음이 기억난다. 히잡을 쓴 한 여인이 그 장소가 형태를 부여하려 한 것에 대해 자신의 말로 이렇게 이야기한다. "나는 내가 채울 수 있는 빈 말을 원한다."

그로부터 예술과 정치가 맺는 관계의 역설을 언표하는 것이 가능해진다. 예술과 정치는 불일치의 형태로, 감각적인 것의 공통 경험을 재편성하는 조작으로 서로 맞붙어 있다. 정치적 주체화의 행위들에 의해 가시적인 것이 무엇인지, 그것에 대해 무엇을 이야기할 수 있는지, 어떤 주체가 그것을 할 수 있는지 재정의된다는 의미에서 정치의 감성학[미학]이 존재한다. 말을 유통하고 가시적인 것을 전시하며 정서를 생산하는 새로운 형태들이 이전 가능태의 짜임새와 단절하고 새로운 능력을 규정한다는 의미에서 미학의 정치가 존재한다. 그리하여 예술가들의 정치에 선행하는 예술의 정치가 존재한다. 예술의 정치란 이런저런 대의에 봉사하려는 예술가들의 소망과 무관하게, 그 자체로 작동하는 공통 경험의 대상들에 대한 독특한 마름질이다. 미술관, 책, 극장의 효과는 이런저런 작품의 내용에 기인하기에 앞서 그것들[미술관, 책, 극장]이 수립하는 시공간의 나눔과 감각적 제시 방식에 기인한다. 그러나 이 효과는 예술 자체의 정치적 전략을 정의하지도 않고 예술이 정치적 행위에 계산 가능하게 기여하는 것을 정의하지도 않는다.

예술의 정치라 불리는 것은 이질적 논리들의 교착이다. 먼저 '미학의 정치'라고 불릴 만한 것이 있다. 그것은 예술의 체제에 고유한, 감각적 경험을 구조화하는 형태가 정치적 장에 끼치는 효과이다. 예술의 미학적 체제에서 그것은 중화된 공간의 구성, 작품의 용도 상실, 작품에 대한 초연한 사용 가능성, 이질적 시간성들의 포개짐, 재현된 주제들의 동등성, 작품이 말을 건네는 자들의 익명성을 뜻한다. 이 모든 특성들은 예술 영역을 여타 감각적 경험의 접속 형태들에서 분리되는 고유한 경험 형태의 영역으로 정의한다. 그 특성들은 이 미학적 분리의 역설적 보완을, 예술 제작 자체에 내재하는 기준의 부재를, 예술에 속하는 것들과 예술에 속하지 않는 것들 사이의 분리 부재를 규정한다. 이 두 특성의 관계는 미학적 민주주의론—예술가의 의도에 의존하지 않으며 정치적 주체화의 용어로 규정할 수 있는 효과도 갖지 않는—을 정의한다.

그다음, 이 틀 안에서 예술가들의 전략이 존재한다. 그들은 가시적인 것과 언표 가능한 것의 기준을 변화시키고, 보이지 않았던 것을 보게 만들며, 매우 쉽게 보였던 것을 달리 보이게 만들고, 연관이 없던 것에 관계를 설정하려 한다. 이는 지각의 감각적 조직과 정서의 역학 속에 단절을 만들어내는 것을 목적으로 삼는다. 그야말로 허구의 작업이다. 허구는 현실 세계에 반대되는 상상의 세계를 창조하는 것이 아니다. 허구는 **불일치**dissensus를 가져오는 작업이다. 허구는 감각적 제시 방식과 언표 행위의 형태를 변화시키며, 그 수단으로서 틀·스케일·리듬을 변화시키고, 외양과 현실, 개별적인 것과 공통된 것, 가시적인 것과 그것의 의미작용 사이에 새로운 관계를 구축한다. 이 작업은 재현 가능한 것의 좌표를 변화시킨다. 그것은 감각적 사건들에 대한 우리의 지각을 변화시키고, 그 사건들과 주체들을 관련짓는 우리의 방식을 변화시키고, 우리의 세계가 사건과 형상으로 가득 채워지는 방식을 변화시킨다. 근대 소설은 경험의 어떤 민주화를 실천했다. 근대 소설은 고전적 허구를 지배하던 주제, 사건, 지각, 연쇄의 위계를 깨부수면서 누구에게나 가능한 삶의 형태들을 새롭게 분배하는 데 한몫했다. 하지만 경험을 재-묘사하는 이미시-정치들과 정치적 언표행위 집단의 구성 사이에 정해진 상응 원칙 따위는 존재하지 않는다.

미학적 경험의 형태와 허구의 양식은 가시적인 것의 전례 없는 풍경, 개인성 및 접촉의 새로운 형태, 소여를 파악하는 상이한 리듬, 새로운 스케일을 창조한다. 그것들은 **우리**를, 집단적 언표행위 형태를 창조하는 정치적 활동의 특정한 방식으로 그렇게 하는 것이 아니다. 그것들은 불일치하는 조직을 형성한다. 그 조직에서는 대상의 구축 형태와 정치적 집단의 행위에 고유한 주체적 언표행위의 가능성이 뚜렷이 마름질된다. 엄밀한 의미에서 정치가 익명에게 목소리를 주는 주체들의 생산으로 이루어진다면, 미학적 체제에서 예술에 고유한 정치는 익명의 감각적 세계, **이것**과 **나**의 양식을 세공하는 것으로 이루어진다. 그로부터 정치적인 **우리**에게 고유한 세계가 부상한다. 그러나 이 효과가 미학적 단절을 거치는 이상 그것에 대해서는 규정 가능한 어떤 계산도 하기 어렵다.

감각적 경험 형태를 근본적으로 변형하는 과제를 예술에 할당했던 주요 메타정치에서는 이 비규정성을 넘어서고자 했다. 주요 메타정치는 **이것**을 만드는 예술 제작 작업과 **우리**를 만드는 정치적 창조 작업 사이에 관계를 고정하고 싶어 했다. 그 두 작업을 삶의 형태를 변형하는 하나의 동일한 과정으로 만들 것을 무릅쓰고서, 예술이 그것의 역사적 약속을 이행하는 가운데 스스로 폐지되는 과제를 수임할 것을 무릅쓰고서 말이다.

'예술의 정치'는 세 가지 논리—미학적 경험 형태의 논리, 허구 작업의 논리, 메타정치적 전략의 논리—의 교착으로 이루어진다. 이 교착은 또한 내가 정의하려고 시도했던 세 가지 실효성의 형태 —재현을 통해 효과를 산출하길 바라는 재현적 논리, 재현적 목적을 중지시킴으로써 효과를 산출하는 미학적 논리, 예술의 형태와 정치의 형태가 서로 직접 동일시되길 바라는 윤리적 논리— 사이의 독특하고 모순적인 엮임을 함축한다.

비판적 예술의 전통은 이 세 논리를 하나의 동일한 정식으로 절합하길 원했다. 그 전통은 미학적 거리의 효과를 재현적 관계의 연속성 안에 가둠으로써 에너지들을 동원하는 윤리적 효과를 보장하려고 시도했다. 브레히트는 이 시도에 Verfremdung—대개 '거리두기'라고 번역되는 낯설게하기—이라는 상징적 이름을 지어주었다. 거리두기는 미학적 관계의 비규정성이 재현적 허구 안으로 송환되고, 이질성이 가져오는 충격의 힘에 집중된 것이다. 이 이질성 자체—가짜 코끼리 판매, 시구詩句를 이용하여 대화하는 꽃배추 상인들의 별난 이야기 등등[7]—는 분명 이중

---

[7] 〔옮긴이〕 각각 브레히트의 『남자는 남자다(Mann ist Mann)』와 『아르투로 우이의 출세(Der aufhaltsame Aufstieg des Arturo Ui)』를 염두에 둔 것이다. 후자는 독일에서 일어난 히틀러의 집권 및 권력 장악 과정을 1930년대 시카고에서 일어난 알 카포네 같은 갱단 두목의 꽃배추 상인 조합 통제에 빗댄 비유극이다. 브레히트는 이 작품에서 다뤄지는 사건의 유감스러운 의미를 표현하기 위해 '장중한 양식(Großer Stil)'을 사용한다. 즉 갱단의 세계를 셰익스피어식의 시어인 '장단격 5각운'으로 표현한 것이다. 이는 나치 치하에서 국민 선동용으로 쓰인 어법의 연극적 효과를 비판하기 위한 것이었다. 랑시에르는 『미학 안의 불편함(Malaise dans l'esthétique)』, 86~87쪽에서 이에 관해 다룬다. 브레히트의 이 극작품에 관해서는 김기선, 「브레히트의 반(反)팟시즘희곡(戱曲)－『막을 수 있었던 아르투로 우이의 득세(得勢)(Der aufhaltsame Aufstieg des Arturo Ui)』연구(研究)」, 『人文科學硏究』, 제13권 0호(성신여

의 효과를 낳았다. 한편으로, 감지된 낯섦은 그것의 이유를 이해하는 가운데 해소되어야 했다. 다른 한편, 감지된 낯섦은 그것이 지닌 정서의 힘을 온전하게 전달함으로써 이 이해를 반항의 힘으로 변환해야 했다. 따라서 상이한 감각 능력의 미학적 충격과 재현적 행동 교정, 미학적 분리와 윤리적 연속성을 하나의 동일한 과정 안에서 정초하는 것이 중요했다. 하지만 두 감각 능력 방식의 충격이 사태의 이유에 대한 이해로 번역될 이유도 없고, 이 이해가 세상을 바꿔야겠다는 결심을 낳을 이유도 없다. 그렇다고 해서 비판적 작품의 장치에 자리 잡은 이 모순이 그 작품을 아무런 효과가 없는 것으로 만들지는 않는다. 비판적 작품은 지각할 수 있는 것과 생각할 수 있는 것의 지도를 변형하고, 감각적인 것을 경험하는 새로운 형태, 기존에 있던 소여의 짜임새에 대해 새로운 거리를 만드는 데 한몫한다. 하지만 이 효과는 감각적인 예술적 충격에서 지적 의식화를 거쳐 정치적 동원으로 이어지는 계산 가능한 전달일 수 없다. 스펙터클을 본다고 해서 세계를 이해하게 되는 것도 아니고, 지적으로 이해한다고 해서 행위에 나서겠다고 결심하는 것도 아니다. 우리는 하나의 감각 세계에서 다른 감각 세계로 넘어간다. 이 다른 감각 세계는 다른 관용과 불관용, 다른 능력과 무능력을 정의한다. 작동하는 것은 분리들이다. 감각과 의미의 관계 단절, 가시적 세계, 변용 방식, 해석 체제, 가능성의 공간 사이의 관계 단절. 이는 사물들의 질서 속에서 제 자리에

자대학교 인문과학연구소, 1994), 135~168쪽 참조.

있도록 만들었던 감각적 좌표계와의 단절이다.

비판적 예술의 목적과 실효성의 실제 형태 사이의 간극은 세계를 이해하는 체계와 이 이해 체계에 의해 조장된다고 하는 정치적 동원 형태가 그 간극을 견딜 만큼 스스로 충분히 강력했던 동안에는 문제가 안 되었다. 이해 체계가 명증함을 상실하고 동원 형태가 힘을 상실한 뒤부터 이 간극은 적나라하게 드러난다. 사실 비판적 담론이 아울렀던 '이질적' 요소들은 이미 기존의 해석 도식에 의해 연결되어 있었다. 비판적 예술의 퍼포먼스들은 불일치하는 세계의 명증함에서 자양분을 얻곤 했다. 따라서 다음과 같은 물음이 제기된다. 이 불일치적 지평이 명증함을 상실할 때 비판적 예술은 어떻게 될까? 합의라는 동시대의 맥락에서 비판적 예술은 어떻게 될까?

합의consensus라는 단어는 '노사 대표'나 상이한 유형의 공동체 사이의 감정, 중재, 교섭을 중시하는 '근대' 통치 형태 이상의 것을 의미한다. 합의란 감각과 의미 사이의 합치를 뜻한다. 다시 말해, 그것은 감각적 제시 방식과 그것의 소여를 해석하는 체제 사이의 합치를 뜻한다. 합의란 우리의 관념과 열망이 얼마나 분분하든 간에 우리가 동일한 것을 지각하고 우리가 그것에 동일한 의미를 부여함을 뜻한다. 경제적 지구화라는 맥락은 이 같은 동질적 세계의 이미지를 부과한다. 거기서 각 국가 공동체에 문제는 자신이 좌우하지 못하는 소여에 적응하기, 자신의 노동 시장과 사회 보장 형태를 그 소여에 적응시키기이다. 이 맥락에서, 비판적 예술 형태 내지 예술적 항의를 지탱하던 세계 자본주의 지배에 맞서는 투쟁의 명증성은 사라진다. 상업의 필연성에 맞서는 투쟁 형태는 진보의 필연성을 거역하고 케케묵은 특권을 고수하려는 집단의 반동과 점점 더 일치하게 된다. 그리고 지구적 자본주의 지배의 확대는 근대 문명, 민주주의 사회, 대중적 개인주의의 불가피성과 동화되어 보인다.

이런 조건에서, 이질적 요소의 '비판적' 충격은 대립하는 감각 세계의 정치적 충격 속에서 자신의 유비類比를 더는 발견하지 못한다. 비판적 충격은 같은 자리를 빙빙 도는 경향이 있다. 비판적 장치의 의도, 절차, 그리고 비판적 장치를 정당화하는 수사는 수십 년간 거의 변하지 않았다. 거기서는 예나 지금이나 상품의 군림, 상품의 이상적 아이콘, 상품의 더러운 쓰레기를 꽤 숙련된 전략을 사용하여 규탄한다고 주장한다. 패러디 광고 영화, 전용된 만화, 재처리한 디스코 사운드, 송진으로 빚거나 소비에트 리얼리즘의 영웅적 방식으로 그려진 광고 화면의 인물, 다형多形도착자로 변형된 디즈니랜드 캐릭터, 잡지 광고를 닮은 인테리어와 소비주의 문명의 우울한 취미와 폐기물로 이루어진 버내큘러 사진 몽타주. 모든 것을 빨아들여서 그것을 배설물로 변환하는 사회적 기계의 내장을 표현하는, 파이프와 기계로 이루어진 거대 설치물 등등. 이 장치들은 계속해서 우리의 갤러리와 미술관을 차지하고 있고, 또 상품의 권력, 스펙터클의 군림, 권력의 포르노그래피를 우리에게 깨닫게 만든다고 주장하는 수사를 곁들인다. 하지만 이 세상 누구도 그런 것들에 대해 지적받아야 할 만큼 그리 어리숙하지 않기에, 그 메커니즘은 같은 자리를 빙빙돌고 그 장치의 결정 불가능성 자체에 놓이게 된다. 이 결정 불가능성은 〈혁명 반혁명Revolution counter-revolution〉[1990]이라는 찰스 레이Charles Ray[미국, 1953~]의 작품에서 기념비적 형태로 알레고리화되었다. 그 작품의 겉모습은 영락없이 회전목마이다. 예술가는 목마를 움직이는 기계장치의 메커니즘을 변경했다. 그는, 전체가 함께 돌아가는 메커니즘에서, 기계장치가 전진하는 동안 매우 느리게 뒤로 움직이는 목마의 메커니즘을 분리했다. 이 이중의 운동은 작품 제목에 글자 그대로의 의미를 준다.[8] 이 제목은 또한 작품과 그것의 정치적 지위에 관한 알레고리적 의미를 준다. **엔터테인먼트** 기계의 전복은 이 기계 자체의 작동으로부터 구별할 수 없다는 것. 장치는 비판으로서의 패러디와 비판**에 대한** 패러디 사이의 등가에서 영양분을 공급받는다. 장치는 두 효과 사이 관계의 결정 불가능성을 노린다.

비판적 모델은 이처럼 자기 자신을 무효화하는 경향이 있다. 그로부터 결산을 끌어내는 방식이 여럿 있다. 첫 번째 결산은 예술 위에 놓인 정치적 짐을 더는 것으로, 이질적 요소의 충격을 공통 소속을 가리키는 기호의 목록으로 환원하고 변증법의 날선 논쟁을 게임의 경쾌함이나 알레고리의 거리로 환원하는 것으로 이루어진다. 이 변환들에 대해서는 다른 곳에서 논평한 바 있으므로 여기서는 재론하지 않겠다.[9] 반

---

8   〔옮긴이〕 찰스 레이의 작품 제목에서 revolution은 '혁명'과 '공전'을 동시에 뜻한다.

9   이와 관련해서는, 이 전환을 상징적으로 보여주는 몇몇 전시에 대해 내가 『이미지의 운명(Le Destin des images)』(La Fabrique, 2003)과 『미학 안의 불편함(Malaise dans l'esthétique)』(Galilée, 2005)에서 제시한 분석들을 참고할 것. 〔옮긴이〕 랑시에르는 미국 미니애폴리스에서는 〈놀아보자(Let's entertain)〉(2000년 2월 12일~4월 30일, 워커 아트 센터)라는 제목으로, 프랑스 파리에서는 〈스펙터클을 넘어서(Au-delà du spectacle)〉(2000년 11월 22일~2001년 1월 8일, 퐁피두 센터)라는 제목으로 개최된 전시회를 염두에 두고 있다. 이 전시에 대한 랑시에르의 언급 및 평가로는 김상운 옮김, 『이미지의 운명』(현실문화, 2014), 49~51쪽, 그리고 주형일 옮김, 『미학 안의 불편함』(인간사랑, 2008), 93~96쪽 참조.

대로 두 번째 결산은 오랫동안 논의할 가치가 있다. 왜냐하면 그것은 [비판적] 모델의 축으로 가정되는 것, 즉 관객의 의식을 노리기 때문이다. 그것은 시각 장치를 생산하는 예술과 사회적 관계의 변환 사이에 있는 이 매개를 제거할 것을 제안한다. 거기서 예술의 장치들은 사회적 관계를 제안하는 것으로 직접 나타난다. 그것이 니콜라 부리오Nicolas Bourriaud가 관계 미학이라는 이름으로 유행시킨 테제이다. 예술 작업은, 그것의 새로운 형태 속에서, 보아야 할 대상을 생산하는 옛 방식을 지양했다. 예술 작업은 이제 '세계와 맺는 관계'를, 따라서 공동체의 능동적 형태를 직접 생산한다. 이 생산은 오늘날 "모임, 회합, 행사, 사람들 사이 다양한 유형의 협력, 게임, 파티, 연회 장소, 요약하자면 만남과 관계를 발명하는 방식들 전체"를 망라한다.[10] 미술관 공간의 내부와 사회적 삶의 외부는 관계를 생산하는 두 등가적 장소로 나타난다. 이 일반화는 곧 그 이면을 드러낸다. 다양한 사회적 관계 속에 분산된 예술 작품들은 보여야만 가치가 있다. '아무것도 볼 것 없는' 평범한 관계가 통상적으로 작품 전시 용도로 마련된 공간에 본보기로 놓여야 한다. 또는 거꾸로 공적 공간에

---

10   Nicolas Bourriaud, *Esthétique relationnelle* (Paris: Les Presses du réel, 1998), p. 29. 〔옮긴이〕 니꼴라 부리요, 현지연 옮김, 『관계의 미학』(미진사, 2011), 49쪽. 랑시에르는 『미학 안의 불편함』, 98~99쪽에서 비판적 예술의 정치적/논쟁적 사명이 사회적/공동체적 사명으로 변환되는 형태 가운데 하나로서 관계적 예술을 논한다. 관계적 예술은 관계의 상실 및 부재에 답하고자 '상황'과 '만남/초대'를 창조함으로써 새로운 형태의 사회관계를 수립하고자 한다. 예로 거론되는 작가는 도미니크 곤잘레스-포에스터(Dominigue Gonzalez-Foerster), 리크리트 티라와니트, 피에르 위그(Pierre Huyghe), 옌스 해닝(Jens Haaning), 그룹 A 12(Groupe A 12)이다. 랑시에르의 비판에 대한 부리오의 반론으로는 N. Bourriaud, "Precarious constructions: answer to Jacques Rancière on art and politics," *Open*, n° 17(2009), pp. 20~40.

서 만들어지는 사회적 유대가 스펙터클한 예술적 형태를 띠어야 한다. 첫 번째 경우를 상징적으로 보여주는 것은 리크리트 티라와니트Rirkrit Tiravanija[아르헨티나/타이, 1961~]의 유명한 장치이다. 그는 전시 방문객이 사용할 수 있게 캠핑용 가스 용품, 주전자, 수프 봉지를 비치했다. 그 물건들은 행위, 모임, 집단적 토의를 개시할 용도로 마련한 것이다. 또는 티라와니트의 아파트를 재현한 것도 있다. 거기서 방문객은 낮잠을 자고 샤워를 하고 음식을 준비할 수 있다.[11] 두 번째 경우를 예시할 수 있는 것은 루시 오르타Lucy Orta[영국, 1966~]의 가변성 옷이다. 그 옷은 필요할 경우 비상용 텐트로 변할 수 있고, 집단적 시위 참가자들을 직접 연결하는 데 사용될 수도 있다. 팽창 가능한 이 놀라운 장치는 바둑판 모양으로 늘어선 시위대 무리의 (숫자로 장식된) 조합을 연결할 뿐 아니라, 이 다수성의 통일을 의미하기 위해 연결link이라는 단어 자체도 노출했다. '보여지는 작품'을 대체하는 행위-되기 또는 연결-되기는 예술이 예술 바깥으로 모범적으로 탈출하는 것으로 보여져야만 실효성을 갖는다.

사회적 관계의 실재를 향해 탈출하는 것과 그 탈출의 상징적 실효

11   〔옮긴이〕 티라와니트는 1990년 뉴욕의 폴라 알랜 화랑에서 첫 개인전 〈팟타이(Pad Thai)〉를 열었다. 거기서 티라와니트(또는 그에게 보수를 받는 동료 미술가)는 관람객에게 손수 요리한 팟타이를 대접했다. 1993년과 1995년에는 첼시의 303갤러리에서 팟타이 대신 그린 커리를 요리해 제공하는 비슷한 콘셉트의 전시─〈공짜(Free)〉와 〈여전히(Still)〉─를 열었다. 1996년 쾰른 쿤스트페어라인에서는 〈무제(내일은 또 다른 날)Untitled(Tomorrow Is Another Day)〉를 발표했다. 뉴욕 이스트 빌리지에 있는 자신의 아파트를 실제 크기로 재건축한 이 작품은 하루 24시간 관람객에게 개방됐다. 그 공간에서 관객은 음식을 만들기 위해 부엌을 쓰거나 욕실에서 샤워를 하거나 침실에서 잠을 자거나 거실에서 쉬면서 잡담을 나눌 수 있었다.

성을 유일하게 보장해주는 전시 사이에서 예술이 오락가락하는 사태를 잘 조명한 것이 쿠바 예술가 르네 프란치스코René Francisco[1960~]의 작품이다. 작품은 4년 전 상파울루 비엔날레에 전시됐다.[12] 이 예술가는 예술 재단의 자금을 사용해서 불우한 구역의 생활 조건을 조사하고 예술가 친구들과 함께 이 구역에 사는 여성 노인의 집을 수리하기로 결정했다. 작품이 우리에게 보여주는 것은 모니터를 향해 고개를 돌린 여성 노인의 옆모습 이미지가 인쇄된 얇은 망사 스크린이다. 그리고 그 모니터에서는 벽돌공, 페인트공, 배관공으로서 일하고 있는 예술가들의 모습을 비추는 비디오가 나온다. 이 개입이 공산주의를 표방하는 지구상의 마지막 국가 중 한 곳에서 이루어졌다는 사실은 분명 예술 작품의 두 시간과 두 관념 사이의 충돌을 낳았다. 예술가는 작품을 소비에트 혁명 시기에 카지미르 세베리노비치 말레비치Kazimir Severinovich Malevich[화가, 1878~1935]가 표현한 원대한 의지—더는 그림을 그리지 않고 직접 새로운 삶의 형태를 구축하기—의 대용품으로 만들었다. 오늘날 이 구축은 어려운 상황에 있는 주민을 지원함으로써 증명된 예술의 정치와, 예술의 장소를 벗어나 실재에 개입함으로써 간단히 증명된 예술의 정치 사

---

12   [옮긴이] 르네 프란치스코, 〈로사의 집(a la ca(sz)a de Rosa)〉(2003)은 2004년 제26회 상파울루 비엔날레에 전시됐다. 작가는 쿠바의 '엘 로메리요' 지역에 살던 로사 에스테베스(Rosa Estévez)라는 여성 노인의 집을 선정하여, 지붕을 교체하고, 정원을 만들고, 옷장과 선반을 설치해주었다. 작가의 사이트에서 이 작업은 '사회적 동화/편입 작업(Obras de inserción social)'으로 분류되어 있다. 여기서 inserción은 열악한 조건에서 사는, 이른바 배제된 자들을 사회 속으로 동화/편입시키는 작업과 작가가 사회 속에 개입해 들어가는 것을 동시에 뜻할 수 있겠다. http://estudiorenefrancisco.com/portfolio-item/a-la-casza-de-rosa/ 참조.

이의 모호한 관계로 귀착된다. 하지만 실재 속으로 탈출하고 불우한 이들에게 봉사하는 것은 미술관의 공간에 그 범례성을 현시하지 않으면 의미가 없다. 그리고 이 공간에서, 이 탈출의 시각적 보고서를 향한 시선은 거대한 모자이크나 태피스트리—오늘날 여러 예술가들은 이 매체를 통해 다수의 익명인이나 그들의 생활환경을 우리에게 보여준다—를 향한 시선과 구별되지 않는다. 예를 들어 중국 예술가 바이이뤄白宜洛 [1968~]는 [⟨사람들People⟩ 연작에서] 증명사진 1600장을 한데 꿰매서 태피스트리를 만듦으로써, 직접 인용해보자면, "가족과 공동체를 연결하는 섬세한 실"을 환기하는 하나의 전체를 만들었다. 조형적 형태 대신 관계의 형태를 직접 창조하는 예술의 단락은 결국 자신의 효과를 앞질러 실현해버리는 작품의 단락인 것이다. 예술은 예술가가 스튜디오 직원으로서 옛날에 찍었던 사진들을 한데 꿰맨 것과 같은 식으로 사람들을 모은다고 가정된다. 사진들의 아상블라주는 기념비적 조각의 기능을 맡는다. 기념비적 조각의 기능은 그것의 대상이자 목적인 인간 공동체를 지금 여기에hic et nunc 현존하게 하는 데 있다. 오늘날 전시 기획자들의 수사법에 편재하는 은유라는 개념은 형태들을 표현하는 감각적 장치의 제시, 그 장치의 의미 현시, 이 의미를 구현한 현실 사이에 미리 상정된 동일성을 개념화하는 경향이 있다.

이 궁지의 느낌은 사회적 유대 일반의 생산이 아니라 명확히 한정된 사회적 유대—그것은 시장의 형태, 지배자들의 결정, 미디어적 소통에 의해 규정된다—의 전복이라는 목적을 예술의 정치에 부여코자 하는 의지를 강화한다. 예술 행위는 체계에 대한 일시적이고 상징적인 전복을 만들어내는 것과 동일시된다. 프랑스에서 이 전략을 상징적으로 보여준 것은 예술가 마티외 로레트Matthieu Laurette[1970~]의 행위이다. 예술가는 식료품 생산자들의 약속―"만족하지 못할 시 환불"―을 말 그대로 받아들이기로 결정했다. 그는 슈퍼마켓에 있는 식료품들을 체계적으로 구매해서는 환불받기 위해 자신의 불만을 표현하기 시작했다. 그리고 모든 소비자가 자신의 예를 따르도록 유도하기 위해 텔레비전의 청원 코너들을 활용했다. 그 결과 2006년 파리 현대 미술 공간에서 그의 작업을 소개하는 〈우리의 이야기…Notre Histoire…〉라는 제목의 전시가 열렸다.[13] 그 작업은 세 요소를 포함하는 설치 형태를 띠었다. 상품들로 넘쳐나는 카트를 밀고 있는 예술가 자신을 보여주는 밀랍 조각, 텔레비전에 출현했을 때 그가 발언한 것을 모조리 재생하는 텔레비전 수상기로 이루어진 벽, 그의 기획을 상세히 보도한 언론 기사를 오려서 사진으로 크게 확대한 것. 전시 기획자에 따르면, 이 예술 행위는 가치 증대라는 상업 논리와 텔레비전 쇼의 원리를 동시에 뒤집었다. 하지만 텔레비전이 아홉 대 대신 한 대가 있었다거나 그의 행위와 언론 기사의 논평이 보통 크기의 사진으로 되어 있었다면 이 반전의 명증성은 훨씬 덜 지각되었을 수 있다. 한 번 더 말하거니와 효과의 현실은 이미지의 기념비화 속에서 예견되었다. 바로 그것이 오늘날 많은 작품과 전시가 보여주는 경향

---

13   〔옮긴이〕 〈우리의 이야기…〉는 2006년 1월 21일부터 5월 7일까지 파리의 팔레 드 도쿄(Palais de Tokyo)에서 열린 전시이다. 니콜라 부리오와 제롬 상스(Jérôme Sans)가 큐레이팅을 맡았다. 그 전시는 "내일의 기억을 구성하는", "도래할 역사"를 이룰 젊은 예술가 29인의 이야기를 표방했다.

이다. 그것은 예술적 액티비즘의 어떤 형태를 낡은 재현적 논리로 환원하는 것이다. 미술관 공간에서 자리를 차지하는 것의 중요성은 사회 질서 속에서 전복 효과의 현실을 증명하는 데 쓸모가 있다. 역사화의 기념비적 성격이 옛날에 왕궁을 장식하던 역사화 속 군주의 위대함을 증명해주는 것처럼 말이다. 이렇게 공간을 조각으로 차지하는 효과, 생생한 퍼포먼스의 효과, 수사적 논증의 효과가 누적된다. 액티비즘 예술은, 일상 세계의 사물이나 이미지의 복제 또는 자신의 퍼포먼스 관련 보고서를 기념비로 만들어 미술관 전시실을 가득 채우면서, 자신이 주장하는 실효성의 패러디가 될 위험을 무릅쓰고 자신의 효과를 모방하고 예견한다.

스펙터클한 실효성이 제 자신의 실연 안에 갇혀버릴 위험은 예술가들이 지배 네트워크에 '잠입하기'를 자신의 특정한 과제로 내세울 때도 똑같이 나타난다. 나는 여기서 예스맨The Yes Men[14]의 퍼포먼스들을 생각한다. 그들은 신분을 위장하고서 강력한 지배의 자리—퍼포머 중 한 명이 있음직하지 않은 감시 설비를 소개하면서 참석자를 현혹하는 경제인 회의, 조지 W. 부시를 위한 선거 운동 위원회 또는 텔레비전 방송—에 끼어든다. 그들이 행한 가장 스펙터클한 퍼포먼스는 인도 보팔 참사[1984]와 관련 있다. 퍼포머 중 한 명이 다우케미컬—참사에 책임이 있는 유니언카바이드사를 그동안에 인수했던 회사—의 책임자 행세를

---

14   〔옮긴이〕 앤디 비클바움(Andy Bichlbaum, 본명 자크 세르빈 [Jacques Servin], 1963)과 마이크 버나노(Mike Bonanno, 또는 이고르 바모스[Igor Vamos], 미국, 1968~)로 이루어진 퍼포먼스 그룹.

하며 BBC 방송에 출현하는 데 성공했다. 이 자격으로, 그 퍼포머는 회사가 책임을 인정하고 피해자들에게 배상을 해주기로 했다고 황금 시간대 방송에서 발표했다. 두 시간 뒤, 당연히 회사 측은 반발하며 자신들은 주주들에 대해서만 책임지겠다고 표명했다. [예술가는] 바로 이 효과를 노렸던 것이다. 실연/데모démonstration는 완벽했다. 그 퍼포먼스가 미디어를 현혹하는 데는 성공했지만 국제 자본의 권력자들에 대항하는 동원의 형태를 촉발시키는 힘이 있었는지는 따져봐야 한다. 예스맨은 2004년에 조지 W. 부시의 선거 운동 위원회에 잠입했던 것을 결산하면서, 그것이 완전한 성공인 동시에 완전한 실패라고 말했다. 완전한 성공인 까닭은 상대의 논거와 수법을 그대로 따름으로써 상대를 현혹시켰기 때문이다. 완전한 실패인 까닭은 퍼포머들의 행위가 완전히 식별 불가능하게 머물렀기 때문이다.[15] 사실 그들의 행위는 그들의 행위가 기입됐던 상황 바깥에서, 예술가의 퍼포먼스로서 다른 곳에서 전시됐을 때에만 식별 가능했다.[16]

15   2005년 1월 16일, 베를린에서 열린 "원문! 현대 예술 및 문화에서 정치적인 것의 지위에 관하여(Klartext! Der Status des politischen in aktueller Kunst und Kultur)" 콘퍼런스에서 예스맨이 한 발표.

16   〔옮긴이〕 랑시에르는 「정치와 미학」(2006)이라는 인터뷰에서 예술의 장소와 예술적 현시/시위를 직접적으로 정치적인 장소이자 행위로 변환하려는 예술 실천들을 열거하는 가운데 예스맨을 언급했다. 그러한 실천들은 갤러리나 미술관을 세계의 정치적인 쟁점과 정보가 논의·유통되는 장소로 만들뿐 아니라, 정치적 행위를 산출하는 장소로 생각하려 한다. 예스맨 외에도, 산티아고 시에라(Santiago Sierra)는 제 자신의 무덤을 파는 자들에게 돈을 지불함으로써 자본주의의 법칙을 드러내고자 했고, 지아니 모티(Gianni Motti)는 신분을 위장하고 유엔 인권 회의에 들어가 공석을 차지하고는 소수자들을 지지하는 발언을 했다. "하지만 이 모든 것은 결국 예술계로 다시 들어온다. 예술을 그것의

이것이 지배의 실재 한복판에서 이루어지는 직접 행동 같은 예술의 정치에 내재하는 문제이다. 예술이 이렇게 자신의 장소 바깥으로 탈출하는 것은 상징적 실연의 외관을 띤다. 이는 옛날에 정치적 행위가 상대 권력의 상징적 표적을 겨누면서 작동시켰던 데모와 비슷하다. 상징적 행위가 상대에게 가하는 타격은 정확히 말해서 정치적 행위로 판단돼야 한다. 따라서 상징적 행위를 통해 예술이 고독으로부터 권력 관계의 실재를 향해 탈출하는 데 성공했느냐는 중요한 문제가 아니다. 중요한 것은, 상징적 행위가 제 표적으로 삼은 지배 세력에 맞서 집단행동에 어떤 힘을 부여할 수 있느냐다. 거기서 발휘되는 능력이 아무나의 능력을 긍정하고 증대시키는지가 중요하다. 잠입의 명인들이 펼치는 개인적 퍼포먼스를 집단행동의 새로운 정치적 형태와 동일시함으로써 판단 기준이 교차될 때 위의 물음은 생략된다. 이 동일시를 지탱하는 것은 자본주의의 새로운 시대에 대한 비전이다. 물질적·비물질적 생산, 지식, 커뮤니케이션, 예술적 퍼포먼스가 집단지성의 힘을 실현하는 하나의 동일한 과정 안에 융합되는 것이다. 집단지성을 실현하는 형태가 많이 있듯이, 퍼포먼스의 형태와 장면도 많이 있다. 직접적으로 정치적인 새로운 예술가의 비전은 정치적 행위의 실재를 미술관이라는 울타리에 갇힌 예술의 시뮬라크르들에 맞세우겠다고 주장한다. 예술의 정치에 내재하는

영역에서 끄집어내는 데 사용된 고발, 위장, 도발 퍼포먼스들이 그렇다고 해서 정치적 주체화의 형태들을 창출한 것은 아니다." J. Rancière, "Politique et esthétique(avec Jean-Marc Lachaud)," *Et tant pis pour les gens fatigués*, pp. 470~471 참조. 아래에서는 이 비판을 보충하고 있다.

미학적 거리를 폐지하면서 그 비전은 어쩌면 전도된 효과를 갖게 된다. 미학의 정치와 정치의 감성학[미학] 사이 간극을 지움으로써 그 비전은 정치가 고유한 주체화의 무대/장면을 창조해낼 때 거치는 독특한 조작들도 지우게 된다. 그리고 그 비전은 예술의 실효성을 예술가의 의도의 실행과 재차 동일시함으로써 역설적이게도 명인이자 전략가로서의 예술가라는 전통적 시각을 과장하게 된다.

예술의 정치는 예술의 장소 바깥에, 그러니까 '실재 세계'에 개입하는 형태로는 자신의 역설을 해결할 수 없다. 예술의 바깥일 수 있는 실재 세계는 없다. 미학의 정치와 정치의 감성학[미학]이 결합하고 분리되는 공통 감각 조직의 접힘과 펼침이 있는 것이다. 실재 자체는 없다. 우리의 실재로서, 우리의 지각·사유·개입 대상으로서 주어지는 것의 짜임새가 있는 것이다. 실재는 늘 허구의 대상이다. 즉, 볼 수 있는 것, 말할 수 있는 것, 할 수 있는 것이 맺어지는 공간을 구축하는 행위의 대상이 되는 것이다. 지배적 허구, 합의적 허구는 실재 자체인 양 행세하면서 이 실재의 영역과 재현, 외양, 의견, 유토피아의 영역을 간단히 나누는 선을 그리면서 자신의 허구적 성격을 부인한다. 예술적 허구도 정치적 행위도 실재에 구멍을 뚫어 논쟁적 방식으로 실재에 균열을 일으키고 실재를 배가시킨다. 새로운 주체를 발명하고 새로운 대상 그리고 공통의 소여에 대한 상이한 지각을 도입하는 정치의 작업 역시 허구적 작업이다. 또한 예술이 정치와 맺는 관계는 허구에서 실재로 가는 이행이 아니라 허구를 생산하는 두 방식 사이의 관계이다. 예술의 실천은 그 실천 바깥에 있는 정치를 위해 의식의 형태나 동원하는 에너지를 제공하는 도구가 아니다. 그렇다고 그 자체에서 탈출하여 집단적 정치 행위의 형태가 되는 것도 아니다. 예술의 실천은 볼 수 있는 것, 말할 수 있는 것, 할 수 있는 것의 새로운 풍경을 그리는 데 기여한다. 그것은 합의에 대항하여 '공통 감각sens commun'의 다른 형태, 논쟁적 공통 감각의 형태를 만들어낸다.

비판적 정식의 퇴행은 마법에서 풀려난 패러디냐 액티비즘적 자기-실연이냐라는 유일한 선택지에 자리를 내어주지 않는다. 몇몇 명증성의 후퇴는 또한 다수의 불일치적 형태를 위한 길을 연다. 이른바 이미지의 범람 속에서 보이지 않은 채 남아 있는 것을 보이도록 애쓰는 형태. 표상하기·말하기·행동하기라는 모두에 속하는 능력을 미증유의 형태로 작동시키는 형태. 감각적 제시présentation의 체제들 사이에 그려진 나눔의 선을 옮기는 형태. 예술의 정치를 재검토하고 다시 허구 속에 집어넣는 형태. 다르게 이해되는 비판적 예술의 여러 형태를 위한 자리가 있다. 본래적 의미에서 '비판'이란 분리, 차별과 관련된 것이다. 비판적 [예술]이란 분리의 선들을 옮기는 예술이요, 합의에 기반을 둔 실재의 조직 안에 분리를 집어넣고, 그렇게 함으로써 합의에 따라 소여의 장을 편성하는 분리의 선들—예컨대, 다큐멘터리와 픽션을 분리하는 선, 인류를 두 유형(수동적인 자와 능동적인 자, 객체인 자와 주체인 자)으로 기꺼이 분리하는 장르 안의 구분—을 교란하는 예술이다. 이스라엘인들에게는 픽션인 것이 팔레스타인인들에게는 다큐멘터리라고 고다르는 아이러니하게 이야기하곤 했다. 팔레스타인이나 레바논의, 또한 이스라엘의 여러 예술가들이 교란하는 것은 바로 이 선이다. 그들은, 점령과 전쟁이라는 시사적 문제를 다루기 위해, 대중적인 것에서 정교한 것까지 여러 다양한 장르에서 허구의 형식을 빌리거나 거짓 문서고를 만들었다.[17] 우리는 표현 체제 사이에 그려진 분리의 선들을 다시 문제 삼는 허구들을 비판적이라고 부를 수 있다. 또한 사회로부터 '수동적인' 변두리로 내쳐진 그들/그녀들이 지닌 말하고 연기하는 능력을 발휘함으로써 "피해자 만들기에 의해 야기된 격하의 고리를 뒤집는"[18] 퍼포먼스들을 비판적이라고 부를 수 있다. 비판적 작업, 분리에 대한 작업은 또한 그 실천에 고유한 한계를 검토하는 작업이요, 자신의 효과를 예견하기를 거부하고 이 효과

17   〔옮긴이〕 "예술적 발명과 정치적 발명 모두에 주적(主敵)은 합의―이미 주어진 나눔 안에 역할, 가능태, 능력을 기입하는 것―이다. 이스라엘들에게는 서사시인 것이 팔레스타인인들에게는 다큐멘터리라고 고다르는 아이러니하게 이야기하곤 했다. 이는 장르의 나눔, 예컨대 실재에 관한 뉴스와 허구의 자유의 나눔이 항상 이미 가능태와 능력의 나눔임을 뜻한다. 팔레스타인인들이 지배적 재현 체제에서 다큐멘터리에 속한다고 말하는 것은, 그들이 희생자로서 자신들의 신체를 팩트를 보도하는 뉴스의 시선이나 고통에 대한 연민의 시선에 제공할 수 있을 뿐이라고 말하는 셈이다. 이는 단어와 이미지를 가지고 노는 사치에 값을 치를 수 있는 자들이나 그럴 수 없는 자들 사이에 세계를 나누는 것이다. 이 나눔에 이의를 제기할 때 전복은 시작된다. 엘리아 술레이만(Elia Suleiman) 같은 팔레스타인 영화 감독은 이스라엘의 체크포인트로 대표되는 일상의 억압과 굴종에 관한 코미디를 만들고 팔레스타인의 저항하는 소녀를 만화 주인공으로 변형한다. 나는 또한 레바논에서 몇몇 예술가들(조안나 하지토마스[Joanna Hadjithomas], 칼릴 조지[Khalil Joreige], 토니 샤카[Tony Chakar], 라미아 조지[Lamia Joreige], 잘랄 투픽[Jalal Toufic] 등)이 한 작업을 생각한다. 그들은 필름, 설치, 퍼포먼스를 통해 문서와 허구의 게임을 교란함으로써 내전과 점령에 관한 미증유의 관계를 만들었다. 이를 위해 주관적 시선이나 허구적 탐색을 거치고, 전쟁의 '허구적 문서고'를 만들었으며, 감시 카메라를 해가 지는 장면을 찍는 장치로 전용하면서 허구화하고, 포탄이 떨어지는 소리와 불꽃놀이용 폭죽의 소리를 가지고 장난을 쳤다. 자신들의 이야기/역사와 매우 구축적이고 때로 장난스럽게 맺는 이 관계는 또한 스스로 해석하고 느끼는 능력을 되찾은 관객에게 보내진다." J. Rancière, "L'art du possible," *Et tant pis pour les gens fatigués*, pp. 596~597 참조.

18   Interview avec John Malpede, www.inmotionmagazine.com/jm1.html (존 몰피디는 로스앤젤레스 빈곤국(Los Angeles Poverty Department)의 책임자이다. 이것은 대안 연극 기관으로서 아이러니하게도 유명한 이니셜 LAPD를 같이 사용했다.) 〔옮긴이〕 LAPD에 관해서는 자크 랑시에르, 양창렬 옮김, 「한국어판 서문」, 『정치적인 것의 가장자리에서』(도서출판 길, 2013), 29쪽 참조.

를 산출하는 미학적 분리를 고려하는 작업이기도 하다. 요컨대 비판적 작업이란 관객의 수동성을 제거하려는 대신 관객의 능동성을 재검토하는 작업이다.

　나는 두 가지 허구를 통해 이 주장을 예시해보고 싶다. 그 두 허구는 한 스크린의 평면상에서 거리를 지킴으로써 예술의 힘과 최대다수의 정치적 능력이 맺는 관계들의 문제를 재정식화하는 데 도움을 줄 수 있다. 첫 번째 허구는 안리 살라Anri Sala[알바니아, 1974~]의 비디오 작품 〈색칠해주세요Dammi i Colori〉이다. 이 작품은 예술의 정치들 가운데 주요한 형상, 즉 집단적 삶의 감각적 형태를 구축하는 것을 예술로 생각하는 방식을 다시 무대에 올린다. 몇 년 전, 알바니아의 수도 티라나의 시장[에디 라마Edi Rama]—그 역시 화가이다—은 도시의 건물 정면[파사드]을 선명한 색으로 다시 칠하기로 결정했다. 거기서 관건은 주민들의 생활 환경을 변형하는 것이 아니라 공간을 집단적으로 전유하는 미학적 감각을 불러일으키는 것이었다. 당시 공산주의 체제가 청산되고 남은 것은 각자도생뿐이었다. 따라서 이 프로젝트는 인간의 미적 교육이라는 실러의 테마 그리고 아츠 앤드 크래프츠Arts and Crafts, 베르크분트Werkbund, 바우하우스Bauhaus의 예술가들이 이 '교육'에 부여했던 온갖 형태—선·입체·색채·장식에 대한 감각을 통해 감각적 세계에 함께 거주하는 적합한 방식을 창조하기—의 연장선 위에 있다.[19] 살라의 비디오 필름은 색의 힘에

19　〔옮긴이〕 다음의 언급도 참조할 것. "이 공산주의-이후의 프로젝트는 말레비치, 알렉산드르 로드첸코(Alexander Rodchenko), 엘 리시츠키(El Lissitzky) 시대에 혁명적 예술가들이 꾸었던 꿈—예

대해 말하는 예술가 시장의 목소리를 들려줌으로써 하나의 공동체를 예견하게 하며, 유럽에서 가장 가난한 수도를 길거리와 카페에서 누구나 예술을 논하는 유일한 공간으로 만든다. 또한 긴 이동 촬영과 아메리칸 쇼트로 이 미적 도시의 모범성은 폭발하고, 다른 색표면, 도시의 다른 모습이 불쑥 나타나 연설가[시장]의 발언과 대조를 이룬다. 때로 카메라는 파란색, 초록색, 빨간색, 노란색, 오렌지색 정면을 나열하면서 도시 계획이 실행된 모습을 우리에게 구경시켜주는 것 같다. 때로 카메라는 이 모델 도시를 통과하는 무심한 군중을 포착한다. 또는 낮게 잡은 카메라는 형형색색인 벽의 장관을 파헤쳐지고 잔해로 뒤덮인 차도의 진창과 대조시킨다. 때로 카메라는 근접한다. 그리고 색칠된 사각형을, 삶을 변형하려는 그 어떤 기획에도 무심한 추상적 해변으로 변형한다. 작품의 표면은 미적 의지에 의해 건물 정면에 투사된 색과 정면이 그 의지에 되돌려준 색 사이의 긴장을 조직한다. 거리를 드러내는 예술의 자원들은 예술과 삶을 형태 창조라는 단일한 과정 속에서 융합하려는 정치를 드러내놓고 문제화하는 데 쓸모가 있다.

색의 다른 기능과 예술의 다른 정치가 포르투갈 출신 영화감독 페드로 코스타Pedro Costa[1959~]가 연출한 3부작(〈뼈Ossos〉, 〈반다의 방No Quarto da Vanda〉, 〈행진하는 청춘Juventude en marcha〉)의 핵심에 있다. 그 영화들에서 코스타는 폰타이냐스Fontainhas 판자촌에서 마약과 아르바이트 사이를 전

___

술이 새로운 삶의 형식과 건축물을 만들어내는 데 직접 참여해야 한다는 꿈——을 크게 연상시킨다.＂ J. Rancière, "Aesthetic Separation, Aesthetic Community," p. 78.

전하는 작은 무리의 리스본 주변인들과 카보베르데 출신 이민자들을 다룬다. 이 3부작은 열렬한 참여 예술가의 작품이다. 하지만 그에게 문제는 열악한 주거지에 사는 이들의 주거 환경을 개선해주는 것이 아니다. 판자촌의 존재와 그것의 철거를 주재하는 전 지구적인 경제적·국가적 논리를 설명하는 것도 아니다. 비참을 '미화'해서는 안 된다는 통상적인 도덕과는 반대로, 코스타는 이 최소한의 삶의 터전이 제시하는 예술적 자원들을 돋보이게 할 기회라면 무엇이든 붙잡는 것 같다. 플라스틱 물병, 칼, 머그컵, 불법점거한 아파트 안 흰색 나무 테이블 위에 흩어져 있는 물건 몇 가지. 때마침 쟁반을 스치고 지나가는 빛과 더불어 아름다운 정물화의 기회가 온다. 전기가 들어오지 않는 이 거처에 밤이 찾아오고, 바로 그 테이블 위에 놓인 작은 양초 두 개가 비참한 대화와 마약 투여 장면에 네덜란드 황금시대에 쓰이던 명암법의 외관을 제공하게 된다. 판자촌을 허무는 굴삭기의 작업은 주저앉는 집과 더불어 조각을 연상시키는 콘크리트 그루터기, 파란색, 장미색, 노란색, 초록색으로 대비된 넓은 벽면을 돋보이게 한다. 이 '미화'는 바로 지적으로나 시각적으로나 흔한 것이 되어버린 비참과 주변부의 영토가 공유 가능한 감각적 풍요로움의 잠재성을 되찾았음을 의미한다. 채색된 해변과 독특한 건축물에 대한 예술가의 열광에 엄격히 대응하는 것은 바로 예술가가 자신이 제어하지 못하는 것에 노출된다는 사실이다. 마약을 투여하는 닫힌 장소와 각종 소일거리에 종사하는 바깥 사이에서 방황하는 인물들. 또한 뜸들이다가 얼버무리고 멈췄다가 다시 잇는 말, 이 말을 통해 마약에 찌든 청년들이 콜록거리며 괴로워하면서도 제 자신의 역사를 이야기하고 생각할 가능성, 자신의 삶을 살펴볼 가능성, 아무리 적더라도 그 삶을 다시 소유할 가능성을 뽑아낸다. 불법 점거지의 흰색 나무 테이블에 놓인 플라스틱 병이나 주워온 물건 몇 가지로 구성된 빛나는 정물화는 동료들의 항의에는 아랑곳 않고 굴삭기의 이빨에 찍힌 테이블의 흠집을 자신의 칼로 꼼꼼하게 청소하는 어느 한 불법 점거자의 '미적' 몰두와 조화를 이룬다.

코스타는 어떤 미학의 정치를 실행한다. 그 정치는 예술의 '정치'가 사회적 조건을 통해 (허구적이거나 실재적인) 상황을 설명하는 것이라고 보는 사회학적 시각과 거리가 멀 뿐 아니라, 시선과 말의 '무능력'을 직접 행동으로 대체하고자 하는 윤리적 시각과도 거리가 멀다. 거꾸로 시선과 말의 능력, 시선과 말이 수립하는 중지의 능력이야말로 코스타 작업의 중심에 있다. 실제로 정치적 문제는 우선 임의의 신체가 자신의 운명을 좌지우지할 수 있는 능력의 문제이다. 또한 코스타는 신체의 무능력과 능력 사이 관계에, 삶과 삶이 할 수 있는 것 사이 대결에 집중한다. 그는 그렇게 미학의 정치와 정치의 감성학[미학]이 관계를 맺는 매듭에 위치한다. 코스타는 또한 그 둘의 분리를, 즉 '배제'의 풍경에 새로운 잠재성을 제공하는 예술적 제안과 정치적 주체화의 고유한 역량 사이에 존재하는 간극을 수용한다. 〈반다의 방〉에서는 아름다운 정물화와 제 목소리를 되찾으려는 신체들의 노력이 관계를 맺으면서 미학적 화해가 구현된 것 같다.[20] 후속작 〈행진하는 청춘〉은 [이 화해에] 새로운 분열을 맞세운다. 마음을 잡은 주변인들—한 명은 입담이 좋은 가정주부로 돌아가고, 다른 한 명은 근면한 모범 직장인으로 돌아간다—에 대해, 코스타는 벤투라의 비극적 실루엣을 대조시킨다. 벤투라는 카보베르데 출신 이민자로서 석공 일을 했었지만 비계飛階에서 떨어지는 바람에 일을 못 하게 됐고, 정신적 상처 때문에 정상적인 사회생활도 못하게 됐다. 벤투라, 그의 껑충한 실루엣, 그의 거친 시선, 그의 간결한 말투를 가지고 고된 삶에 대한 다큐멘터리를 내놓는 것이 관건이 아니다. 식민지화·반란·이주의 역사 속에 담긴 갖은 경험을 모조리 기록하는 것이 중요하다. 동시에 공유 불가능한 것, 즉 상처─이 이야기 끝에서, 한 개인은 그 상처 때문에 자신의 세계에서 그리고 자기 자신에게서 분리된다─와 대면하는 것이 중요하다. 벤투라는 '이주 노동자'가 아니다. 그는 자신의 존엄을 돌려받아야 할, 자신이 구축하는 데 한몫했던 세계에 대한 향유를 돌려받아야 할 비천한 자가 아니다. 벤투라는 일종의 숭고한 방랑자, 일종의 오이디푸스 내지 리어 왕이다. 그는 스스로 소통과 교류를 끊는다. 그는 예술이 그것의 능력 및 무능력과 대면하도록 배치한다. 사랑과 유랑을 이야기하는 편지 한 통을 두 번 낭독하는 사이에 미술관을 방문하는 이상한 장면을 삽입함으로써 그 영화가 보여주려 한 것이 바로 이것이다. 벤투라가 옛날에 벽을 세우는 데 한몫 거들었던 [포르투갈의]

20　〔옮긴이〕〈반다의 방〉에 관한 랑시에르의 분석으로는 *Les écarts du cinéma*(Paris: La Fabrique Éditions, 2011), pp. 130~131과 J. Rancière, "Critique de la critique du 'spectacle,'" p. 633을 볼 것. 이 영화가 랑시에르에게 흥미로운 까닭은, 영화가 기꺼이 '비참을 심미화'하기 때문이다. 다시 말해 비참한 판자촌에 사는 자들의 경험 속에 담긴 감각적 풍요와 미를 드러냄으로써 '빈자에게 미는 사치요 실재만이 중요하다'는 식의 사회학적 나눔을 교란할 뿐만 아니라, 그들이 사는 구질구질해 보이는 세계 역시 기꺼이 하나의 세계요 그들이 콜록대며 뱉어내는 음성 역시 기꺼이 하나의 대화임을 보여주기 때문이다.

굴벤키안 재단Calouste Gulbenkian Foundation에, 그의 검은 실루엣이 루벤스의 작품과 반다이크의 작품 사이에 낯선 물체처럼 등장한다. 이 '오래된 세계'에서 피난처를 찾은 한 동향인에 의해 출구 쪽으로 조용히 떠밀리는 불청객처럼, 또한 액자에 갇혔기에 그림을 보는 이들에게 그들 경험의 감각적 풍부함을 돌려주지 못하는 색표면에 던져진 하나의 의문처럼. 초라한 거처―거기서 영화감독은 병 네 개를 가지고 창문 앞에 또 다른 정물화를 구성할 수 있었다―에서, 벤투라는 본국에 남아 있는 그녀에게 부친 연애편지를 읽는다. 집을 비우고 있는 이 부재자는 편지에서 일과 이별에 대해 말한다. 또한 20년 내지 30년 간 떨어져 있던 두 [사람의] 삶을 빛내줄 재회에 대해 말한다. 애인에게 담배 10만 개비, 드레스 여러 벌, 자동차 한 대, 화산암으로 지은 작은 집 한 채, 4센트짜리 꽃다발 하나를 선물하는 꿈을 말한다. 매일 새로운 단어들을, 고급 실크 잠옷처럼 두 사람의 치수에 꼭 맞게 재단된 아름다운 단어들을 외우기 위한 노력에 대해 말한다. 영화의 후렴구 노릇을 하는 이 편지는 정말로 벤투라의 퍼포먼스처럼, 나눔의 예술의 퍼포먼스처럼 등장한다. 그것은 고향을 떠나온 자들의 삶과 경험에서, 그리고 부재를 만회하고 사랑하는 사람에게 다가가고자 하는 그들의 수단에서 분리되지 않는다. 고급 예술과 하층민의 생생한 예술을 가르는 순수한 대립은 곧 흐려진다. 코스타가 작성한 편지의 전거는 두 가지이다. 이민자들이 쓴 진짜 편지들과 시인이 쓴 편지 한 통, 특히 [프랑스 시인] 로베르 데스노스Robert Desnos가 플뢰하 수용소에서 출발해서 테레진[제2차 세계대전 당시, 나치 독일의 유대인 수용소가 있던 도시]으로, 죽음의 길로 끌려가면서 유키에게 보낸 마지막 편지들

가운데 한 통이다.[21]

삶과 연결된 예술, 손·시선·음성 작업의 공유된 경험들로 직조된 예술은 이 패치워크patchwork의 형태로만 존재한다. 영화(시네마)는 빈자들의 연애편지나 그들이 공유하는 음악의 등가물일 수 없다. 그것은 단순히 하층민에게 그들 세계의 감각적 풍부함을 되돌려주는 예술에 그칠 수는 없다. 영화는 그 자신에게서 분리되어야 한다. 영화는 예술가가 경제적 유통과 사회적 궤도의 주변부로 쫓겨난 자들의 경험을 새로운 형상으로 번역하려 애쓰는 표면에 지나지 않다는 데 동의해야 한다. 하층민의 예술이라는 이름으로 미학적 분리를 다시 문제 삼는 영화(필름)는 한 편의 영화로, 보기와 듣기의 훈련으로 남아 있다. 그것은 스크린의 평평한 표면 위에서 한 관객이 다른 관객들에게 보내는 작업으로 남아 있다. 게다가 기존의 분배 체계는, 반다와 벤투라의 이야기를 '페스티벌용 영화'나 미술관용 작품의 범주에 집어넣음으로써, 그 다른 관객의 수와 다양성을 엄격히 제한하는 일을 맡을 것이다. 오늘날 정치적 영화는 어쩌면 다른 영화 대신 만들어지는 영화를 뜻할지도 모른다. 말, 소리, 이미지, 몸짓, 정서가 유통되는 방식—그 방식 안에서 영화는 자신의 형태의 효과를 생각한다—과 자신의 거리를 보여주는 영화 말이다.

이 두 작품을 원용하면서 나는 오늘날 정치적 예술이 어떠해야 하는지 보여주는 모델을 제시하고 싶었던 것은 아니다. 그런 모델이 존재

---

21 〔옮긴이〕〈행진하는 청춘〉에 관한 랑시에르의 상세한 평으로는 "La lettre de Ventura," *Trafic*, vol. 61(2007), pp. 5~9를 볼 것.

하지 않음을 내가 충분히 보여주었기를 바란다. 영화(시네마), 사진, 비디오, 설치, 신체·음성·소리 등 온갖 형태의 퍼포먼스는 우리의 지각의 틀과 정서의 활력을 다시 만들어낸다. 그리하여 그것들은 정치적 주체화의 새로운 형태들로 향하는 가능한 통로를 연다. 효과를 의도에서 분리하고, 단어와 이미지의 저편일 것 같은 실재로 향하는 모든 왕도를 금지하는 미학적 절단을 피할 수 있는 것은 어떤 것도 없다. 저편 따위는 존재하지 않는다. 비판적 예술은 자신의 정치적 효과가 미학적 거리를 거친다는 사실을 아는 예술이다. 비판적 예술은 이 효과가 보장될 수 없으며, 그 효과에 항상 비결정성의 몫이 포함되어 있음을 알고 있다. 이 비결정성을 사고하고, 비결정성으로 작업을 하는 두 가지 방식이 있다. 비결정성을 대립물이 등가를 이루는 세계의 상태로 간주하고, 이 등가의 실연을 새로운 예술적 솜씨를 뽐낼 기회로 삼는 방식이 있다. 그리고 비결정성에서 여러 정치들의 교착을 알아보고, 이 교착에 새로운 형상을 부여하며, 그 정치들 사이의 긴장을 탐구하고, 그리하여 가능태들의 균형과 능력의 분배를 옮기는 방식이 있다.[22]

---

22 〔옮긴이〕코스타의 영화 전반에 관한 랑시에르의 분석으로는 J. Rancière, "Aesthetic Separation, Aesthetic Community," pp. 79~82와 "Politique de Pedro Costa," *Les écarts du cinéma*, pp. 137~153을 볼 것.

IV. 용납할 수 없는 이미지

이미지를 용납할 수 없게 만드는 것은 무엇일까? 우선 이 물음은 다만 우리가 한 이미지를 보고서 고통이나 분노를 느낄 수밖에 없게 하는 특질이 무엇인지 묻는 것 같다. 두 번째 물음이 첫 번째 물음에 포함되어 곧 등장한다. 그런 이미지들을 만들어 다른 사람들의 눈에 내미는 것이 용납될 수 있는 일인가? 사진가 올리비에로 토스카니Oliviero Toscani[이탈리아, 1942~]의 최근 도발 가운데 하나를 생각해보자. 그것은 거식증에 걸려 야윈 젊은 여성의 나체가 담긴 포스터로서, 2007년 밀라노 패션 주간 때 이탈리아 전역에 게시됐다. 어떤 이들은 그 포스터를 보고 우아함과 사치스러움의 겉모습 뒤에 감추어진 괴로움과 고통의 현실을 들추어 고발하는 용기에 경의를 표했다. 다른 이들은 스펙터클의 진실을 이렇게 전시하면서 스펙터클의 지배라는 훨씬 더 용납할 수 없는 형태를 보여주었다며 비난했다. 왜냐하면 그 포스터는 분노라는 가면을 쓰고 전시를 보는 자들의 시선에 아름다운 외양뿐 아니라 비천한 현실을 제공했기 때문이다. 사진가는 외양의 이미지에 현실의 이미지를 맞세웠다. 그런데 이번에는 현실의 의미지가 의혹을 샀다. 혹자는 그 이미지가 보여주는 것이 이미지 방식으로 제시되기에는 너무 실재적이라고, 너무 용납할 수 없을 정도로 실재적이라고 여긴다. 이는 인격의 존엄에 대한 존중이라는 간단한 문제가 아니다. 이미지는 현실을 비판하는 데 적합하지 않다고 선언된다. 왜냐하면 이미지는 현실과 동일한 가시성의 체제에 속하기 때문이다. 이 현실은 화려한 외양의 앞면과 지저분한 진실의 뒷면을 번갈아 전시한다. 두 면은 하나의 동일한 스펙터클을 구성한다.

이미지 안의 용납할 수 없는 것에서 이미지의 용납할 수 없음으로 가는 이 자리옮김은 정치적 예술에 관계된 긴장들의 핵심에서 발견됐다. 베트남 전쟁 당시, 도로 위에서 병사들을 향해 울부짖는 벌거벗은 어린 소녀의 사진처럼 몇몇 사진이 맡을 수 있었던 역할을 우리는 알고 있다. 사회 참여 예술가들이 고통과 죽음을 나타내는 이미지들의 현실과 네이팜탄으로 베트남의 대지를 불태우는 병사들을 보냈던 본국의 현대적이고 잘 꾸며진 멋진 아파트에 사는 기쁨을 보여주는 광고 이미지를 대조시키는 데 어떻게 힘을 쏟았는지 우리는 알고 있다. 나는 위에서 로슬러의 〈전쟁을 집으로 가져오기〉 연작에 대해, 특히 깨끗하고 널찍한 아파트 중간에 어느 베트남인이 자기 팔에 숨진 아이를 보듬고 있는 모습을 보여주는 콜라주에 대해 논평했다. 숨진 아이는 미국의 안락한 삶에 의해 감춰진 용납할 수 없는 현실이었다. 미국의 안락한 삶이 보지 않으려 애썼으나 정치적 예술의 몽타주가 그 안락한 삶의 코앞에 들이대는 용납할 수 없는 현실. 나는 현실과 외양의 이 충격이 현대의 콜라주 실천—정치적 항의를 사치품과 광고 이미지와 동등하게 젊음의 패션/유행의 표현으로 만드는 실천— 속에서 어떻게 무효화되는지 언급했다. 따라서 이미지가 외양의 매력에 맞세울 수 있는 용납할 수 없는 현실은 더는 존재하지 않을 것이며, 하나의 동일한 이미지의 흐름, 하나의 동일한 보편적 전시 체제만 존재할 것이다. 그리고 이 체제야말로 오늘날 용납할 수 없는 것을 구성하게 될 것이다.

이 반전은 이제 현실을 증명하는 수단도 부정의에 맞서 싸울 필요성도 믿지 않게 된 시대의 환멸 때문에 초래된 것만은 아니다. 그 반전은 용납할 수 없는 이미지의 투사(鬪士)적 사용 속에 이미 현존했던 이중성의 표시이다. 숨진 아이의 이미지는 미국적 삶의 겉치레뿐인 행복의 이미지를 찢는다고 간주됐다. 그것은 그 행복을 누리던 자들이 이 현실의 용납할 수 없음에, 그들 자신의 공모에 눈을 뜨게 만듦으로써 그들을 투쟁에 나서게 한다고 간주됐다. 하지만 이 효과가 일어나느냐는 문제는 결정 불가능하게 남았다. 벽이 깨끗하고 널찍한 멋진 아파트에 숨진 아이가 보이는 광경은 확실히 견디기 어렵다. 하지만 그런 광경이 그것을 보는 이들로 하여금 제국주의 현실을 의식하고서 거기에 맞설 욕구를 갖게 할 만한 특별한 이유가 없다. 그런 이미지에 대한 통상적 반응은 눈을 감거나 시선을 회피하는 것이다. 아니면 전쟁의 잔악함과 인간의 살인 광기를 비난하는 것이다. 이미지가 그것의 정치적 효과를 만들어낼 수 있으려면, 그 이미지가 보여주는 것이 미국의 제국주의이지 인간 일반의 광기가 아니라는 사실을 관객이 이미 납득해야 한다. 또한 세계에 대한 제국주의적 착취에 바탕을 둔 번영을 공유하는 데 자기 잘못도 있다는 사실을 관객이 납득해야 한다. 그리고 아무것도 하지 않는 것에 대해, 이 고통과 죽음의 이미지들을 보면서 그 책임자인 열강에 맞서 싸우지 않는 것에 대해 관객이 죄책감을 느껴야 한다. 요컨대 관객은 자신의 죄책감을 불러일으키지 않을 수 없는 이미지를 보는 것에 대해 이미 죄책감을 느껴야 한다.

　이것이 이미지들의 정치적 몽타주에 내재하는 변증법이다. 이미지 가운데 하나는 다른 이미지의 신기루를 고발하는 현실의 역할을 맡아야 한다. 그 이미지는 동시에 그것 자체를 포함하는 우리 삶의 현실로서의 신기루를 고발한다. 체계의 현실을 고발하는 이미지들을 감상하는 것만으로 이미 이 체계와 공모 관계에 있는 것으로 나타난다. 로슬러가 그의 연작을 구축하던 시대에, 드보르는 그의 책 『스펙터클의 사회』를 바탕으로 한 영화를 찍었다. 그는 이야기하곤 했다. 스펙터클은 삶의 전도라고. 삶의 전도로서 스펙터클이라는 현실. 드보르의 영화는 이 현실이 모든 이미지에 똑같이 구현되어 있음을 보여주었다. (자본주의든 공산주의든) 통치자의 이미지, 영화 스타들의 이미지, 패션 모델의 이미지, 광고 모델의 이미지, 칸 해변 신인 여배우들의 이미지, 상품과 이미지를 구매하는 평범한 소비자들의 이미지. 이 모든 이미지들은 등가적이다. 그것들은 용납할 수 없는 동일한 현실—우리 자신에게서 분리된 우리 삶의 이미지, 스펙터클 기계에 의해 우리 면전에서 우리에 맞서 죽은 이미지로 변환되어버린 우리 삶의 이미지—을 똑같이 이야기한다. 어떤 것이 되었던 이미지에 용납할 수 없는 것을 보여주는 힘을 부여하고, 우리를 용납할 수 없는 것에 맞서는 싸움으로 이끄는 것은 이제 불가능해진 것 같았다. 유일하게 해야 할 일은 이미지의 수동성에, 자신의 소외된 삶에 살아 있는 행위를 맞세우는 것처럼 보였다. 이를 위해서는 이미지를 지우고, 스크린을 암흑 속에 빠트림으로써 스펙터클의 기만에 유일하게 맞설 수 있는 행위를 호소해야 하지 않았는가?

그런데 드보르는 스크린 위에 검은색을 설치하지 않았다.[1] 반대로 그는 스크린을 세 항—이미지, 행위, 말—이 벌이는 독특한 전략 게임의 무대로 만들곤 했다. 이 독특함은 〈스펙터클의 사회〉에 삽입된 할리우드의 웨스턴 영화나 전쟁 영화 발췌 장면들에 잘 나타난다. 우리가 그 장면들에서 존 웨인John Wayne이나 에롤 플린Errol Flynn이라는 할리우드의 두 아이콘이자 미국 극우의 두 챔피언이 으스대며 걷는 모습을 볼 때, 웨인이 셰넌도어에서 자신의 무훈을 상기시키거나 플린이 커스터 장군 역을 맡아 칼집에서 칼을 뽑아들고 돌격할 때, 우리는 거기서 미국의 제국주의에 대한, 할리우드 영화에서 미국의 제국주의가 예찬되는 방식에 대한 패러디조의 고발을 보려고 먼저 시도했다. 많은 사람들은 드보르가 지지한 '전용détournement'을 이런 식으로 이해한다. 그런데 거기에는 오해가 있다. 드보르는 프롤레타리아트의 역사적 역할에 관한 테제를 예시하기 위해서 라울 월시Raoul Walsh의 〈장렬 제7기병대They Died with Their Boots On〉(1941)에서 따온 플린의 돌격 장면을 진지하게 삽입했다. 그는 칼을 뽑아들고 돌격하는 용감한 양키들을 비웃으라고 요구하지 않는다. 그는 월시나 존 포드John Ford가 제국주의적 지배에 공모했음을 의식하라고 요구하지 않는다. 그는 우리가 나름대로 전투의 영웅주의를 취할 것을 요구한다. 그는 영화 속에서 배우들이 연기한 이 돌격을 우리가 스

1　　반대로 그는 이전 영화인 〈사드를 위해 절규함(Hurlements en faveur de Sade)〉(1952)에서는 스크린 위에 검은색을 칠했음을 상기하자.

펙터클의 제국에 맞서는 실재적 공격으로 변환할 것을 요구한다.[2] 겉보기에 역설적이지만, 이는 스펙터클에 대한 고발의 극히 논리적인 귀결이다. 만일 모든 이미지가 그저 전도된, 수동적이 된 삶을 보여주는 것이라면, 그 이미지를 뒤집어서 그것이 전용한 능동적 힘을 개시하는 것으로 충분하다. 이는 그 영화〈스펙터클의 사회〉의 초반 이미지들이 더 조심스럽게 제공하는 교훈이다. 우리는 빛 속에서 환희에 들뜬 두 젊고 아름다운 여성의 몸을 본다. 성급한 관객은 거기서 이미지가 줬다가 가로채는 상상적 소유, 즉 뒤에 가서 여성의 신체—스트리퍼, 모델, 벌거벗은 스타—의 다른 이미지들이 예시하는 상상적 소유를 고발한다고 볼 위험이 있다. 그런데 이 표면상의 유사성은 근본적 대립을 은폐한다. 실제로 이 초반의 이미지들은 공연, 광고, 뉴스 테이프에서 추출한 것이 아니다. 그 이미지들은 예술가가 찍은 것들이며, 거기 나오는 이들은 그의 동거

---

2 〔옮긴이〕 "드보르의 영화에서, 특히 〈스펙터클의 사회〉에서 그가 어떻게 웨스턴 영화들을 줄줄이 가져다 쓰는지 보는 것은 정말 흥미로운 일이다. 우선, 칼을 뽑아들고 진격하는 플린을 보면서 이건 패러디구나라고 여길 수도 있을 테다. 드보르가 명칭이 같은 미제국주의자들과 그들의 영웅 신화를 조롱하고 있다고 여길 수도 있을 테다. 이는 사실과 전혀 다르다. 반대로 드보르는 이 돌격을 우리에게 본보기로서 제안하고 있다. 그는 우리가 해야 하는 것이 바로 이것이라고 이야기한다. 남부 연합군이나 인디언들의 공격에 맞서 플린처럼 해야 한다고, 웨인처럼 해야 한다고. 이것이 우리가 해야 할 유일한 일의 모델이다. 스펙터클의 지배에 맞서 프롤레타리아 게릴라들이 벌이는 공격. 물론 동시에 하나의 스펙터클이 여전히 남아 있다. 그것은 '우리는 늘 그 안에 있을 것이다'라고 이야기하는 목소리의 권위를 확인해준다. 이로부터 상황주의가, 오늘날 그것의 평범해진 판본 속에서, 미디어 때문에 바보가 된 민주주의 소비자에 대한 비판 같은 것이 된 이유를 알 수 있게 된다." J. Rancière, "Critique de la critique du 'spectacle'," p. 622 참조. 이외에도 드보르의 영화에 관한 랑시에르의 평으로는 "Quand nous étions sur le Shenandoah," *Cahiers du cinéma*, n° 605(octobre 2005), pp. 92~93을 볼 것. 영역본은 "When We Were on the Shenandoah," *Grey Room*, No. 52(summer 2013), pp. 129~134에 수록됨.

녀와 여자 친구이다. 그 이미지들은 능동적 이미지로서, 스펙터클의 수동적 관계 속에 갇혀 있는 것이 아니라 사랑을 욕망하는 능동적 관계에 몸을 던지는 이미지로서 나타난다.

이처럼 관객이라는 단순한 사실, 이미지를 본다는 단순한 사실이 나쁜 것임을 우리에게 보여주기 위해서는 행위의 이미지, 진짜 현실의 이미지 또는 진짜 현실로 즉각 뒤집힐 수 있는 이미지가 필요하다. 행위는 이미지라는 악과 관객의 죄의식에 대한 유일한 답변으로 제시된다. 그렇지만 관객에게 제시되는 것은 여전히 이미지들이다. 이 외양적 역설에는 이유가 있다. 이미지를 보지 않았다면 관객은 죄가 없을 수 있다. 그런데 고발자에게는 아마도 관객을 행위로 전향시키기보다는 그의 죄의식을 증명하기가 더 중요하다. 바로 여기서 가상과 죄의식을 정식화하는 목소리가 그것의 모든 중요성을 얻는다. 그 목소리는 이미지인 상품과 상품인 이미지의 수동적 소비자가 되는 삶의 전도를 고발한다. 그것은 이 악에 대한 유일한 대답은 능동성이라고 우리에게 이야기한다. 그 목소리는 또한 다음의 사실을 우리에게 이야기한다. 그 목소리가 논평하는 이미지를 바라보는 우리는 결코 행위하지 않을 것이다. 우리는 이미지 속으로 넘어가버린 삶의 관객으로 영원히 남아 있을 것이다. 전도의 전도는 우리가 알지 못하고, 행동하지 않은 채로 늘 남아 있게 되는 이유를 아는 자만 갖고 있는 지식으로 머문다. 이미지의 악에 대립되는 능동성의 덕은 주권적 목소리의 권위에 흡수된다. 주권적 목소리는 거짓된 삶—주권적 목소리는 우리가 거짓 삶에 빠져 만족할 수밖에 없음을 알고 있다—을 규탄한다.

목소리의 권위를 긍정하는 것은 비판—그것은 우리를 이미지 안의 용납할 수 없는 것으로부터 이미지의 용납할 수 없는 것으로 데리고 가곤 했다—의 실질적 내용으로 나타난다. 이 자리옮김은 재현 불가능한 것이라는 이름으로 행해진 이미지 비판에 의해 충분히 밝혀졌다. 그 범례를 제공한 것은 몇 년 전 파리에서 열린 〈수용소의 기억Mémoire des camps〉[2001] 전시를 둘러싸고 시작된 논쟁이다. 전시장 중간에는 특수분견대Sonderkommandos 대원 하나가 아우슈비츠의 가스실에서 찍은 작은 사진 네 장이 걸렸다. 이 사진들은 가스실로 끌려가는 벌거벗은 여성 무리와 야외의 시체 소각장을 보여주었다. 전시 도록에 수록한 장문의 평문에서 [프랑스 철학자이자 예술사가] 조르주 디디-위베르만Georges Didi-Huberman은 "지옥에서 뽑아낸 네 조각의 필름"을 통해 재현된 현실의 무게를 강조했다.[3] 이 평문에 대한 매우 격렬한 반박 두 편이 《현대Les Temps modernes》지에 게재됐다. 첫 번째 반박의 저자인 엘리자베트 파누Elisabeth Pagnoux는 고전적 논증을 사용했다. 이 이미지들이 너무 실재적이기 때문에 용납할 수 없다는 것. 우리의 현재에 아우슈비츠의 참사를 투사함으로써, 그 이미지들은 우리의 시선을 사로잡고 모든 비판적 거리두기를 금한다는 것이다. 두 번째 반박의 저자인 제라르 바쥬만Gérard Wajcman은 논증을 뒤집었다. 이 이미지들 그리고 이 이미지들에 달린 설명은 거짓말을 하기 때문에 용납할 수 없다는 것. 네 장의 사진은 쇼아Shoah의 현

---

3   이 글은 비판에 대한 논평과 응답을 덧붙여 Georges Didi-Huberman, *Images malgré tout*(Paris: Éditions de Minuit, 2003)에 재수록됐다.

실을 재현하지 않았다는 것이다. 이유는 세 가지다. 먼저, 그 이미지들은 가스실 안에서 행해진 유대인 말살을 보여주지 않는다. 그다음, 실재는 결코 가시적인 것 안에 완전히 용해될 수 없다. 마지막으로, 쇼아 사건의 핵심에는 재현 불가능한 것, 그러니까 이미지 안에 구조적으로 고정될 수 없는 어떤 것이 있다. "가스실은 그 자체로 일종의 아포리아를 구성하는 사건이다. 그것은 이미지의 지위를 꿰뚫고 문제시하며, 이미지에 관한 모든 사고를 위기에 빠트리는 깨뜨릴 수 없는 실재이다."[4]

네 장의 사진에 유대인 말살 과정의 전모, 그것의 의미, 그것의 반향을 제시하는 힘이 있다는 사실에 이의를 제기하는 것일 뿐이었다면 위 논증은 합당할 수 있었을 것이다. 사진이 찍힌 상황에 비추어볼 때, 그 사진은 분명히 위와 같은 주장을 하지 않았다. 논증은 사실 다른 것을 겨냥한다. 그것은 두 종류의 재현(가시적 이미지와 언어적 이야기) 사이 근본적 대립과 두 종류의 증명(증거와 증언) 사이 근본적 대립을 수립하는 것을 목표로 한다. 네 장의 이미지와 설명은 단죄된다. 왜냐하면 목숨을 걸고 사진을 찍은 사람과 그 이미지를 설명하는 사람은 그 이미지에서 말살―말살을 자행한 가해자는 그것의 흔적을 지우려고 무엇이든 했다―이라는 현실의 증언을 보았기 때문이다. 그들은 [말살] 과정의 현실이 증명될 필요가 있으며, 가시적 이미지가 그 증거를 내놓을 수 있다고 믿었다는 비난을 받는다. 철학자는 응수한다. "쇼아는 일어났다. 나도

4   Gérard Wajcman, "De la croyance photographique," *Les Temps modernes,* n° 613(mars–avril–mai 2001), p. 63.

알고 모두가 안다. 그것은 하나의 지식이다. 모든 주체는 그것의 부름을 받는다. 누구도 "나는 모르오"라고 말할 수 없다. 이 지식은 새로운 지식을 이루는 증언에 바탕을 둔다. (…) 그것은 어떤 증거도 필요로 하지 않는다."[5] 이 '새로운 지식'은 정확하게 무엇인가? 증언의 효력과 증거의 결격을 구별하는 것은 무엇인가? 자신이 죽음의 수용소에서 본 것을 이야기함으로써 증언하는 사람은 그 이야기의 가시적 흔적을 기록하려 했던 사람이 하는 것과 똑같이 재현 작업을 한다. 증언자의 말은 사건을 그것의 유일성으로 이야기하지 않으며, 그의 말은 직접 현시된 사건의 참화가 아니다. 혹자는 바로 그것이 증언의 장점이라고 이야기할 수 있을 것이다. 모든 것을 말하지는 않는다는 것, 모든 것이 이야기될 수는 없음을 보여주었다는 것. 증언과 '이미지'의 근본적 차이를 세우려면, 이미지가 모든 것을 보여주겠다고 주장한다고 자의적으로 간주해야 한다. 증인의 말에 부여된 효력은 완전히 부정적이다. 증언의 효력은 증언이 이야기하는 것에 기인하는 것이 아니라 증언의 불충분함에 기인한다. 그리고 이 불충분함은 이미지에 돌려진 충분함에, 이 충분함의 기만에 대립된다. 이미지의 충분함은 순전히 정의의 문제이다. 만일 이미지를 이중체[복제]double로 간단히 정의해버리면, 그로부터 확실히 다음과 같은 결론이 나온다. 이 이중체는 실재의 유일성에 대립되며 말살의 유일한 공포를 지울 수밖에 없다. 이미지는 안심시킨다고 바쥬만은 우리에게 이

5   같은 글, p. 53.

야기한다. 그 증거는 이렇다. 우리는 사진들을 본다. 하지만 우리는 그 사진들이 재현하는 현실을 견디지는 못할 것이다. 이 권위에 호소하는 논증의 유일한 단점은, 이 현실을 보았던 자들 그리고 우선 이미지들을 찍었던 자들이 그것들을 잘 견뎌내야 했다는 사실이다. 철학자가 임시 사진가를 비난하는 지점이 바로 그것이다. 증언하기를 **바랐다**는 것이 문제이다. 진정한 증인은 증언하기를 바라지 않는 자이다. 이것이 증인의 말에 특권이 주어지는 이유이다. 이 특권은 증인의 것이 아니다. 그 특권은 증인으로 하여금 억지로 말을 하도록 강제하는 말의 것이다.

바로 이것이 몇몇 생존자의 증언에 바탕을 두고 만들어진 영화인 클로드 란즈만Claude Lanzmann의 〈쇼아Shoah〉[1985]의 한 범례적 시퀀스가 예시하는 바이다. 바쥬만은 모든 시각적 증거와 모든 문서고의 자료에 이 시퀀스를 맞세운다. 그것은 이발소 시퀀스이다. 트레블링카 [수용소]에서 이발사로 있었던 아브라함 봄바Abraham Bomba는 가스실에 들어갈 준비를 하는 그들/그녀들이 [수송차량에 실려] 도착하던 광경 그리고 [그들/그녀들의] 머리카락을 마지막으로 자르던 일을 이야기한다. 에피소드 중간에는 잘린 머리카락의 용도를 회상하던 봄바가 이야기를 멈추고, 주체할 수 없이 흐르는 눈물을 손수건으로 닦는 순간이 나온다. 감독의 목소리가 그에게 계속하라고 재촉한다. "당신은 계속해야만 해요, 아베." 그가 계속해야 한다면, 그것은 알려지지 않았던 진실을 폭로하기 위해서가 아니다. 그 진실을 부정하는 자들에게 맞서야 하기 때문이다. 어쨌든 그 역시도 가스실에서 일어났던 일을 이야기하지 않을 것이다. 그는 단순히 그렇게 해야 하기 때문에 그렇게 해야 한다. 그는 그것을 바라지 않기 때문에, 그렇게 할 수 없기 때문에, 그렇게 해야 한다. 그의 증언 내용이 중요한 것이 아니다. 그의 말은 이야기해야 할 사건이 용납할 수 없기에 말할 수 있는 가능성을 빼앗긴 사람의 말이라는 사실이 중요하다. 단지 타인의 목소리에 의해 강제되기 때문에 그가 말한다는 사실이 중요하다. 영화 속에서 타인의 목소리는 감독의 목소리이다. 감독의 목소리는 그 목소리 뒤에서 다른 목소리를 투사한다. 그 다른 목소리에서 해설자는 제 뜻대로 라캉Jacques Lacan의 상징적 질서의 법 또는 신—이미지의 사용을 금지하고, 구름 속에서 자신의 민족에게 말하며, 자기 말을 믿고 절대 복종 하라고 요구하는 신—의 권위를 인정한다. 증인의 말은 세 가지 부정적 이유 때문에 신성시된다. 먼저 증언은 우상인 이미지의 반대이다. 그다음 증언은 말할 수 없는 사람의 말이다. 마지막으로 증언은 자기 것보다 더 강력한 말에 의해 말을 강제당한 사람의 말이다. 이미지를 비판하는 자들은 결국 이미지를 행위의 요구와도 말의 자제와도 대립시키지 않는다. 그들이 이미지에 대립시키는 것은 양자택일로서 침묵시키거나 말하게 만드는 목소리의 권위이다.

여기에서도 대립은 제시되자마자 곧 취소된다. 사건의 재현 불가능성을 표현하는 침묵의 힘은 침묵의 재현을 통해서만 존재한다. 이미지에 대립되는 목소리의 역량은 이미지로 표현되어야 한다. 말하기를 거부하고 명령하는 목소리에 복종하는 것은 가시화되어야 한다. 이발사가 이야기를 멈추었을 때, 그가 더는 말할 수 없자 화면 밖 목소리가 그에게 계속하라고 요구할 때 작용한 것은, 증언 구실을 한 것은 그의 안면에 떠오른 감정, 그가 꾹 참은 눈물, 그가 훔쳐야 했던 눈물이다. 바쥬만은 영화감독의 작업을 이렇게 논평한다. "(…) 가스실을 불러일으키기 위해 그는 사람과 말, 증인 들을 필름에 담는다. 증인들이 회상하는 현행적 행위를, 영화의 스크린 위를 지나가듯 추억이 지나가는 얼굴을, 그들이 목격했던 공포가 감지되는 눈을 (…)."[6] 재현 불가능성에 의한 논증은 이제 이중의 게임/역할을 한다. 한편으로 그것은 증인의 목소리를 이미지의 거짓말에 대립시킨다. 목소리가 멈추면 고통스러워 하는 얼굴의 이미지가 증인이 눈으로 보았던 것의 가시적 증거이자 말살 공포의 가시적 이미지가 된다. 그리고 아우슈비츠의 사진에서 죽음에 몰린 여성들과 산책하는 누디스트 운동 집단을 구별할 수 없다고 선언했던 논평자는 가스실의 공포를 반영하는 울음과 여린 마음의 소유자가 아픈 기억을 떠올리며 터뜨리는 울음을 구별하는 데 아무 어려움도 느끼지 못하는 것 같다. 사실 차이는 이미지의 내용에 있지 않다. 차이는 간단히 말해 전자는 자발적 증언이지만 후자는 비자발적 증언이라는 사실에 있다. (좋은) 증인의 덕이란 공포심을 주는 실재와 강제하는 대타자l'Autre의 말이 가하는 이중 타격에 오직 복종하는 데 있다.

그러므로 말과 이미지의 환원 불가능한 대립은 문제없이 두 이미지—바랐던 이미지와 바라지 않았던 이미지— 간 대립이 될 수 있다. 물론 후자는 그 자체로 타인이 바랐던 이미지이다. 그것은 영화감독이 바랐던 것이다. 영화감독은 그 나름대로 계속해서 자신이 예술가이며 우

6   같은 글, p. 55.

리가 자신의 영화에서 보고 듣는 것은 모두 자신의 예술의 산물이라고 주장했다. 논증이 하는 이중의 게임/역할은 [두 이미지 간] 대립의 거짓 급진성과 더불어 그 대립의 근거가 되는 재현과 이미지에 대한 관념의 지나친 단순화를 문제 삼으라고 우리에게 가르친다. 재현은 가시적 형태를 만들어내는 행위가 아니다. 재현은 등가를 제공하는 행위이다. 말은 사진과 똑같이 그것을 한다. 이미지는 사물의 이중체가 아니다. 이미지는 가시적인 것과 비가시적인 것, 가시적인 것과 말, 말해진 것과 말해지지 않은 것 사이의 관계가 벌이는 복잡한 게임이다. 이미지는 사진가나 영화감독의 면전에 놓인 것을 단순히 재생하는 것이 아니다. 이미지는 다시금 그 이미지를 변이시키는 이미지들의 연쇄 안에서 자리를 차지하는 변이이다. 그리고 목소리는 이미지의 가시적 형태에 반대되는, 비가시적인 것의 현시가 아니다. 목소리는 그 자체로 이미지를 구축하는 과정 속에 들어간다. 그것은 하나의 감각적 사건을 다른 감각적 사건으로 변환하는 신체의 목소리이다. 그러기 위해서 목소리는 우리로 하여금 그 신체가 보았던 것을 '보게' 만들기 위해, 그것이 우리에게 이야기한 것을 보게 만들기 위해 애쓴다.[7] 고전적 수사학과 시학은 언어 안에도 이미지

---

7   〔옮긴이〕"란즈만의 영화 〈쇼아〉에서 보면, 연출가가 어떻게 생각하든, 말과 이미지가 같은 방식으로 작동한다. 증인의 말을 연출하는 장면은 마치 사건이 그랬던 양, 사건이 현전하는 양 현실을 전달하려 한다. 트레블링카의 옛 이발사는 말을 멈추고 울기 시작한다. 그리고 가슴 깊이 이렇게 말한다. '상황은 그렇다. 정말 그렇다. 더는 말을 못하겠다.' 침묵이 흐른다. 그 침묵은 역설적으로 웅변이 된다. 그렇게 되는 까닭은 영화가 이미지들—클로즈업, 흐르는 눈물, 얼굴을 훔치는 이발사—과 함께 작동하기 때문이다. 쌓아 올린 시체를 보여주지는 않는다. 사실이다. 하지만 머리에 떠오른 사건에 대한 감각을 제공한다고 할 수는 있다. 결국 말이 이미지보다 더 '도덕적'인 것은 아니다. 말은 이미지와 같은 체

들이 있다고 우리에게 가르친다. 이미지들은 한 표현을 다른 표현으로 대체함으로써 '본래의' 말이 할 수 있는 것보다 더 사건의 감각적 직조를 체험하게 만드는 형상이다. 마찬가지로 가시적인 것에도 수사학과 시학의 형상들이 있다. 이발사의 눈에 고인 눈물은 그의 감정의 표지이다. 이 감정 자체는 영화감독의 장치에 의해 만들어졌다. 이 장치가 이발사의 눈물을 필름에 담고, 이 쇼트와 다른 쇼트를 연결하자마자, 눈물은 더는 상기된 사건의 있는 그대로의 현존일 수 없게 된다. 눈물은 응축과 치환의 과정인 형상화 과정에 속한다. 눈물은 사건의 시각적 재현을 대신하던 단어들을 대신하여 거기에 있는 것이다. 눈물은 예술적 형상이요, 가스실에서 일어난 일의 형상적 등가물의 제시를 추구하는 장치의 요소가 된다. 형상적 등가물이란 유사성과 상이성 사이의 관계 체제인바, 그것은 그 자체로 여러 종류의 용납할 수 없는 것을 작동시킨다. 이발사의 울음은 그가 옛날에 보았던 것의 용납할 수 없음을, 현재 이야기해보라는 요구의 용납할 수 없음과 연결한다. 우리가 알다시피 말을 강요하고, 고통을 유발하는 장치, 그리고 텔레비전에서 재난 현장 보도를 보거나 감상적 허구의 연속극을 보듯이 그 이미지를 볼 가능성이 있는 관객들에게 고통의 이미지를 제공하는 장치 자체를 용납할 수 없다고 평했던 비평가도 여럿 있다.

제에 들어간다. 말도 '이미지를 만든다[이미지처럼 생생하다].' 말은 나름의 방식으로 보게 만든다." J. Rancière, "La parole n'est pas plus morale que les images," *Télérama*, n° 3074(10 décembre 2008). http://www.telerama.fr/idees/le-philosophe-jacques-ranciere-la-parole-n-est-pas-plus-morale-que-les-images,36909.php

고발자를 고발하는 것은 별로 중요하지 않다. 반대로 이미지 분석을 그 분석이 여전히 그토록 자주 몰두하는 소송 분위기에서 빼낼 가치가 있다. 스펙터클의 비판자는 그 소송 분위기를 외양의 기만과 관객의 수동성에 대한 플라톤의 고발과 동일시한다. 재현 불가능성을 교리로 삼는 자들은 그것을 우상 숭배에 반대하는 종교 논쟁과 동류시한다. 이미지가 무엇인지, 그것이 무엇을 할 수 있는지, 그것이 산출하는 효과는 무엇인지에 관해 새로운 시선을 던지고 싶다면 이미지의 사용을 우상 숭배, 무지 또는 수동성과 동일시하는 것을 의문시해야 한다. 이를 위해 나는 극악무도한 사건들을 재현하는 데 어떤 이미지가 적합한가라는 문제를 다른 식으로 제시하는 몇몇 작품을 검토해보고 싶다.

칠레 출신 예술가 알프레도 자르Alfredo Jaar(1956~)는 1994년 발생한 르완다 대학살을 다루는 여러 작품을 만들었다. 그 작품들 중 어느 것도 학살의 현실을 입증하는 시각적 문서를 단 한 편도 보여주지 않는다. 예를 들면 〈리얼 픽처스Real Pictures〉(1995)라는 설치 작품은 검은 상자들로 이루어져 있다. 검은 상자 각각에는 학살당한 투치족 사람의 이미지가 하나씩 들어 있지만 상자는 닫혀 있고 이미지는 볼 수 없다. 볼 수 있는 것이라고는 상자 안에 감춰진 내용을 묘사하는 텍스트뿐이다. 따라서 언뜻 보기에 이 설치 작품도 단어들의 증언을 이미지들에 의한 증거에 대립시키는 것 같다. 유사성만 보면 본질적 차이가 가려진다. 이 작품에서 단어들은 여하한 목소리에서 떼어져 그 자체로 시각적 요소로 취급된다. 따라서 단어들을 이미지의 시각적 형태에 대립시키는 것이 중요치 않다는 점은 분명하다. 중요한 것은 이미지를 구축하는 것, 다시 말해 말로 할 수 있는 것과 시각적인 것의 어떤 접속을 구축하는 것이다. 이 이미지의 힘은 공식 보도 체계가 작동시키는 그런 통상적 접속 체제를 흔들어 놓는 데 있다.

이를 이해하기 위해서는 통설을 다시 문제 삼을 필요가 있다. 통상적 접속 체제는 통설에 따라 일반적 이미지—그리고 특히 참화 이미지—의 파도 아래 우리를 잠기게 하여 이 참화의 진부해진 현실에 우리가 무감해지도록 만든다. 이 통설이 널리 받아들여지는 이유는, 그것이 전통적 테제를 확증해준다는 데 있다. 이 테제에 따르면, 이미지들의 악이란 바로 그 수이다. 즉, 이미지의 범람이 상품과 이미지를 구매하는 민주주의적 소비자 다중의 현혹된 시선과 물렁물렁해진 두뇌를 속수무책으로 휩쓴다는 것이다. 이 시각은 자기가 비판적이길 바라지만, 체계의 작동과 완벽히 부합한다. 실제로 지배 미디어들은 우리 행성의 현재를 이루는 학살, 주민 대이동 및 여타의 참화를 증언하는 이미지들의 급류 속에 우리를 빠트리지 않는다. 사실은 정반대이다. 지배 미디어들은 그 이미지의 수를 축소한다. 그것들은 이미지를 선별하고 정돈하는 데 세심한 주의를 기울인다. 그것들은 이미지가 갖는 의미의 장황한 단순 예시를 초과할 수 있는 것은 어떤 것이든 제거한다. 무엇보다도 텔레비전 뉴스 화면에서 우리가 보는 것은 통치자, 전문가, 저널리스트의 얼굴이다. 그들은 이미지를 해설하고 이미지가 무엇을 보여주는지 그리고 우리가 이미지에 대해 무엇을 생각해야 하는지 이야기한다. 참화가 진부해지는 것은 우리가 그 참화의 이미지를 너무 많이 보았기 때문이 아니다. 우리가 화면에서 고통 받는 신체들을 너무 많이 보는 경우는 없다. 우리는 오히려 이름 없는 신체들을 너무 많이 본다. 우리가 그것들에 보낸 시선을 우리에게 되돌려 보낼 수 없는 신체들을 너무 많이 본다. 말의 대상이 될 뿐 스스로는 말을 갖지 않은 신체들을 너무 많이 본다. 보도 체계는 이미지의 과잉에 의해 기능하지 않는다. 그것은 말하고 추론하며, 익명의 다중과 관련된 뉴스의 흐름을 '판독'할 수 있는 존재를 선별함으로써 기능한다. 이 이미지들에 고유한 정치는 아무나 보고 말할 수는 없다고 우리에게 가르쳐준다는 데 있다. 텔레비전에 이미지가 쇄도하는 것을 비판하겠다는 자들은 매우 비굴하게 이 가르침을 확인한다.

이미지에 관한 거짓 싸움은 셈의 문제를 은폐한다. 바로 거기에서 검은 상자들의 정치가 제 의미를 얻는다. 닫혀 있지만 단어들로 덮여 있는 이 상자들은 이미지의 과잉이나 결핍 때문이 아니라 이름도 없고 개인적 역사도 없는 존재라는 이유로 학살이 용인됐던 그들/그녀들에게 이름과 개인적 역사를 부여한다. 단어들은 사진의 자리를 차지한다. 왜냐하면 사진은 여전히 집단적 폭력을 당한 익명의 희생자들에 대한 사진에 그칠 것이며, 이는 학살과 희생을 진부하게 만드는 것과 여전히 부합하기 때문이다. 문제는 단어를 가시적 이미지에 대립시키는 데 있지 않다. 문제는 시각에 관한 것을 다중의 몫으로 만들고 언어에 관한 것을 몇몇 사람의 특권으로 만드는 지배 논리를 뒤엎는 것이다. 단어들은 이미지의 자리에 있지 않다. 단어는 이미지이다. 다시 말해 재현의 요소를 재분배하는 형태이다. 단어들은 한 이미지를 다른 이미지로 대체하고, 단어들을 시각적 형태들로 대체하며, 시각적 형태들을 단어들로 대체하는 형상들이다. 이 형상들은 동시에 유일한 것과 여럿인 것, 작은 수와 많은 수 사이의 관계를 재분배한다. 이 점에서 그 형상들은 정치적이다. 정치가 우선 신체들의 자리와 셈을 바꾸는 것이라고 한다면 말이다. 이런 의미에서 정치적 형상 중의 형상이란 효과를 원인으로 보이거나 부분을 전체로 보이는 환유이다. 그리고 자르가 르완다 대학살을 다룬 다른 설치 작품인 〈구테테 에메리타의 눈The Eyes of Gutete Emerita〉[1996]에서 작동시킨 것은 바로 환유의 정치이다. 이 작품은 자신의 가족이 학살당하는 광경을 목격한 어느 여인의 눈을 보여주는 단 한 장의 사진을 둘러싸고 조직된다. 효과가 원인으로 보여지고, 또한 두 눈이 학살당한 100만의 신체로 보여진다. 자신이 본 모든 것에 대해서, 이 눈은 에메리타가 생각하고 느낀 것을 우리에게 이야기하지 않는다. 그것은 그 눈을 바라보는 자들과 같은 힘을 지닌 사람의 눈일 뿐 아니라, 학살자들에게 형제자매를 빼앗긴 자들과 같은 힘을 지닌 사람의 눈이다. 그 힘이란 말하거나 침묵하는 힘, 자신의 감정을 드러내거나 감추는 힘이다. 참화의 스펙터클 대신 이 여성의 시선을 놓는 환유는 개인과 다수의 셈을 뒤엎는다. 그러므로 라이트박스에 들어 있는 에메리타의 눈을 보기 전에 관객은 먼저 같은 틀을 공유하며 이 눈의 역사, 이 여성의 역사, 그녀의 가족사를 이야기하는 텍스트를 읽었어야 한다.

용납할 수 없는 것의 물음의 자리는 옮겨져야 한다. 문제는 이런저런 폭력의 희생자들이 겪은 참화를 보여줘야 할지 말지를 아는 데 있지 않다. 문제는 희생자를 가시적인 것을 분배하는 모종의 방식의 요소로 구축하는 데 있다. 이미지는 절대 홀로 작동하지 않는다. 그것은 재현된 신체의 지위와 그 신체가 받아야 하는 주의의 유형을 규제하는 가시성의 장치에 속한다. 물음은 이런저런 장치가 촉발하는 주의 유형을 아는 데 있다. 자르의 다른 설치 작품이 이 점을 예시해줄 수 있다. 그는 단 한 장의 이미지—남아프리카 공화국 출신 사진가 케빈 카터Kevin Carter[1960~1994]가 [1993년] 수단에서 찍은 사진—가 가시화되는 시공간을 재구축하기 위해 그 설치 작품을 고안했다. 사진은 지쳐 쓰러지기 직전의 상태로 땅바닥을 기고 있는 굶주린 어린 소녀를 보여준다. 소녀 뒤에는 독수리 한 마리가 버티고서 제 먹잇감을 기다린다. 이미지와 사진가의 운명은 지배적 보도 체제의 모호함을 예시한다. 사진은 수단 사막에 가서, 그렇게 강렬하면서도 서구 관객과 이 멀리 떨어진 기아를 분리하는 무관심의 벽을 허물기에 적합한 이미지를 가져온 사람에게 [1994년] 퓰리처상을 안겨줬다. 사진은 또한 작가를 비난하는 분노 캠페인을 초래했다. 아이를 구조하지는 못할망정 가장 스펙터클한 사진을 찍을 순간을 기다리는 것은 인간의 모습을 한 독수리나 할 짓이 아니었는가? 이 캠페인을 견디다 못해 카터는 스스로 목숨을 끊었다.

그런 이미지들을 부추기면서 거절하는 체계의 이중성에 맞서, 자르는 설치 작품 〈침묵의 사운드The Sound of Silence〉[2006]에서 가시성의 다른 장치를 구축했다. 그는 어린 소녀 이미지의 용납 불가능성을 불관용의 더 긴 역사 속에 기입하기 위해 당사자의 단어들과 침묵을 집어넣었다. 카터가 그날, 끔찍한 광경의 미적 강렬함에 시선을 사로잡혀 멈춰 선 것은, 그가 전에 단순히 구경꾼이 아니라 조국의 아파르트헤이트에 반대하는 투쟁에 참여한 활동가였기 때문이다. 이 예외적 순간이 기입된 시간성을 느끼게 할 필요가 있었다. 그 시간성을 느끼기 위해서 관객은 스

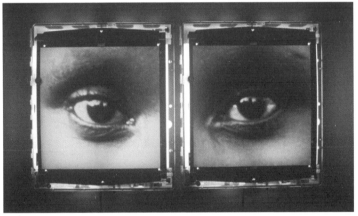

알프레도 자르, 〈구테테 에메리타의 눈〉, 1996.

스로 특정한 시공간에, 닫힌 작은 공간에 들어가야 했다. 관객은 8분간의 영사가 시작되어야만 그 닫힌 공간에 들어가고 그것이 끝나야만 거기서 나올 수 있었다. 관객이 스크린에서 보는 것은 여전히 단어들이었다. 그 단어들은 카터의 삶―남아프리카 공화국에서 아파르트헤이트와 흑인 폭동을 경험한 것이며, 이 마주침의 순간에 이르기까지 수단 깊숙이 여행한 것이며, 그를 자살로 몰아간 캠페인까지―을 이야기하기 위한 일종의 시적 발라드로 배합된다. 발라드가 끝날 무렵이 되어서야 바로 그 사진이 등장한다. 그 사진을 찍을 때 셔터 플래시가 번쩍였던 시간과 같이 눈 깜짝할 사이에 나타나는 것이다. 사진은 잊을 수 없는 어떤 것, 하지만 그것에 지체해서는 안 되는 어떤 것으로 등장한다. 그런 이미지를 찍어야 할지 말아야 할지 봐야 할지 말아야 할지가 문제가 아니라 어떤 감각적 장치 속에서 우리가 그리해야 하는지가 문제임을 확인해주면서 말이다.[8]

8   나는 여기에 언급한 작품 몇을 다음 글에서 더 자세히 분석했다. J. Rancière, "Le Théâtre des images," in le catalogue *Alfredo Jaar. La politique des images*(jrp/ringier-Musée Cantonal des Beaux-Arts de Lausanne, 2007). 〔옮긴이〕 "'참화를 심미화했다'는 비난은 너무 간편하다. 그 비난은 시선에 포착된 예외 상황의 미학적 강도 그리고 아무도 관심 갖고 보지 않는 현실의 참화를 증언하려는 윤리적이거나 정치적인 근심 사이의 복잡한 얽힘에 너무 무지하다. 케빈 카터가 아이를 노려보는 독수리를 사진에 담을 수 없었다면, 카메라를 들고 아무도 가지 않는 곳에, 그것도 기근이 한창일 때 수단 사막 한가운데에 가지 않았을 것이다. 미학의 물음은 추악하거나 끔찍한 현실을 포장하기 알맞은 정식을 선택하는 데 있지 않다. 미학의 물음은 어떤 공간의 형세와 어떤 시간의 고유한 리듬에 민감해지는 감성의 문제요, 이 공간과 이 시간에 담긴 강도를 체험하는 경험의 문제이다. 이를 느끼게 하려고 알프레도 자르는 〔〈침묵의 사운드에서〉〕 그 소녀 사진과 유비를 이루는 맥락을 구축했다." J. Rancière, "Le Théâtre des images," p. 79.

캄보디아 대학살을 다룬 영화 〈S21, 크메르 루즈 살인 기계S-21: The Khmer Rouge Killing Machine〉[2003]는 다른 전략을 실행한다.[9] 영화를 감독한 리티 판Rithy Pahn[캄보디아, 1964~]은 란즈만과 적어도 두 기본적 선택을 공유한다. 그 역시 희생자보다는 [살인] 기계를 재현하기로 하고 현재형으로 영화를 찍기로 했다. 그는 말과 이미지에 관한 모든 싸움에서 이 선택을 떼어놓는다. 그리고 그는 증인을 문서고에 대립시키지 않았다. 거기에는 틀림없이 살인 기계의 특정성이 빠져 있었다. 살인 기계는 주도면밀하게 계획된 담론 기구와 문서 보관 장치를 거쳐 작동됐다. 따라서 이 문서고를 장치의 일부로 다뤄야 했을 뿐 아니라 담론을 실행하고 신체들이 말하게 만드는 장치의 물리적 현실을 보게 만들어야 했다. 판은 같은 장소에 두 부류의 증인을 모았다. S21[Security Prison 21] 수용소의 매우 드문 생존자 몇 사람과 한때 그곳 간수였던 몇 사람. 그리고 판은 다양한 종류의 고문서들을 보여주고 그들의 반응을 봤다. 일일 보고서, 심문 조서, 죽거나 고문당한 자들의 사진, 옛 수감자 가운데 한 명이 기억에 의지해 그려서 옛 간수들에게 그것이 정확한지 검증해달라고 요구한 그림들. 이렇게 기계의 논리는 재활성화된다. 옛 간수들은 이 문서들을 훑어감에 따라, 그들이 고문과 살인 작업에 복무했을 당시 지녔던 태도이며 몸짓이며 억양을 재발견한다. 눈을 의심케 하는 시퀀스에서, 그들 가운데 한 명이 야간 순찰을 다시 연기한다. 수감자들이 '심문'받고

9　　〔옮긴이〕 국내에는 〈크메르 루즈: 피의 기억〉이라는 순화된 제목으로 소개됐다.

IV. 용납할 수 없는 이미지　**143**

나서 공동 감옥으로 돌아오고, 그들을 붙잡아 매는 쇠사슬, 수감자들이 구걸한 수프나 분뇨통, 창살을 통해 그들을 지목하는 손가락, 움직이는 모든 수감자에게 가해지는 고함·욕설·위협, 요컨대 당시 수감자의 쳇바퀴 같은 일상이었던 모든 것이 재연된다. 마치 어제의 고문자가 내일이라도 같은 역할을 다시 맡을 준비가 되었던 것처럼, 이 재구성이 거리낌 없이 완수하고 있는 것은 분명히 용납할 수 없는 광경이다. 영화의 모든 전략은 용납할 수 없는 것을 재분배하고, 그것의 다양한 재현—보고서, 사진, 그림, 행위의 재구성—을 이용하는 것이다. 그 전략은 고문자로서 자신들이 가졌던 힘을 재차 현시하는 자들을 그들의 옛 희생자에게 지도받는 초등학생의 위치로 돌려보냄으로써 위치를 움직이게 만드는 것이다. 영화는 말해지거나 쓰인 다양한 종류의 단어, (영화적, 사진적, 회화적, 연극적) 다양한 시각성의 형태, 여러 시간성의 형태를 연결함으로써 우리에게 그 기계의 재현을 제공한다. 그 재현은 기계가 어떻게 작동할 수 있었는지, 그리고 동시에 오늘날 가해자와 피해자가 그 기계를 보고 생각하고 느끼는 것이 어떻게 가능한지를 우리에게 보여준다.[10]

용납할 수 없는 것을 취급하는 것은 이처럼 가시성의 장치의 문제

---

10   [옮긴이] 〈쇼아〉와 〈S21〉의 비교에 관해서는, J. Rancière, "L'irreprésentable en question," *Et tant pis pour les gens fatigués*, pp. 522~523 참조. 두 영화는 수용소에서 자행된 제스처들을 똑같이 모방한다. 〈쇼아〉에서 모방은 간수와 희생자를 완전히 떼어놓으면서 용인할 수 없고 고칠 수도 없으며 돌이킬 수도 없음을 부각한다. 반면, 〈S21〉에서는 옛 간수가 자신이 취했던 살인적 광기의 제스처를 재현할 뿐 아니라, 가해자와 희생자가 동일한 역사/이야기를 공유하기에 서로 대화를 나누고 화해할 수 있음을 부각한다.

이다. 이미지라 불리는 것은 어떤 현실감, 어떤 공통 감각을 창조하는 장치에 들어가는 하나의 요소이다. '공통 감각sens commun'이란 먼저 감각적 소여—모두가 공유할 수 있다고 간주되는 가시성을 지닌 사물, 이 사물에 대한 지각 방식 그리고 그 사물에 부여된 마찬가지로 공유할 수 있는 의미들—의 공동체이다. 이어서 공통 감각은 말과 사물 사이 근본적 공동체의 토대 위에서 개인이나 집단을 연결하는 함께 있음의 형태이다. 보도 체계는 이런 유의 '공통 감각'이다. 그 시공간적 장치 안에서 말과 가시적 형태는 공통의 소여로, 지각하고 변용되고 의미부여 하는 공통의 방식으로 배열된다. 문제는 현실을 그것의 외양에 맞세우는 데 있지 않다. 문제는 다른 현실, 공통 감각의 다른 형식, 다시 말해 다른 시공간적 장치, 말과 사물, 형식과 의미작용의 다른 공동체를 구축하는 데 있다.

이 창조는 곧 허구의 작업이다. 이 작업은 역사를 이야기하는 것으로 구성되는 것이 아니라 단어들과 가시적 형태들, 말과 기록, 여기와 저기, 당시와 지금 사이에 새로운 관계를 수립하는 것으로 구성된다. 이런 뜻에서, 〈침묵의 사운드〉는 허구이며, 〈쇼아〉나 〈S21〉도 허구이다. 문제는 이 집단 학살들의 실재가 이미지화될 수 있느냐 없느냐, 허구화될 수 있느냐 없느냐가 아니다. 문제는 실재가 어떻게 이미지화·허구화되며, 이런저런 허구 내지 이런저런 이미지의 구축을 통해 어떤 종류의 공통 감각이 조직되느냐이다. 문제는 이미지가 어떤 종류의 인간들을 우리에게 보여주는지, 그 이미지가 어떤 종류의 인간들에게 향하는지, 이 허구에 의해 어떤 종류의 시선과 고찰이 만들어지는지에 있다.

이미지에 대한 접근에서 이렇게 자리를 옮기는 것은 이미지의 정치에 대한 생각에서 자리를 옮기는 것이기도 하다. 용납할 수 없는 이미지의 고전적 사용은 용납할 수 없는 스펙터클에서 그것이 표현하는 현실에 대한 의식으로, 그리고 이 의식에서 현실을 변화시키기 위해 행위하고자 하는 욕망으로 직선을 그리곤 했다. 재현, 지식, 행위로 이어지는 이 연결은 순전히 전제였다. 사실 용납할 수 없는 이미지는 자신의 힘을 그 이미지의 내용을 식별할 수 있게 해주는 명백한 이론적 시나리오에서, 그리고 그 시나리오를 실천에 옮기는 정치적 운동의 힘에서 끌어오곤 했다. 이 시나리오와 운동이 약해지면서 이미지의 마취력을 이해력과 행위에 대한 결심에 대립시키는 반목이 일어났다. 스펙터클에 대한 비판과 재현 불가능한 것에 관한 담론이 무대를 장악하고는 모든 이미지의 정치적 능력에 대한 전면적 의혹을 키웠다. 현재의 회의주의는 과도한 신념의 결과이다. 회의주의는 지각, 변용, 이해, 행위 사이에 직선이 그려져 있다는 믿음이 어긋나 실망한 것에서 비롯된다. 이미지의 정치적 능력에 대한 새로운 신뢰는 이 전략적 도식에 대한 비판을 전제한다. 예술의 이미지는 전투를 위한 무기를 제공하지 않는다. 예술의 이미지는 볼 수 있는 것, 말할 수 있는 것, 생각할 수 있는 것의 새로운 짜임/편성을, 그럼으로써 새로운 가능태의 풍경을 그리는 데 한몫한다. 하지만 예술의 이미지가 그렇게 하는 것은 그것의 의미나 그것의 효과를 예견하지 않음을 조건으로 해서이다.

예견에 대한 이러한 저항이 프랑스의 예술가 소피 리스텔휴버Sophie Ristelhueber[1949~]가 찍은 한 장의 사진을 통해 예시되었음을 볼 수 있다.

소피 리스텔휴버, 〈WB〉, 2005.

사진 속에는 돌무더기가 올리브 나무들로 덮인 언덕의 목가적 풍경에 어우러져 녹아 있다. 이 풍경은 오뒷세우스가 여행한 지중해가 변치 않고 남아 있음을 보여주려고 빅토르 베라르Victor Bérard[프랑스, 1864~1931] 가 100년 전에 찍은 것들과 비슷하다. 전원 풍경 속 이 작은 돌무더기는 그것이 속한 전체 속에서 의미를 획득한다. 〈WBWest Bank〉[2005] 연작의 모든 사진들처럼, 그 사진은 팔레스타인의 도로에 이스라엘이 세운 담을 표상한다. 리스텔휴버는 사실 한 국가의 정치의 구현이자 '중동 문제' 의 미디어적 아이콘인 거대한 분리 장벽을 촬영하려다 제지당했다. 대신에 그녀는 이스라엘 당국이 임시방편으로 시골길에 세운 이 작은 담으로 렌즈를 돌렸다. 그녀는 주로 담의 바위들을 풍경의 일부로 변형하는 시점으로 부감 촬영 했다. 그녀는 전쟁의 상징이 아니라 전쟁이 영토 위에 새기는 상처와 흉터를 사진에 담았다. 이렇게 그녀는 어쩌면 분노라는 진부한 정서에서 호기심, 더 가까이에서 보고 싶다는 욕망과 같이 더 신중한 정서, 그 효과가 정해지지 않은 정서로의 자리 옮김을 만들어 낸다. 나는 여기서 호기심에 대해 말한다. 나는 더 위에서는 주의에 대해 말했다. 이것들이 바로 전략적 도식의 거짓 명증성을 교란하는 정서들이다. 그 정서들은 신체와 정신의 배치이다. 거기서 눈은 자신이 보는 것을 미리 알지 못하며 생각은 자신이 그것으로 무엇을 해야 할지 미리 알지 못한다. 신체와 정신의 긴장은 감각적인 것의 다른 정치, 즉 거리의 변주, 가시적인 것의 저항, 효과의 결정 불가능성에 바탕을 둔 정치로 향한다. 이미지는 그것의 의미에 의해 예견되지 않고 그것의 효과를 예견하지 않을 때 우리의 시선과 가능태의 풍경을 변화시킨다. 이상이 이미

지 안에서 용납할 수 없는 것에 관한 이 짧막한 조사를 중지하는 결론
이다.[11]

<hr />

11 〔옮긴이〕 『해방된 관객』에서 나는 윤리 관점에서 일괄적으로 해석되던 것이 미학의 관점에서
해석될 수 있음을 보이려고 했다. 자르가 르완다를 소재로 삼아 만든 설치 작업이나 리스텔휴버가 팔
레스타인 도로에 이스라엘이 설치한 담을 찍은 사진에 관해 내가 언급한 것의 의미도 대략 그러하다.
다루는 주제 때문에 이 작품들은 란즈만의 거대한 그림자에 의해 지배되는 짜임─재앙, 카타스트로
프, 재현 불가능한 것을 다루는 예술─ 속에 쉽게 편입된다. 내가 말하려 한 것은, 예술가가 르완다 학
살을 다룬 사진을 상자 속에 넣고 닫을 때, 우리는 재현 불가능한 것 안에 있지 않다는 것이다. 실제
로 사진을 담은 상자에 그가 집어넣은 것은 인물의 이름과 역사/이야기이다. 그는 갑자기 물음의 자리
를 옮긴다. 그것이 재현 가능한지 아닌지, 그것을 보여줄 수 있는지 없는지는 더는 문제가 아니다. 작품
이 가시적인 것과 말할 수 있는 것 사이에 어떤 관계를 설정하는지, 학살의 피해자에게 그리고 그 피해
자가 예술 작품의 주제가 될 수 있는 방식에 어떤 지위가 주어지는지가 문제이다. (…) 우리는 학살 희
생자의 이미지를 억지로 매장할 필요가 없다. 간단하게 우리는 그 이미지를 다르게 전시할 수 있다. 이
는 예술적 결단이지만, '[예술의] 미학적 체제'에 내재하는 경향은 아니다." J. Rancière, *La méthode de
l'égalité*(Montrouge: Bayard Éditions, 2012), pp. 240~241 참조. 자크 랑시에르, 양창렬 옮김, 『평등
의 방법』(도서출판 난장, 근간).

V. 생각에 잠긴 이미지

'생각에 잠긴 이미지'라는 표현은 자명하지 않다. 생각에 잠겼을 때 개인들에게 그런 수식어가 붙는다. 이 형용사는 특이한 상태를 가리킨다. 생각에 잠긴 사람은 '생각들로 머리가 가득 차 있다.' 그렇다고 해서 그가 그 생각들을 생각한다는 뜻은 아니다. 생각에 잠김에서 생각하는 행위는 어떤 수동성에 의해 침식된 듯 보인다. 어떤 이미지를 두고 생각에 잠겼다고 이야기할 경우 사태는 복잡해진다. 이미지는 생각한다고 간주되지 않으니 말이다. 이미지는 그저 생각의 대상으로 간주된다. 생각에 잠긴 이미지는 생각되지 않은 생각—그 이미지를 만들어낸 자의 의도에 할당할 수 없는 생각, 그 이미지가 특정 대상과 연결되지 않아도 그 이미지를 보는 자에게 영향을 미치는 생각—을 내포하는 이미지이다. 생각에 잠김이란 능동적인 것과 수동적인 것 사이의 비규정 상태를 가리키는 것 같다. 이 비규정성은 내가 다른 곳에서 이미지에 관한 두 관념—이미지를 사물의 이중체로 보는 공통 통념과 이미지를 예술의 조작으로 간주하는 관념— 사이에 표식하려고 시도했던 간극을 다시 문제 삼는다. 거꾸로, 생각에 잠긴 이미지에 관해 말하는 것은 이 두 유형의 이미지 사이에 존재하는 비규정 지대의 존재를 표식하는 것이다. 그것은 사유와 비-사유, 능동성과 수동성 사이의 비규정 지대에 대해서 말할 뿐 아니라 예술과 비-예술 사이의 비규정 지대에 대해서도 말하는 것이다.

이 대립자들 사이의 구체적 절합을 분석하기 위해서, 나는 예술과 비예술, 능동성과 수동성이라는 양면성을 범례적으로 보여주는 실천에 의해 만들어지는 이미지들, 즉 사진에서 출발해보겠다. 예술과 관련하여 사진이 겪은 독특한 운명은 주지의 사실이다. 1850년대에, 보들레르Charles Pierre Baudelaire 같은 탐미주의자들은 사진에서 치명적 위협을 보곤 했다. 범속한 기계적 복제가 창조적 상상과 예술적 발명의 힘을 대신하겠다고 위협한다는 것이다. 1930년대에, 발터 벤야민Walter Benjamin은 판을 뒤집었다. 그는 기계적 복제 예술—사진과 영화—을 예술의 패러다임 자체를 전복하는 원리로 만들었다. 벤야민에게 기계적 이미지는 유일한 것에 대한 종교적·예술적 숭배와 단절하는 이미지였다. 그 이미지는 다른 이미지와 관계를 맺거나 텍스트와 관계를 맺음으로써만 존재했다. 벤야민이 보기에 아우구스트 잔더August Sander[1876~1964]가 독일의 사회적 부류들을 찍은 사진은 실질적인 정치 현안—계급투쟁에서 친구와 적을 식별할 필요—에 응답할 수 있었던 광범위한 사회적 관상학의 요소였다. 마찬가지로 외젠 앗제Eugène Atget[1856~1927]가 찍은 파리 거리 사진에는 어떤 아우라도 없다. 그 사진들은 '제의적' 예술 작품의 자기충족성을 잃은 것으로 보였다. 동시에 그 사진들은 해독해야 할 수수께끼 조각들처럼 제시됐다. 그 사진들은 설명 문구, 다시 말해 그 사진들이 표현하는 세계의 상태에 관한 의식을 명시하는 텍스트를 소환했다. 벤야민에게 이 사진들은 "역사적 과정/소송의 증거물"이었다.¹ 그것들은 몽타주라는 새로운 정치적 예술의 구성 요소였다.

이처럼 예술, 사진, 현실 사이의 관계를 사고하는 두 커다란 방식이 대립됐다. 그런데 이 관계는 그 두 시각 중 어느 것에도 어울리지 않는 방식으로 맺어졌다. 한편으로 우리의 미술관과 전시회는 점차 보들레르와 벤야민을 한꺼번에 논박하고는 그림의 포맷을 하고서 그림의 현전 방식을 흉내 내는 사진에 회화가 차지하던 자리를 내어준다. 리네커 딕스트라Rineke Dijkstra[네덜란드, 1959~]의 사진 연작의 경우가 그렇다. 그녀의 사진들은 정체가 불확실한 개인들—입대 직전과 직후에 촬영된 병사들, 아마추어 투우사들 또는 약간 어색한 자세를 한 청년들, 예컨대 유행이 지난 수영복을 입고서 체중을 한쪽에 실은 자세를 하고 해변에서 촬영된 폴란드 10대 소녀—을 재현한다. 즉, 표정이 풍부하지 않은, 그래서 미술관을 채운 초상화들—옛날에는 뛰어난 인물이었을 테지만 우리에겐 무명이 되어버린 인물들의 초상화들—의 그것과 비슷한 약간의 거리, 약간의 신비를 가진 임의의 존재를 재현한다. 이런 전시 방식을 통해 사진은 예술의 조작인 이미지와 재현의 생산인 이미지를 새롭게 동일시하는 매개체가 된다. 동시에 새로운 이론적 담론은 이 동일시를 부인하곤 했다. 역으로, 그 담론들은 사진과 예술 사이 새로운 대립 형태를 표시하곤 했다. 그것들은 사진에 의한 '복제'를 사물의 독특하고 대체 불가능한 유출로 간주하곤 했다. 이 때문에 사진이 예술의 지위를 거부당할

1　　Walter Benjamin, *L'Œuvre d'art à l'époque de sa reproductibilité technique*, trad. Rainer Rochlitz, in *Œuvres*(Folio/Gallimard, 2000), t. 3, p. 82. 〔옮긴이〕 발터 벤야민, 최성만 옮김, 『기술복제시대의 예술작품·사진의 작은 역사 외』(도서출판 길, 2007), 59쪽.

위험이 있더라도 말이다. 사진은 예술과 사유에 저항하는 유일한 현실로서의 이미지라는 관념을 구현하게 됐다. 그리고 이미지의 생각에 잠김은 사유와 예술의 계산을 좌절시키는 변용력과 동일시됐다.

이 시각을 모범적으로 정식화한 사람이 롤랑 바르트이다. 『밝은 방 La Chambre claire』[1980]에서 바르트는 푼크툼punctum의 생각에 잠기는 힘을 스투디움studium으로 대표되는 정보 전달의 측면에 맞세운다. 그가 이렇게 하려면 사진을 찍는 행위와 사진을 보는 행위를 단일한 과정으로 환원해야 한다. 그리하여 그는 사진을 하나의 운반으로 만든다. 사진 찍힌 사물이나 존재만이 갖는 감각적 성질을, 바라보는 주체를 향해 운반하는 것이다. 사진을 찍는 행위와 [사진을 보는] 효과를 정의하기 위해 그는 세 가지를 해야 한다. 사진가의 의도를 옆으로 제쳐두기. 기술적 장치를 화학적 과정으로 환원하기. 광학적 관계를 촉각적 관계와 동일시하기. 이렇게 사진으로부터 촉발된 정서에 관한 어떤 시각이 정의된다. 바르트는 이야기한다. 운반의 정서가 만들어지게 하려면, 보는 주체는 모든 지식을, 이미지에서 인식 대상이 되는 것에 대한 모든 참조를 거부해야 한다고. 이미지를 예술에 대립시켜 사용하는 것은 단지 제작 대상으로서 이미지의 성격을 부정하는 것만은 아니다. 극단적으로 말해서 그것은 보여진 것으로서 이미지의 성격을 부정하는 것이다. 바르트는 시선의 광기를 폭발시키는 것에 대해 말한다. 시선의 광기는 사실 시선의 박탈이요 사진 찍힌 피사체가 갖는 감각적 성질의 '촉각적' 운반 과정에 복종하는 것이다.

푼크툼과 스투디움 사이 대립은 담론에서는 분명하게 구분된다.

리네커 딕스트라, 폴란드 콜로브제크, 1992. 7. 26 촬영.

이 대립은 그 담론을 확증했어야 하는 것, 즉 바르트가 그 담론을 예시하려고 시도할 때 사용한 이미지의 물질성에서는 흐려진다. 이 예들에 바탕을 둔 논증은 정말이지 놀랍다. 뉴저지의 어느 시설에서 루이스 하인Lewis Hine[미국, 1874~1940]이 찍은 두 지적 장애아 사진 앞에서, 바르트는 모든 지식, 모든 교양을 몰아내겠다고 선언한다. 그는 이 사진이 미국 사회의 소외 계층과 착취당하는 자들을 조사하는 사진가가 했던 작업의 일환임을 무시하기로 결정한다. 그뿐만이 아니다. 자신의 구분을 유효한 것으로 만들기 위해 바르트는 이 사진의 시각적 구조를 그것의 피사체에 연결하는 것, 즉 불균형 자체의 내부에 기묘한 나눔을 조작해야만 한다. 바르트는 이렇게 쓴다. "나는 기형적인 머리와 가련한 옆얼굴(그것은 스투디움에 속한다)을 그다지 보지 않는다. 내가 보는 것은 (…), 중심에서 벗어난 세부, 소년이 입고 있는 옷의 커다란 당통식 칼라Danton collar, 소녀의 손가락에 감긴 붕대 따위이다."[2] 그가 우리에게 푼크툼으로 보라고 이야기하는 것은 그가 우리더러 보지 말라고 이야기하는 스투디움의 논리와 동일한 논리에 속한다. 그것은 불균형한 특질, 즉 난쟁이 아이의 커다란 칼라, 머리 큰 소녀의 붕대—그것은 너무 작아서 책을 읽는 독자는 복제 사진을 보고서는 혼자서 그것을 구별해내기 어려울 정도이다—이다. 바르트가 이 칼라와 붕대에 시선을 고정한 까닭은 뚜렷하게

2   Roland Barthes, *La Chambre claire*(Éditions de l'Étoile, Gallimard, Le Seuil, 1980), p. 82. 〔옮긴이〕롤랑 바르트, 조광희 옮김, 『카메라 루시다: 사진에 관한 노트』(열화당, 1986), 54쪽, 또는 김웅권 옮김, 『밝은 방: 사진에 관한 노트』(동문선, 2006), 68쪽.

루이스 하인, 〈지적 장애아, 뉴저지Idiot Children in an Institution, New Jersey〉, 1924.

그것들의 디테일한 성질 때문, 즉 떼어낼 수 있는 요소라는 성질 때문이다. 바르트가 그것들을 선택한 까닭은, 그것들이 특정 개념, 즉 부분 대상이라는 라캉적 개념에 상응하기 때문이다. 하지만 여기서는 아무 부분 대상이나 문제가 되는 것은 아니다. 옆모습만 보고 아이의 칼라가 셔츠 제조업자들이 당통식 칼라라고 부르는 바로 그것이라고 결정하기는 어렵다. 반대로 확실한 것은 당통Georges Jacques Danton이 참수형을 당한 인물의 이름이라는 사실이다. 이미지의 푼크툼은 사실 당통이라는 고유명에 의해 상기된 죽음이다. 푼크툼 이론은 이미지가 지닌 저항하는 독특성을 긍정하고자 한다. 그것은 사진 이미지의 생산과 효과를 죽음이나 사망자들이 우리를 건드리는 방식과 동일시함으로써 결국 이 종별성을 놓치고 만다.

이 단락court-circuit은 바르트가 든 다른 예에서 한층 더 감지된다. 그것은 수갑을 찬 어느 청년의 사진이다. 여기서도 스투디움과 푼크툼의 분류는 당황스럽다. 바르트는 우리에게 이야기한다. "그 사진은 아름답고, 청년도 역시 아름답다. 그것이 스투디움이다. 그러나 푼크툼은 **그가 곧 죽으리라**는 사실이다. 나는 이 사진에서 **그의 죽음은 실현될 것이고, 또 실현되었다**라는 사실을 동시에 읽는다."[3] 그런데 사진의 그 어느 것도 청년이 곧 죽으리라는 것을 이야기하지 않는다. 그의 죽음에 마음이 동하려면 이 사진이 미국 국무장관 암살 기도 혐의로 1865년에 사

---

3   같은 책, pp. 148~150. 〔옮긴이〕 롤랑 바르트, 조광희 옮김, 같은 책, 95쪽, 또는 김웅권 옮김, 같은 책, 119쪽.

형을 선고받은 루이스 페인Lewis Payne을 나타내고 있음을 알아야 한다. 그리고 알렉산더 가드너Alexander Gardner[스코틀랜드, 1821~1882]가 사진가로서는 처음으로 사형 집행 장면을 찍도록 허가받았다는 사실도 알아야 한다. 사진의 효과와 죽음의 정서를 일치시키기 위해, 바르트는 재현된 피사체에 관한 역사적 지식과 사진의 물질적 조직 사이의 단락을 조작해야 했다. 사실 세피아색은 과거의 사진, 그러니까 [바르트가 책을 쓴] 1980년에 사진작가와 피사체가 [이미] 죽었음을 보증할 수 있는 그런 사진의 색이다. 바르트는 이처럼 사진을 라틴어 이마고imago—고인의 현전, 살아 있는 자들 사이에 선조가 현전한다고 믿게 만들었던 영정—로 환원한다. 그는 이미지에 관한 매우 낡은 논쟁을 되살린다. 서기 1세기 로마에서, 대大플리니우스Gaius Plinius Secundus는 선조들의 **이미지**가 아니라 누굴 나타내는지도 모르면서 예술 때문에, 그 아름다운 외관 때문에 그곳에 있던 조각상들로 갤러리를 가득 채우는 수집가들에게 화를 냈다. 그의 입장은 내가 이미지의 윤리적 체제라고 부르는 것을 특징적으로 보여준다. 사실 이 체제에서 초상이나 조각상은 늘 누군가의 이미지이며 그것이 나타내는 사람이나 신과의 관계 속에서 그것의 정당성을 끌어낸다. 스투디움의 재현적 논리에 맞세우는 것은 한 개인의 감각적 현존의 항구성을 보장해주는 이마고의 이 오래된 기능, 영정의 기능이다. 하지만 바르트는 예술 작품은 물론 이미지 일반 또한 선조의 영혼으로서가 아니라 그 자체로 즐김의 대상이 되는 세상과 시대에서 글을 쓰고 있다. 그러므로 그는 선조의 영정을 죽음의 푼크툼으로 변환해야 한다. 다시 말해 카메라 렌즈 앞에 있었지만 지금은 없으며, 자신이 이미지에 정착된다는 것은 곧 죽음이 생을 장악했음을 뜻하는 신체가 직접 자아내는 정서로 변환해야 한다.

바르트는 이미지의 과거와 죽음의 이미지를 단락시킨다. 그런데 이 단락은 그가 우리에게 소개하는 사진의 성격을 보여주는 특질, 비규정성의 특질을 제거한다. 페인의 사진에서 보이는 독특성은 세 형태의 비규정성에서 유래한다. 첫 번째 비규정성은 그것의 시각적 장치와 관련된다. 청년은 대단히 회화적인 구도에 따라, 밝은 지대와 어두운 지대의 경계에 몸을 살짝 기울인 상태로 앉아 있다. 우리는 사진을 찍은 장소를 사진가가 선정했는지, 만일 그랬다면 그가 가시성에 대한 고심 때문에 또는 미적 반사[4] 때문에 그곳을 선정했는지는 알 수가 없다. 그가 말뚝과 벽에 그려진 흔적을 그냥 기록한 것인지 아니면 그가 그것들을 의도적으로 돋보이게 한 것인지도 알 수 없다. 두 번째 비규정성은 시간의 작업과 관련된다. 사진의 질감은 지나간 시간의 표식을 담고 있다. 반대로 청년의 신체, 그의 옷차림, 그의 자세, 그의 강렬한 시선은 시간적 거리를 부정하며, 현대의 것이라고 해도 손색이 없다. 세 번째 비규정성은 인물의 태도와 관련된다. 우리는 그가 곧 죽을 것이며, 왜 죽는지 알고 있다. 이 시선에서 그가 살인 기도를 한 이유나 임박한 죽음을 목전에 둔 그의 감정을 읽어내기란 불가능하다. 사진의 생각에 잠김은 여러 비규정성 사이의 이 매듭으로 정의될 수 있을 것이다. 그것은 피사체, 사진가,

---

4   [옮긴이] 반사적으로 아름다움을 겨냥하는 행동.

알렉산더 가드너, 〈루이스 페인의 초상Portrait of Lewis Payne〉, 1865.

우리 사이의 순환 효과로서, 의도적인 것과 비의도적인 것의, 알려진 것과 알려지지 않은 것의, 표현된 것과 표현되지 않은 것의, 현재와 과거의 순환 효과로서 특징지어질 수 있다. 바르트가 우리에게 이야기한 것과 반대로, 이 생각에 잠김은 여기서 두 이미지를, 즉 사형수라는 사회적으로 한정된 이미지 그리고 우리가 볼 수 없는 어느 지점에 시선을 고정하고서 약간 무기력한 호기심을 드러내는 어느 청년의 이미지를 일치시킬 수 없음에 기인한다.

사진의 생각에 잠김은 여러 재현 방식 사이의 긴장일 것이다. 페인의 사진은 단 하나의 이미지 안에서 세 가지 이미지 내지 오히려 세 가지 이미지-기능을 우리에게 제시한다. [첫째,] 정체성을 특징짓는 기능이 있다. [둘째,] '신체를 공간 안에 의도를 담아 조형적으로 배치하는 기능이 있다. [셋째,] 기계적 기록이 우리에게 보여주는 측면, 하지만 그것이 의도된 것인지 우리가 알 수 없는 측면이 있다. 페인의 사진은 예술에 속하지는 않지만, 의도적으로 예술 작품이거나 사회적 특징짓기와 미적 비규정성을 동시에 나타내는 다른 사진을 이해할 수 있게 해준다. 딕스트라의 10대 소녀로 돌아가자. 그러면 우리는 왜 그 소녀가 동시대 예술에서 사진의 자리를 대표하는지 이해하게 된다. 한편으로 그녀는 같은 부류의 존재들—몸이 약간 흐트러진 청소년들, 나이, 사회적 지위, 생활 방식에서 과도기의 정체성을 보여주는 개인들—을 재현하는 연작에 속한다. 이 이미지들 중 여럿이 구舊공산권 국가에서 촬영된 것이다. 다른 한편, 그 이미지들은 우리에게 있는 그대로의 현전을 부과한다. 그 이미지들은 그들을 예술가 앞에 세우기로 결정한 것이 무엇인지 알 수 없는 존재들을, 그들이 렌즈 앞에서 보이거나 표현하고 싶어한 것이 무엇인지 알 수 없는 존재들을 부과한다. 따라서 우리는 누구인지 알지 못하고 화가가 포착한 시선에 어떤 생각이 깃들었는지 알지 못하는 피렌체나 베네치아의 귀족들을 우리에게 보여주는 과거의 회화 앞에 있는 것과 같은 위치에서 그 이미지들 앞에 있는 것이다. 바르트는 스투디움의 규칙에 따른 유사성에, 내가 원-유사성, 즉 신체의 직접적 현전과 정서라고 불렀던 것을 대립시키곤 했다. 폴란드 10대 소녀의 이미지에서 우리가 볼 수 있는 것은 전자도 후자도 아니다. 그 이미지에서 볼 수 있는 것은 내가 탈고유화된 유사성이라고 부르려는 것이다. 이 유사성은 우리가 이미지와 비교할 수 있는 어떤 실재하는 존재도 참조하게 하지 않는다. 그 유사성은 바르트가 우리에게 말하는 유일무이한 존재의 현전도 아니다. 그것은 임의의 존재의 현전이다. 그 존재의 정체는 중요치 않다. 임의의 존재는 자신의 얼굴을 내놓으면서 자신의 생각을 감춘다.

이러한 유형의 미적 효과는 초상화에 고유한 것이라고 말하고 싶어질 수도 있다. 벤야민에 따르면, 초상화는 '제의가치祭儀價值, Kultwert'의 마지막 피난처이다. 반대로 벤야민은 이렇게 말한다. 인간이 부재할 때, 사진의 전시가치展示價值, Ausstellungwert가 결정적으로 우세하다. 벤야민의 분석을 구조 짓는 제의적인 것과 전시적인 것의 구별은 어쩌면 바르트의 스투디움과 푼크툼의 구별만큼이나 문제적일 수 있다. 예를 들어 벤야민이 글을 쓰던 당시에 찍힌 사진 한 장을 보자. 사진은 벤야민처럼 앗제와 잔더를 좋아하는 참조 대상으로 삼았던 사진가 워커 에번스Walker Evans[미국, 1903~1975]의 것이다. 그것은 앨라배마에 있는 부엌의 나무벽 일부를 찍은 사진이다. 알다시피 이 사진은 에번스가 한때 참여했던 사회 기획—1930년대 말, 농업 안정국Farm Security Foundation이 후원하여 이루어진 대대적인 빈농 실태 조사—이라는 일반적 맥락 속에 기입되며, 더 정확히 말하면 [미국 시인·소설가] 제임스 에이지James Agee [1909~1955]와 협업해 만든 책 『이제 유명인들을 칭송하자Let Us Now Praise Famous Men』 (1941)의 틀 속에 기입된다. 이 사진은 이제 미술관에서 한 예술가의 자율적 작품으로 볼 수 있는 사진들의 문집에 속한다. 우리는 그 사진을 보면서 예술과 사회적 르포르타주의 긴장이 단순히 사회에 관한 증언을 예술 작품으로 변형하는 시간의 작업에 달려 있는 것은 아님을 지각한다. 긴장은 이미 이미지의 핵심에 있다. 한편으로 이 널빤지 벽면에는 못질된 가로대 판자가 붙어 있고, 가로대에는 양철로 만든 식기와 주방 도구가 매달려 있다. 이것들은 앨라배마 농부들의 비참한 생활환경을 나타낸다. 사진가는 이 비참을 보여주기 위해서 정말 네 개의 널빤지와 한 다스의 식기 도구를 클로즈업해서 찍을 필요가 있었을까? 비참을 표시하는 요소들은 동시에 어떤 예술적 장식을 구성한다. 직선의 널빤지들은 같은 시대에 찰스 실러Charles Sheeler [미국, 1883~1965]나 에드워드 웨스턴Edward Weston [미국, 1886~1958]이 특별한 사회적 목표 없이 찍은 사진들이 제시하는 준-추상적 장식들을 상기시킨다. 식사 도구를 정리하는 구실을 하는, 못질해서 만든 단순한 판자는 나름의 방식으로 모더니즘 건축가·디자이너의 이데올로기를 연상시킨다. 모더니즘 건축가·디자이너는 단순하고 가공하지 않은 재료와 합리적인 수납법을 좋아하며, 이는 끔찍한 부르주아식 찬장을 비울 수 있게 해준다. 그리고 가로대로

워커 에번스. 〈버드 필즈 가족 농가의 부엌 벽. 앨라배마 헤일카운티Kitchen Wall in Bud Fields' House. Hale County, Alabama〉, 1936.

물건들이 배치된 방식은 비대칭적인 것의 미학을 따르는 것 같다. 이 모든 '미학적' 요소들이 빈곤한 삶의 우연들의 효과인지 아닌지, 그것들이 그 장소 거주자들의 취향의 결과인지 아닌지 아는 것은 불가능하다.[5] 마찬가지로 이 미학적 요소들이 그냥 무심결에 기록된 것인지, 아니면 사진가가 그것들을 일부러 배치하고 부각했는지, 그가 이 장식을 생활 방식의 지표로 봤는지 아니면 선과 오브제의 독특하고 준-추상적 아상블라주로 봤는지 아는 것은 불가능하다.

에번스가 이 사진을 찍을 때 정확히 무엇을 염두에 두었는지 우리는 모른다. 하지만 사진의 생각에 잠김은 우리의 무지로 환원되지 않는다. 실제로 우리는 에번스가 뚜렷한 사진관, 예술관을 갖고 있었다는 것도 알고 있다. 그는 의미심장하게도 그 예술관을 시각 예술가가 아니라 자신이 흠모하던 소설가 귀스타브 플로베르Gustave Flaubert에게서 끌어왔다. 이 예술관에 따르면, 신이 자연에서 보이지 않듯 예술가는 그의 작품에서 보여서는 안 된다. 앨라배마의 가난한 부엌 집기들의 독특한 미적 배치를 향한 시선은 사실 플로베르가 샤를 보바리의 것으로 제공한 시선을 우리에게 상기시킨다. 샤를 보바리는 루오 영감 농장의 벗겨진 벽

---

5   에이지는 빈민들의 거주지에 미적 고민이 현전하는지 또는 부재하는지에 관한 탁월한 분석들을 내놓았다. 그는 여기서 우리에게 사진에 관한 솔직한 증언을 들려준다. "부엌의 다른 편에는 그들이 식사를 하는 장식 없는 작은 식탁이 있다. 그리고 벽에는 당신이 이 책에 수록된 사진들 중 하나에서 볼 수 있는 것이 있다." James Agee, *Louons maintenant les grands hommes*(trad. Jean Queval, Terre Humaine, Poche, 2003), p. 194. [옮긴이] 이 사진 기획에 관한 본격적인 분석으로는 다음의 글을 참조할 것. J. Rancière, "L'éclat cruel de ce qui est(Hale County, 1936-New York, 1941)," *Aisthesis: Scènes du régime esthétique de l'art*, pp. 287~307.

에서, 엠마가 중학생 때 자기 아빠를 위해 그런 미네르바의 얼굴을 발견한다. 특히, 앨라배마 부엌의 사진 이미지에서든 노르망디 부엌의 문학적 묘사에서든 찍히거나 묘사되는 대상의 미적 성질과 예술의 비인격화 작업 사이에 동일한 관계가 있다. '미적 성질'이라는 표현에 속아서는 안 된다. 중요한 것은 문체나 프레이밍framing[6] 작업을 통해 범속한 대상을 숭고화하는 데 있지 않다. 플로베르와 에번스 두 사람이 한 것은 범속한 것에 예술을 첨가하는 것이 아니다. 거꾸로 그것은 삭제하는 것이다. 그들에게 범속한 것은 어떤 무차별을 획득한다. 문장이나 프레이밍의 중립성은 사회적 신분을 확인하는 특성들을 동요시킨다. 이 동요시키기는 스스로를 눈에 띄지 않게 하는 예술 작업의 결과이다. 이미지의 작업은 사회적 범속성을 예술의 비인격성 속에서 취한다. 이미지의 작업은 사회적 범속성을 특정 상황 내지 성격의 단순한 표현으로 만드는 것을 사회적 범속성에서 걷어낸다.

범속한 것과 비인격적인 것의 관계 속에서 작동하는 '생각에 잠김'을 이해하기 위해서는 딕스트라의 10대 소녀에서 에번스의 부엌으로, 그리고 에번스의 부엌에서 플로베르의 부엌으로 우리를 인도했던 길에서 한 걸음 뒤로 더 물러날 필요가 있다. 이 뒷걸음은 바르톨로메 에스테반 무리요Bartolomé Esteban Murillo[스페인, 1618~1682]가 그리고 뮌헨 왕립 갤러리에 보관됐던 세비야의 거지 소녀들에 대한 그림들로 우리를 인도한

6   〔옮긴이〕 사진을 찍을 때에, 피사체를 파인더의 테두리 안에 적절히 배치하여 화면을 구성하는 일.

다.[7] 내가 그 그림들에 주목하는 까닭은 헤겔이 『미학 강의Vorlesungen über die Ästhetik』에서 그것들에 대해 독특한 논평을 했기 때문이다. 헤겔은 플랑드르와 네덜란드 풍속화에 대해 상술하는 가운데 부수적으로 그 그림들에 대해 언급한다. 거기서 헤겔은 회화 장르의 가치를 그 주제의 품격에 따라 매기는 고전적 평가를 뒤집으려고 노력한다. 헤겔은 모든 주제가 똑같이 회화에 적합하다고 말하는데 그치지 않는다. 그는 무리요가 그린 그림들의 미덕과 그 거지 소년들에 고유한 활동, 정확히 말해 아무것도 하지 않고 아무 걱정도 없는 활동 사이에 밀접한 관계를 수립한다. 헤겔은 우리에게 이야기한다. 그 소년들에게는 외부에 대한 철저한 무사태평과 외부에서의 내적 자유가 있다. 외부에서의 내적 자유는 예술적 이상 개념이 표방하던 바로 그것이다. 거지 소년들은 올림포스 신들의 지복과 거의 흡사한 지복을 증언한다.[8]

7   [옮긴이] 이 그림에 관한 비교적 최근 분석으로는 다음의 글을 참조할 것. J. Rancière, "Les petits dieux de la rue(Munich-Berlin, 1828)," *Aisthesis: Scènes du régime esthétique de l'art*, pp. 41~59.

8   Georg Wilhelm Friedrich Hegel, *Cours d'esthétique*(trad. Jean-Pierre Lefebvre et Veronica von Schenck, Aubier, 1995), t. 1, p. 228. [옮긴이] "무리요가 그린 거지 소년들의 그림(뮌헨의 중앙 미술관에 소장)도 비슷한 의미에서 뛰어나다. 그 그림의 대상도 외적으로는 비속한 자연에서 취한 것이다. 즉 어머니가 남자아이를 손으로 때리고 있는데도 그 아이는 묵묵히 빵만 씹고 있다. 또 다른 비슷한 그림에서는 누더기 옷을 입은 가난한 두 사내아이가 수박과 포도를 먹고 있다. 그러나 이렇게 가난하고 반쯤 벌거벗은 상태에서도 내적으로나 외적으로, 어느 탁발승도 따라갈 수 없을 만큼 아주 태평하고 근심 없는 표정이 그들의 건강함과 삶에 대한 충만한 기쁨 속에서 비쳐나오고 있다. 이처럼 외부의 것에 대해 아무런 근심이 없고 내면의 자유를 얻을 수 있는 것이야말로 바로 이상적인 개념이 표현해야 하는 것이다." 게오르그 빌헬름 프리드리히 헤겔, 두행숙 옮김, 『헤겔의 미학강의 1』(은행나무, 2010), 298~299쪽. 특히 위 구절에서 인용된 두 번째 그림은 〈포도와 멜론을 먹는 소년들〉이다. 헤겔은 1815년 뮌헨에 갔을 때 이 그림을 봤다. 그리고 1827년에 파리의 루브르 박물관에서 라파엘의 〈소

이렇게 논평하기 위해서 헤겔은 이미 신들의 본질적인 덕이 아무것도 하지 않고 아무것도 신경 쓰지 않으며 아무것도 의욕하지 않는 것임을 명백한 사실로 받아들여야 한다. 그리고 그는 최고의 미는 이 무관심을 표현하는 미임을 명백한 사실로 받아들여야 한다. 이 믿음들은 자명하지는 않다. 오히려 그것들은 표현성의 경제에서, 그리고 예술과 신적인 것에 관한 사유에서 이미 실행된 단절에 입각해서만 자명하다. 헤겔이 거지 소년들에게 귀속시킨 '올림포스의' 미는 그보다 60년 전에 빙켈만이 찬양했던 벨베데레의 아폴론의 미, 즉 걱정 없는 신성의 미이다. 생각에 잠긴 이미지는 활동 중지의 이미지이다. 더구나 빙켈만은 이에 대해 〈벨베데레의 토르소〉를 분석할 때 예증한 바 있다. 빙켈만에게 이 토르소는 휴식을 취하는 헤라클레스, 자신의 지난 위업들을 차분하게 생각하고 있는 헤라클레스의 것이다. 헤라클레스의 생각 자체는 등과 배의 굴곡에 모조리 표현되었다. 등과 배의 근육은 솟아올랐다가 다시 떨어지는 파도처럼 출렁인다. 활동은 생각이 됐다. 하지만 생각 자체는 바다에 이는 파도의 근본적 무관심과 비슷하게 부동의 운동으로 변했다.

〈토르소〉나 거지 소년들의 평정에서 나타나는 것, 앨라배마의 부엌이나 폴란드 10대 소녀의 사진에 회화의 효력을 부여하는 것, 그것은 생각, 예술, 행위, 이미지 사이 관계들의 지위 변화이다. 바로 이 변화가 표

년의 초상화〉를 보고는 무리요가 그린 거지 소년들을 다시 떠올렸다. 헤겔의 회화 관람 여정에 관해서는 Stephen Houlgate, "Presidential Address: Hegel and the Art of Painting," in William Maker(ed), *Hegel and Aesthetics*(Albany: State University of New York Press, 2000), pp. 77~79, n. 9 참조.

현의 재현적 체제에서 미학적 체제로 가는 이행을 표식한다. 재현적 논리는 이미지에 표현적 보완의 지위를 부여하곤 했다. 작품의 생각은 그것이 언어로 표현된 것이든 시각적인 것이든 '이야기', 즉 행위 구성의 형태로 실현되곤 했다. 이미지는 이 행위의 역량을 강화하기 위한 것이었다. 이 강화에는 두 중요한 형식이 있다. 한편으로, 그 인물을 추동하고 그의 행위를 규정하는 생각과 감정을 얼굴 표정과 몸의 자세 속에 번역하는, 직접적 표현 특질의 형식. 다른 한편, 한 표현을 다른 표현 대신 집어넣는 시적 형상의 형식. 이 전통 속에서 이미지는 두 가지이다. 생각이나 감정을 직접 재현한 것, 그리고 한 표현을 다른 표현으로 대체함으로써 표현력을 높이는 시적 형상. 형상이 이 역할을 맡을 수 있었던 까닭은 '고유한propre'이라는 용어와 '형상화된figuré'이라는 용어 사이에 적합성convenance의 관계가, 예를 들어 독수리와 왕권 또는 사자와 용기 사이에 적합성의 관계가 존재했기 때문이다. 직접 제시와 형상에 의한 치환은 유사성의 동일한 체제하에 통합됐다. 상이한 유사성 사이의 이 동질성이 엄밀히 말해서 고전적 미메시스를 정의한다.

이 동질적 체제와 관련하여 내가 탈고유화된 유사성이라고 부르는 것이 의미를 획득한다. 근대의 미학적 단절은 종종 재현 체제에서 현전이나 현전화의 체제로 가는 이행으로 묘사된다. 이 시각은 예술적 모더니티에 관한 두 중요 시각을 낳았다. 먼저 예술의 자율성이라는 행복한 모델이 있다. 거기서 예술적 관념은 이미지의 매개를 단락하면서 물질적 형식으로 번역된다. 그리고 '숭고'라는 비극적 모델이 있다. 거기서는 거꾸로 감각적 현전이 관념과 감각적 물질성 사이에 그 어떤 통약 가능한 관계도 부재함을 표시한다. 그런데 우리의 예들은 미학적 단절을 사고하는 세 번째 방식을 인식할 수 있게 해준다. 미학적 단절은 직접적 현전 속으로 이미지가 제거되는 것이 아니다. 그것은 행위의 통일화 논리로부터의 해방이다. 그것은 지성적인 것이 감각적인 것과 맺는 관계와 단절하는 것이 아니라 형상의 새로운 지위인 것이다. 고전적 말뜻에서 형상에는 두 의미가 결합되어 있었다. 형상은 감각적 현전이었다. 그리고 형상은 한 표현을 다른 표현의 자리에 놓는 치환 조작이었다. 그러나 미학적 체제에서 형상은 단지 다른 표현의 자리에 들어간 어떤 표현이 더는 아니다. 두 표현 체제가 뚜렷이 정해진 관계 없이 서로 얽힌 것이다. 빙켈만의 서술이 상징화하는 것이 바로 그것이다. 생각은 돌이 파도치는 것 같은 근육 안에 있다. 생각과 파도의 운동 사이에는 어떤 표현 관계도 없다. 생각은 정해진 어떤 유비에 의해서도 유사하지 않은 어떤 것으로 넘어간다. 그리고 근육의 정향된 활동은 그것의 반대—운동의 무한정한, 수동적인 반복—로 넘어간다.

이로부터 이미지의 생각에 잠김을 긍정적으로 사유할 수 있다. 그것은 유일한 출현의 아우라나 푼크툼이 아니다. 그것은 단순히 작가의 생각에 대한 우리의 무지나 우리의 해석에 대한 이미지의 저항도 아니다. 이미지의 생각에 잠김은 두 표현 체제를 동질화하지 않으면서 결합시키는 형상이 갖는 이 새로운 지위의 산물이다. 그것을 이해하기 위해서, 생각에 잠김이라는 기능을 처음으로 명시했던 문학으로 돌아가보자. 『S/Z』에서 바르트는 발자크Honoré de Balzac의 『사라진느Sarrasine』의 마지막 문장—"후작 부인은 생각에 잠겨 있었다"—을 논평했다.[9] '생각에

'잠긴'이라는 형용사는 당연히 바르트의 주의를 끌었다. 그 형용사는 인물의 정신 상태를 가리키는 듯하다. 발자크가 그것을 집어넣은 자리에서 그 형용사는 사실 전혀 다른 것을 한다. 그 형용사는 텍스트의 지위를 치환시킨다. 우리는 사실 한 이야기의 끝에 있다. 이야기의 비밀은 탄로 났고, 탄로는 후작 부인에 관한 화자의 희망을 끝냈다. 그런데 이야기가 끝나는 바로 그때, '생각에 잠김'이 끝을 거부하러 온다. 생각에 잠김은 비규정적 표현 논리를 위해 내러티브 논리를 중단시키러 온다. 바르트는 이 '생각에 잠김'에서 '고전 텍스트'의 표식을 보곤 했다. 즉 따로 떼 놓은 의미가 늘 있으며, 충만의 잉여가 늘 있다는 것을 이 텍스트가 의미화하는 방식을 그는 보았던 것이다. 내 생각에 우리는 전혀 다른 분석을 할 수 있으며, 바르트와 반대로 이 '생각에 잠김'에서 근대 텍스트의 표식, 그러니까 표현의 미학적 체제의 표식을 볼 수 있다. 사실 생각에 잠김은 행위의 논리를 저지하러 온다. 한편으로, 생각에 잠김은 중단되려 하던 행위를 연장한다. 다른 한편, 생각에 잠김은 모든 결론을 중지시킨다. 중단된 것은 바로 서사와 표현의 관계이다. 이야기는 그림 위에서 정체된다. 이 그림은 이미지의 기능의 전도를 표식한다. 시각성의 논리는 더는 행위를 보충하지 않는다. 그것은 행위를 중지시킨다. 또는 오히려 행위를 배가한다.

바로 이 점을 플로베르라는 또 다른 소설가가 우리에게 이해시켜

---

9   〔옮긴이〕 롤랑 바르트, 김웅권 옮김, 『S/Z』(연암서가, 2015), 71쪽.

줄 수 있다. 『마담 보바리Madame Bovary』에 구두점을 찍는 연애의 순간 각각은 사실 하나의 그림, 시각적인 작은 장면으로 표식된다. 엠마의 작은 양산에 떨어져 녹아내리는 눈의 물방울, 수련 잎 위의 곤충 한 마리, 해 속의 물방울, 마차가 일으키는 먼지구름. 이것들은 그림들이다. 연애 사건을 촉발시키는 수동적인 일시적 인상들이다. 이는 마치 회화가 텍스트의 서사 연쇄 자리를 차지하는 듯하다. 이 그림들은 연애 장면의 단순한 장식이 아니다. 그것들은 연애 감정을 상징하지도 않는다. 잎 위의 곤충과 사랑의 시작 사이에는 어떤 유비도 없다. 그것은 서사를 돕는 표현성의 보충도 아니다. 그것은 오히려 묘사와 서사, 회화와 문학 사이의 역할 교환이다. 비인격화 과정은 여기서 회화적 수동성이 문학적 능동성에 침입한 것으로 정식화될 수 있다. 들뢰즈Gilles Deleuze의 용어를 사용하자면, 이질 발생異質發生, hétérogenèse이라고 말할 수 있겠다. 문장에 의해 일어난 시각적 요소는 더는 표현성의 보충이 아니다. 그것은 발자크가 묘사한 후작 부인의 생각에 잠김처럼 단순한 중지도 아니다. 그것은 상이한 서사 연쇄를 구축하는 요소이다. 즉, 원인과 효과, 투사된 목적, 그 목적의 실현 그리고 귀결이라는 고전적 연쇄를 배가시키는 감각적 미시-사건의 연쇄인 것이다. 소설은 사건의 두 사슬—시작부터 끝을 향해 정향되며, 매듭과 그 매듭의 풀림이 들어 있는 이야기 사슬 그리고 이 정향된 논리에 따르지 않고 시작도 끝도 없이, 원인과 효과의 관계도 없이 우발적 방식으로 분산되는 미시-사건들의 사슬— 사이의 관계없는 관계로서 구축된다. 알다시피 플로베르는 자연주의의 태두인 동시에 예술을 위한 예술의 기수로 여겨졌다. 자연주의와 예술을 위한 예술은 하나

의 동일한 것, 곧 하나의 예술 안에 다른 예술이 현전하는 두 논리의 교
착을 가리키는 일방적 방식에 지나지 않는다.

에번스의 사진으로 돌아가면, 우리는 사진가가 소설가를 참조하
고 있음을 이해할 수 있다.[10] 이 사진은 사회적 사실을 가공 없이 기록하
는 것도 아니고, 자신이 그들의 비참을 보여주어야 하는 빈농들을 희생
시켜 예술을 위한 예술을 하는 탐미주의자의 구성도 아니다. 그 사진은
두 예술, '보게 만드는' 두 방식의 혼성을 표식한다. 문학적 초과, 단어들
이 가리키는 것보다 단어들이 투사하는 것의 초과가 에번스의 사진을
사로잡는다. 마치 회화적 침묵이 플로베르의 문학적 서사를 사로잡은 것
처럼 말이다. 문학이 만들어낸, 범속한 것을 비인격적인 것으로 변환하
는 역량은 사진의 명백한 명증성, 명백한 직접성을 안에서부터 파고든
다. 이미지의 생각에 잠김은 한 표현 체제가 다른 표현 체제에 잠재적으
로 현전하는 것이다. 영화, 사진, 시 사이에서 이루어진 키아로스타미의
작업은 이 생각에 잠김을 보여주는 동시대의 좋은 예가 될 수 있다. 알
다시피 그의 영화에서 도로는 중요성을 갖는다. 또한 알다시피 그는 도

---

10 〔옮긴이〕 랑시에르에 따르면, 사진은 '하찮은 것(le quelconque)'—이 단어는 평범한 것, 임의의
것, 익명적인 것과 교환 가능하다—을 인수함으로써 예술의 지위를 확보했다. "하찮은 것에 주어진 영
예는 역사가의 과학에 속하기 이전에 작가의 과학에 속한다는 것을 덧붙이자. '새로운 역사(nouvelle
histoire)'에서 택하는 주제와 집중 양식들을 규정한 것은 영화와 사진이 아니다. 새로운 역사학과 기계
복제 예술들은 오히려 미학 혁명의 동일한 논리에 기입된다. 중요한 사건들과 중요한 인물들에서 익명
인들의 삶으로 옮겨가는 것, 평범한 삶의 미세한 디테일들 속에서 시대·사회·문명의 징후들을 발견하
는 것, 지하의 단층들로 표면을 설명하는 것 그리고 세계의 자취들로부터 세계들을 재구성하는 것, 이
프로그램은 [역사]과학적이기 이전에 문학적이다." 자크 랑시에르, 오윤성 옮김, 『감성의 분할: 미학과
정치』, 44~45쪽.

로를 다루는 사진 연작을 여러 차례 만들었다. 이 이미지들은 그것들이 재현의 두 방식을 결합시키는 방식 때문에 생각에 잠긴 이미지의 범례가 된다. 도로는 한 지점에서 다른 지점으로 향하는 궤도이다. 거꾸로 도로는 영토 위에 그려진 추상적인 직선 내지 나선의 순수 흔적이다. 그의 영화 〈키아로스타미의 길Roads of Kiarostami〉[2006]은 이 두 종류의 도로 사이에 훌륭한 통로를 조직한다. 카메라는 우선 거기서 예술가 키아로스타미의 사진들을 훑는 듯하다. 예술가는 사진들을 흑백으로 촬영하기 때문에, 카메라는 그 사진들의 그래픽적이고 추상적인 성격을 강조한다. 카메라는 사진에 담긴 풍경을 데생이나, 나아가 캘리그래피로 변환한다. 어느 순간 카메라의 역할이 뒤바뀐다. 카메라는 데생 종이와 비슷한 표면들을 찢고 이 그래픽 아트를 그것이 추상됐던 풍경으로 되돌리는 절단 도구가 되는 것 같다. 예컨대 영화, 사진, 데생, 캘리그래피, 시가 각각의 힘을 섞고 각각의 독특성들을 교환하게 된다. 이는 이제 자신의 상상적 회화-되기를 구축하는 문학 또는 범속한 것의 문학적 변신을 원용하는 사진이 아니다. 그것들은 서로 교착하며 교환·융합·간극의 독특한 조합을 창조하는 표현의 체제다. 이 조합은 이미지의 생각에 잠김의 형태들을 만들어낸다. 이 형태들은 스투디움과 푼크툼 사이의 대립, 예술의 조작성과 이미지의 직접성 사이의 대립을 논박한다. 이미지의 생각에 잠김은 사진과 회화의 침묵이 갖는 특권이 아니다. 이 침묵은 그 자체로 어떤 유형의 형상성이요, 상이한 매체들이 지닌 힘 사이의 교환 게임이기도 한 표현 체제들 사이의 어떤 긴장이다.

이 긴장은 이미지의 작위적 성격 탓에 문장, 그림, 사진의 생각에 잠김이 선험적으로 금지되는 생산 방식을 성격 지을 수 있다. 나는 여기서 비디오 이미지를 생각하고 있다. 비디오 아트가 발전하던 시대인 1980년대에, 몇몇 예술가들은 신기술을 가시적인 것의 스펙터클에 수동적으로 복종하는 것에서 완전히 벗어난 예술의 수단으로 여겼다. 사실 비디오 아트에서 시각적 질료는 감각적 필름 위에 스펙터클이 감광되어 만들어진 것이 아니라 전자 신호의 작용에 의해 만들어졌다. 비디오 아트는 무한히 유연한 질료를 마음대로 쓸 수 있는 예술가의 생각의 계산에 의해 직접 발생된 가시적 형태의 예술임에 틀림없었다. 그래서 비디오 이미지는 사실상 더는 이미지가 아니었다. 비디오 예술의 주창자 가운데 한 사람이 이야기했듯이, "엄격히 말하면, 시간 속에서 비디오 이미지가 존재한다고 말할 수 있는 순간은 하나도 존재하지 않는다."[11] 요컨대, 비디오 이미지는 이미지의 고유함 자체를 이루던 것을 파괴하는 것 같았다. 목적과 수단의 기술적 계산에 저항하고, 가시적인 것의 스펙터클이 갖는 의미를 적절히 읽어내는 데 저항하는 이미지의 수동적 부분을 파괴하는 것 같았다. 비디오 이미지는 이미지에 고유한 중지의 힘을 파괴하는 것 같았다. 어떤 이들은 거기서 자신의 재료와 수단을 완전히 좌지우지하는 예술의 수단을 보았다. 반대로 다른 이들은 거기서 영화적 생각에 잠김의 상실을 보았다. 파스칼 보니체는 『비가시 영

---

11   Hollis Frampton, *L'Écliptique du savoir* (Centre Georges Pompidou, 1999), p. 92. 〔옮긴이〕 "The Withering Away of the State of Art"(1974), in *Circles of Confusion: Film, Photography, Video, Texts 1968~1980* (Rochester, N.Y.: Visual Studies Workshop Press, 1983), p. 168.

역』에서 항구적 변신 중에 있는 이 유연한 표면을 고발했다.[12] 거기서 사라지는 것은 이미지를 조직하는 절단들이다. 영화적 프레임, 쇼트의 단일성, 안과 바깥, 이전과 이후, 화면 영역과 화면 밖 영역, 근경과 원경의 절단들이 사라지는 것이다. 이 절단과 연결된 정서를 조작하는 모든 체계도 함께 사라졌다. 영화는 문학과 마찬가지로 연쇄의 시간성과 절단의 시간성 사이 긴장을 먹고 산다. 비디오는 다루기 쉬운 질료의 무한히 순환하는 변신을 위해 이 긴장을 사라지게 만들었다.

그런데 사진에 대해 참인 것은 비디오 아트에 대해서도 참이다. 사진의 진화는 반-예술인가 아니면 근본적으로 새로운 예술인가라는 딜레마를 부인했다. 비디오 이미지 역시 자신을 이질 발생의 장소, 즉 서로 다른 표현 체제 사이 긴장의 장소로 만들 줄 알았다. 이 시대의 특징적 작품이 우리에게 이해시킬 수 있는 것이 바로 그것이다. 우디 바술카Woody Vasulka[체코, 1937~]가 1987년에 연출한 〈기억의 기술The Art of Memory〉은 자신을 이미지 점토를 다루는 조각가로 여기는 예술가의 작품이다. 그렇지만 이 이미지의 조각은 생각에 잠김이라는 미증유의 형태를 만들어낸다. 재료와 비디오 영상 처리의 동질성은 사실 여러 방식으로 분화되기에 알맞다. 한편으로, 우리는 두 유형의 이미지 사이 혼합을 갖는다. 아날로그적[유비적]이라고 할 수 있는 이미지들이 있다. 아날

---

12   〔옮긴이〕 Pascal Bonitzer, *Le champ aveugle: essais sur le cinéma* (Paris: Gallimard, 1982). 파스칼 보니체, 김건·홍영주 옮김, 『비가시 영역: 영화적 리얼리즘에 관하여』(정주, 2001), 39~43쪽에 수록된 「비디오의 표면」을 참조할 것.

로그적[유비적]이라는 표현은 기술적 의미로 쓰인 것은 아니고, 그 이미지들이 렌즈의 눈에 또는 화가의 붓 아래에 출현할 수 있듯 풍경과 인물을 우리에게 제시한다는 의미에서 쓰인 것이다. [그 이미지들은] 챙 달린 모자를 쓴 인물, 암벽 위에서 우리에게 모습을 드러내는 일종의 신화적 피조물, 색이 전자적으로 가공되긴 했어도 현실 풍경의 유비로 나타나는 사막의 경관[을 우리에게 제시한다]. 이것 말고도, 명시적으로 인공물이자, 계산과 기계의 산물로 주어지는 온갖 계열의 변신 형태가 있다. 그 형태들은 형식상 물렁물렁한 조각처럼 우리에게 나타나고, 조직상 순수한 빛의 진동으로 이루어진 존재처럼 나타난다. 그것들은 마치 어떤 자연적 형태와도 상응하지 않고 어떤 표현적 기능도 갖지 않는 전자 파도, 순수 파장과 같다. 그런데 이 전자 파도는 이중의 변신을 겪으며, 이 변신은 그 파도를 미증유의 생각에 잠김의 극장으로 만들어준다. 우선 물렁물렁한 형태는 사막 풍경 가운데에서 하나의 스크린이 되어 팽팽히 당겨진다. 이 스크린 위에 세기의 기억을 특징짓는 이미지—히로시마에 떨어진 핵폭탄의 버섯구름이나 스페인 내전의 에피소드—가 투사된다. 스크린-형식은 또한 비디오 처리 방법에 의해 또 다른 변신을 겪는다. 그것은 전투원들이 지나가는 산길, 전사한 병사들의 유해 없는 묘, [스페인 내전의 '무정부주의자'] 부엔나벤투라 두루티Buenaventura Durruti[1896~1936]의 초상화를 뽑아내는 인쇄용 윤전기가 된다. 전자 형식은 이렇게 기억의 극장이 된다. 그것은 재현된 것을 재현하는 것으로, 소재를 주제로, 문서를 기념비로 변형하는 기계가 된다.

이 조작을 실행하면서, 전자 형식은 변신하는 질료의 단순한 팽창

으로 환원되기를 거부한다. 전자 형식이 지자체support 내지 행위의 극장
이 될 때조차도 그것은 그 용어의 이중적 의미에서 스크린을 계속 만든
다. 스크린은 현시의 표면이면서 또한 동일시를 방해하는 불투명한 표
면이다. 이처럼 전자 형식은 웨스턴 영화식 풍경의 원색 이미지 문서고
에서 회색 이미지를 분리해낸다. 그러므로 전자 형식은 아날로그적인
두 이미지 체제를 분리한다. 그리고 그 두 체제를 분리함으로써 자기 자
신의 동질성을 분할한다. 그것은 예술가의 계산이 가시적 질료에 정확
히 번역될 수 있다는 예술의 주장을 물리친다. 이미지의 생각에 잠김은
두 현전 사이의 이 간극이다. 전자 붓이 그려낸 추상적 형식들은 정신
적 공간을 창조한다. 그 공간에서 나치 독일, 스페인 내전, 히로시마 폭
발의 이미지와 음향은 그것들이 우리에게 그러한 바―문서고의 이미
지, 지식과 기억의 대상, 또한 강박, 악몽, 향수―에 상응하는 시각적 형
식을 부여받는다. 바술카는 두뇌의 기억 공간을 창조한다. 그리고 거기
에 세기의 전쟁과 참화의 이미지들을 놓음으로써, 바술카는 이미지의
리얼리즘과 그것의 감동력에 대한 불신으로 초래된 재현 불가능한 것에
관한 논의를 물리친다. 거꾸로 세기의 사건들은 자신의 질료를 만들어
내겠다는 관념의 꿈에서 비디오를 뽑아낸다. 그 사건들은 비디오를 시
각적 형식―필름, 스크린, 책, 포스터, 기념비―에 복종시킨다. 이 시각적
형식 하에서 사건들은 저장되고 집단적 기억을 구성한다. 이미지의 생각
에 잠김이란 지나치게 순수한 형식 또는 지나치게 현실을 짊어진 사건
을 그것들 바깥에 두는 두 조작 사이의 관계이다. 한편으로, 이 관계의
형식은 예술가에 의해 결정된다. 다른 한편, 관객만이 그 관계의 척도를

정할 수 있다. 관객의 시선만이 디지털 '질료'의 변신과 세기의 역사의 연출이 평형을 이루도록 현실을 부여한다.

생각에 잠김의 이 형식과 20세기 역사를 위해 비디오로 세운 또 다른 기념비인, 고다르의 〈영화의 역사(들)Histoire(s) du cinéma〉[1988]에서 조작된 형식을 비교해보고 싶은 마음이 든다. 고다르는 분명히 바술카와는 전혀 다른 방식으로 나아간다. 그는 기억의 기계를 구축하지 않는다. 그는 모든 이미지가 서로 위로 미끄러질 수 있는 하나의 표면을 창조한다. 그는 이미지의 생각에 잠김을 두 주요 특질을 통해 정의한다. 한편으로, 각각의 이미지는 형식, 태도, 중지된 몸짓의 외양을 띤다. 이 몸짓 각각은 어떤 의미에서 발자크가 그의 후작 부인에게 부여했던 힘—이야기를 한 폭의 그림으로 응축하는 힘—, 또한 다른 이야기를 개시하는 힘을 잡아둔다. 이 스냅사진 각각은 그것의 개별 매체에서 떼어낸 뒤 다른 스냅사진 위로 미끄러지거나 다른 스냅사진과 결합될 수 있다. 영화의 쇼트는 그림, 사진 또는 뉴스 클립과 결합될 수 있다. 이것이 고다르가 은유의 형제애라고 부르는 것이다.[13] 고야가 연필로 그린 자세가 영화

13　〔옮긴이〕 장-뤽 고다르는 〈영화의 역사(들)〉의 3(b) '새로운 물결'에서 이렇게 읊조린다. "그리고 그것은 내게 줄곧 남았고, 랑글루아(Henri Langlois)가 우리에게 그것을 확증해주는바, 그것은 정확한 말이다. 이미지는 우선 구원의 영역에 속한다, 주의할 것. [그것은] 실재의 영역에 속한다. 따라서 우리는 이탈리아의 엘 그레코(El Greco)보다, 또한 이탈리아의 고야보다, 고야 앞의 피카소보다 더 감탄했다. 우리에겐 과거가 없었다. 그리고 메신느 거리의 그 사람은 우리에게 이 과거를 주었다. 현재로 변신된 과거를, 인도차이나가 한창일 때, 알제리가 한창일 때. 그가 [앙드레 말로의] 〈희망(L'Espoir)〉을 처음 영사했을 때, 우리를 소스라치게 했던 것은 스페인 전쟁이 아니었다, 아니 은유의 형제애였다." 랑시에르는 『미학 안의 불편함』, 99~101쪽에서 상실된 사회적 관계를 복원하고자 하는 예술의 형태 가운데 하나로 '신비'를 언급하며, 스테판 말라르메의 시와 고다르의 〈카르멘이라는 이름(Prénom

쇼트의 스케치와 결합되거나 사진기 렌즈로 포착한 나치 수용소에서 고문당해 죽은 신체의 형태와 결합할 수 있는 가능성. 각 이미지의 이중의 힘—한 시대의 의미 있는 다양한 몸짓들을 응축하는 힘 그리고 같은 힘을 지닌 모든 이미지와 결합될 수 있는 힘— 덕분에 세기의 역사를 다양한 방식으로 기술할 수 있는 가능성. 〈영화의 역사(들)〉의 첫 번째 에피소드 말미에, 조르주 피에르 쇠라Georges Pierre Seurat[프랑스, 1859~1891]의 〈아스니에르에서의 물놀이Une baignade à Asnières〉[1884]의 어린 소년이나 〈그랑드 자트 섬의 일요일 오후Un dimanche après-midi à l'Île de la Grande Jatte〉[1884~1886]의 산책자들은 1940년 5월의 프랑스, 인민 전선과 유급 휴가의 프랑스의 인물들, 프리츠 랑Fritz Lang의 〈M〉[1931]에서 추출한 경찰의 급습 장면으로 상징되는 나치 독일에 괴롭힘을 당하던 프랑스의 인물들이 된다. 그 이후 우리는 뉴스 클립에서 추출한 장갑차들이 인상주의적 풍경에 박히는 장면을 보게 된다. 〈지그프리트의 죽음Die Niebelungen:

Carmen〉)을 예로 든다. 랑시에르는 특히 후자를 두고 이렇게 말한다. "신비는 이질적인 것들의 동족성을 강조한다. 신비는 유비의 게임을 만든다. 거기서 이질적인 것들은 공통 세계를 증언한다. 거기서 가장 멀리 떨어진 현실들은 동일한 감각적 조직(tissu sensible) 안에 마름질된 것처럼 나타나고 고다르가 '은유의 형제애'라고 부르는 것에 의해 항상 연결될 수 있다." 〈카르멘이라는 이름〉의 콜라주를 통한 유비의 게임에 대한 랑시에르의 논평으로는 다음을 참조할 것. "〈카르멘이라는 이름〉에서 우리는 패러디의 논리, 나아가 전용의 논리를 본다. 조르주 비제(Georges Bizet)의 주인공들은 범속한 세계에 빠지고, '당신이 내게 던진 꽃'은 하찮은 플라스틱 장미가 된다. 하지만 이 보잘것없음은 〈카르멘〉을 비제에게서 빼앗아 베토벤에게 넘긴다. 베토벤의 현악 4중주는 파도 소리, 해변의 인상주의적 빛 그리고 방 안에서 이루어지는 주인공들의 포옹과의 유비 게임을 조직한다. 잡다한 것들의 혼합은 하나의 공통 세계의 리듬을 만들어낸다." J. Rancière, "Politique et esthétique (avec Jean-Marc Lachaud)," Et tant pis pour les gens fatigués, pp. 471~472.

Siegfried〉[1924], 〈마부제 박사The Testament of Dr. Mabuse〉[1933], [에른스트 루비치 Ernst Lubitsch의] 〈사느냐 죽느냐To Be or Not to Be〉[1942] 같은 영화들에서 추출한 쇼트들은 영화의 이미지가 전쟁, 죽음 수용소, 뉴스 이미지와 함께, 나중에 갖게 될 형태를 이미 그린 바 있음을 우리에게 보여주었다. 나는 고다르의 조작 방법에 관한 분석으로 돌아가지 않을 것이다.[14] 여기서 내가 관심을 갖는 것은 고다르가 삼중의 수준에서 형상의 작업을 실행한 방식이다. 우선, 그는 두 연쇄 논리를 교착시키는 형상성의 형식을 급진화한다. 각각의 요소는 두 논리—서사 연쇄의 논리와 무한한 은유 작업의 논리—에 따라 각기 다른 요소에 절합된다. 두 번째 수준에서, 형상성은 여러 예술과 여러 매체가 서로의 힘을 교환하게 되는 방식이다. 세 번째 수준에서, 그것은 한 예술이 다른 예술의 상상계를 구성하는 데 쓰이는 방식이다. 고다르는 영화의 이미지들을 가지고 영화 자체가 하지 않은 것을 만들고자 한다. 영화가 그렇게 하지 않은 까닭은, 그것이 은유의 형제애를 이야기들의 거래에 바침으로써 자신의 사명을 저버렸기 때문이다. 은유를 이야기에서 떼어내 다른 '이야기'로 만듦으로써 고다르는 존재하지 않았던 이 영화를 만든다. 고다르는 비디오 편집 방법을 가지고 이 작업을 한다. 그는 비디오 화면 위에 비디오 기법을 가지고 결코 존재한 적 없던 영화를 구축한다.[15]

---

14 이와 관련해서는, 내가 『영화적 우화(La Fable cinématographique)』(Paris, Seuil, 2001)와 『이미지의 운명(Le Destin des images)』(Paris, La Fabrique, 2003)에서 제시한 분석들을 참고할 것.

15 〔옮긴이〕 "필름 예술은 1920년대에 운동을 순수하게 기록하겠다는 꿈을 꾸었던 '시네그래픽 예술(cinegraphic art)'을 대신한다. 그리고 어느 예술가, 즉 고다르가 시네마토그래픽 예술

하나의 예술이 다른 예술을 매개로 하여 그것 자체와 맺는 관계는 본 성찰에 잠정적 결론을 제공할 수 있다. 나는 생각에 잠김이라는 관념에 내용을 부여하려고 시도했다. 생각에 잠김이라는 관념은 이미지에서 생각에 저항하는 어떤 것, 그 이미지를 만들어낸 자의 생각과 그 이미지를 식별하려고 애쓰는 자의 생각에 저항하는 어떤 것을 가리킨다. 이 저항의 몇몇 형식을 탐구하면서 나는 그 저항이 어떤 이미지들의 본성을 구성하는 특성이 아니라 같은 표면 위에 있는 여러 이미지-기능 사이에서 이루어지는 간극의 작용임을 보이고 싶었다. 따라서 바로 이 간극의 작용이 왜 예술에서 그리고 예술 바깥에서 나타나는지, 예술적 조작은 생각에 잠김의 이 형식들—그것을 통해 예술은 자기 자신에게서 벗어난다—을 어떻게 구축할 수 있는지 이해할 수 있게 된다. 이 문제는 새로운 것이 아니다. 칸트는 이미 예술적 형식—예술의 의도에 의해 정해진 형식—과 미적 형식—그것은 개념 없이 지각되며 의도적인 합목적성에 관한 모든 관념을 물리친다— 사이의 간극을 지적하곤 했다. 칸트는

(cinematographic art)의 진정한 사명을 되살리는 데 착수할 때, 그는 그것을 다른 예술을 통해서 해야만 한다. 오로지 비디오 표면—그것은 쇼트의 필름적 정체성과 시네마토그래픽적 몽타주의 실천을 사실상 부인한다—만이 쇼트의 도상적 개별성과 몽타주의 불연속성을 보여줄 수 있다. 그리고 유동적인 비디오 합성, 해설자의 목소리 연속체, 배경 음향·음악만이 '세계에서 한 자리'를 마련하는 것—고다르에 따르면 이것은 시네마에 의해 실현된 조작이다—의 등가물로서 기능한다. 말라르메의 시가 말 없는 무용수의 발에 의해 지목된 시와 침묵하는 관객이 짓는 내면의 시 사이에서 구축된 것처럼, 고다르의 〈영화의 역사(들)〉은 두 '시네마' 사이에서 구축된다. 시네마토그래픽한 작품들의 문집 그리고 그 매체에 의해 제작된 작품들의 문집을 넘어서 다른 매체와 다른 예술을 통해서만 진열될 수 있는 허구적 시네마의 몸체 사이에서 구축되는 것이다." J. Rancière, "Aesthetic Separation, Aesthetic Community," p. 68 참조.

두 '형식' 사이의 접합, 감각적 제시의 두 체제 사이의 도약이기도 한 것을 조작할 수 있는 예술의 발명들을 미적 이념이라고 부르곤 했다. 나는 형상 개념을 확대함으로써 '미적 이념'을 만들어내는 이 예술을 사고하려고 시도했다. 그리고 '미적 이념'이 한 용어를 다른 용어로 단순히 대체하는 것이 아니라 여러 표현 체제와 여러 예술 및 여러 매체의 작업의 교착을 의미하게 만들었다. 많은 논평가들이 새로운 전자·디지털 매체에서 예술의 발명의 종언은 아니어도 이미지의 타자성의 종언을 보고 싶어 했다. 컴퓨터, 신시사이저 그리고 새로운 테크놀로지는 전체적으로 사진이나 영화가 그것의 시대에 의미했던 것보다 더 이미지와 예술의 종언을 뜻하지는 않았다. 미학적 시대의 예술은 각 매체가 다른 매체와 자신의 효과를 섞고, 자신의 역할을 맡고, 그럼으로써 그것들이 소진시켰던 감각적 가능성을 깨우는 새로운 형상을 창조하는 데 제공할 수 있었던 가능성을 끊임없이 활용했다. 새로운 기술과 지지체는 이 변신에 미증유의 가능성을 제공한다. 이미지는 그리 일찍 생각에 잠기기를 멈추진 않으리라.

텍스트 출전

이 책에 수록된 텍스트들은 지난 4년간 내가 여러 대학, 예술·문화 기관에서 프랑스어나 영어로 발표한 이전 판본들을 여러 차례 다듬은 콘퍼런스의 최종 판본에 해당한다.

나를 초대하고 맞이해주었으며 이 텍스트의 이런저런 판본에 대해 함께 토론함으로써 이 책에 기여한 모든 그녀들과 그들에게 감사한다. 그 기관은 다음과 같다. 제5회 프랑크푸르트 국제 여름 아카데미(2004), 상파울루 사회교류서비스SESC 벨렌지뉴(2005), 리옹 국립 고등 미술 학교(2005), 보르도 현대 조형 예술 센터CAPC(2005), 베이루트 홈 웍스Home Works 페스티벌(2005), 스톡홀름 프랑스 문화원(2006), 제2회 모스크바 예술 비엔날레(2006), 쿠엥카의 메넨데스 펠라요 국제 대학(2006), 포르투의 세랄베스 재단(2007), 취리히 미술 대학(2007), 브뤼셀의 보자르Bozar 궁(2007), 포틀랜드의 북태평양 예술 대학(2008), 비엔나 국립 현대 미술관(2008).

쇠데르턴 대학(2006), 파리에 있는 트론헤임 대학(2006), 코펜하겐 대학(2007), 윌리엄스타운에 있는 윌리엄스 칼리지(2007), 다트머스 칼리지(2007), 상트페테르부르크 유럽 대학(2007), 바젤 대학 에이코네스 Eikones 센터(2007), 캘리포니아 대학 어바인 캠퍼스(2008), 밴쿠버, 브리티

시 컬럼비아 대학(2008), 캘리포니아 대학 버클리 캠퍼스(2008).

「해방된 관객」은 원래 영어판으로 *Art Forum*, 45:7, march 2007에 발표되었다.

「비판적 사유의 재난」의 영어판은 *Aporia, Dartmouth's Undergraduate Journal of Philosophy*, autumn 2007에 발표되었다.

마지막으로 생각에 잠긴 이미지에 관한 성찰은 주드폼Jeu de Paume 미술관에서 2005~2006년에 걸쳐 진행된 세미나에 많은 부분 빚지고 있다.

작품 복제를 흔쾌히 허락해준 조세핀 멕세퍼, 마르타 로슬러, 알프레도 자르, 리네커 딕스트라, 소피 리스텔휴버에게 감사드린다.

부록: 미학적 전복[1]

나는 미학의 의미에 대해 내가 개념화한 것의 기본 요소들을 소개하고자 한다. 이 정의는 곧 알게 되겠지만 그 자체로 미학과 정치 사이관계에 대해 특정한 관념을 내포하고 있다. 이 관념은 오늘날의 지배적담론들과 대립된다. 지배적 담론들은 미학을 취미판단과 관련된 사회현실을 은폐하거나 철학적 사변을 위해서 예술적 실천을 왜곡하는 기생적 담론으로 만들려고 한다.

프랑스에는 [미학을] 특히 신랄하게 비판하는 두 주요 형태가 있다.어떤 저자들의 비난에 따르면, 서구에서 두 세기 전에 생겨난 미학 전통,보다 정확히 말하면 독일 관념론 철학의 맥락은 [계급에 따라] 상이한 감성적 태도가 있다는 현실을 [은폐하면서 그 태도를] 기만적으로 절대화한다. 프랑스에서 사회학적 비판을 특히 잘 보여주는 것은 피에르 부르디

---

1 〔옮긴이〕 이 글은 자크 랑시에르가 홍익대학교에서 행한 강연의 발표문(2008년 12월 3일)을 번역한 것이다. 당시 「감성적/미학적 전복(La subversion esthétique)」이라는 제목으로 번역되어 공개됐던 이 글은 강연 직전에 나온 『해방된 관객』(2008년 10월 출간)의 테마를 잘 정리하고 있어 이 책의훌륭한 길잡이가 된다. 7년이 지났으나 시의성을 잃지 않은 글인 만큼, 새로운 독자들을 위해 여기에재수록한다. 번역은 다소 수정했다. 강연문을 이 책의 부록으로 수록하는 데 흔쾌히 동의해준 랑시에르에게 감사한다.

외의 책, 『구별짓기: 판단에 대한 사회적 비판』이다.[2] 이 책은 『판단력 비
판Kritik der Urteilskraft』의 중심 테마를 발본적으로 탈신비화하겠다고 자
처했다. 칸트는 [『판단력 비판』에서] 미적 판단이란 대상의 형태에 무관심
한 판단, 그리고 이 대상의 실제 존재에 결부된 선善 또는 쾌적에 무차별
한 판단이라고 생각했다. 부르디외는 [칸트가] 미적 취미판단을 이렇게
독특하게 만들면서 사회 현실을 부인하고 있다고 보았다. 사회 현실 속
에서는 각 사회 계급이 자신의 존재 방식에 상응하는 취미를 갖고 있으
니 말이다. 부르디외가 보기에 무관심한 미적 판단은 '문화 자본'을 충분
히 소유한 자들이 [다른 계급과] '구별되는' 취미를 지닌다는 현실을 가려
버림으로써 [무관심한 미적 판단을 하는 자가] 계급구별을 넘어선다고 상상
하게 만드는 철학적 가상에 지나지 않았다. 그러나 미학적 사변에 대한
비난은 철학 내부에서도 올 수 있다. 보다 정확히 말해 분석철학에서 올
수 있다. 예를 들어 분석철학 전통의 영향을 받은 프랑스 철학자 장-마
리 셰퍼(1952~)는 몇 년 전 『미학이여 안녕』이라는 책을 출간했다.[3] 셰퍼
는 이전에 『근대 시대의 예술: 18세기부터 지금까지의 미학과 예술철학』
에서 [미학에] 작별 인사를 하는 이유를 댄 바 있다.[4] 셰퍼는 예술행위 및
미적 태도에 대한 구체적 분석을 셸링Friedrich Wilhelm Joseph Schelling의 『예

---

2   〔옮긴이〕 Pierre Bourdieu, *La distinction: critique sociale du jugement*(Paris: Éd. de Minuit,
1979). 피에르 부르디외, 최종철 옮김, 『구별짓기: 문화와 취향의 사회학』(새물결, 2005).

3   〔옮긴이〕 Jean-Marie Schaeffer, *Adieu à l'esthétique*(Paris: P.U.F., 2000).

4   〔옮긴이〕 Jean-Marie Schaeffer, *L'art de l'âge moderne: l'esthétique et la philosophie de l'art du
XVIIIe siècle à nos jours*(Paris: Gallimard, 1992).

술철학Philosophie der Kunst』과 헤겔의 『미학 강의』가 상징적으로 보여주는 사변적 미학의 방황과 대립시켰다. 셰퍼에 따르면, 사변적 미학은 자신을 괴롭히던 감각적인 것le sensible과 지성적인[예지적인] 것l'intelligible의 화해라는 거짓 문제를 해결하기 위해서 예술행위에 대한 구체적 연구를 대문자 예술이라는 절대화된 낭만적 개념으로 대체해버렸다. 미학적 절대l'absolu esthétique에 대한 이 철학적 비판은 '유토피아의 종언'을 둘러싼 현대 담론이라는 보다 큰 맥락에 기입된다. 이런 식으로 미학적 절대에 대한 철학적 비판은 예술적 모더니즘과 미학적 유토피아에 대한 고발과 쉽게 소통한다. 어떤 이들은 예술적 모더니즘과 미학적 유토피아가 예술을 삶의 형태로 변형시키는 것을 격찬하고, 그리하여 인민을 예술 작품의 재료로 만들어버린 전체주의로 가는 길을 열었다고 고발한다.

한편으로 반反미학적 비판은 [우리가 지금까지 살펴보았듯이] 예술의 절대화 또는 미적 판단의 절대화에 맞서 [예술] 행위가 갖는 현실성의 이름으로 추진된다. 또 한편으로 다른 철학자들은 예술의 사건이 갖는 급진성의 이름으로 미학 전통을 고발한다. 예컨대 알랭 바디우는 『비미학』에서 예술을 철학으로 봉합하는 것을 고발한다.[5] 바디우는 예술 작품들을 감각계 내에서 벌어지는 이념Idée의 사건들로 만든다. 그래서 이 사건적 역량의 이름으로 그는 시가 갖는 감각적 진리를 낭만적으로 찬양하는 데 타협해버린 미학을 거부한다. 특히 장-프랑수아 리오타르는 『비인

---

5   〔옮긴이〕 Alain Badiou, *Petit manuel d'inesthétique*(Paris: Éd. de Seuil, 1998). 알랭 바디우, 장태순 옮김, 『비미학』(이학사, 2010).

간적인 것』과 『포스트모던적 도덕성』 등에서 미학 전통이 근대 예술에 내재하는 단절의 역량을 봉쇄하려는 시도라고 고발한다.[6] 리오타르는 이 [미학] 전통을 칸트의 미의 분석론에 결부시킨다. 칸트의 분석은 개념을 통하지 않는 오성과 감성의 조화라는 관념에 바탕을 둔다. 리오타르는 칸트가 했던 미의 분석론을 숭고라는 칸트의 또 다른 개념과 대립시킨다. 숭고 개념은 [미와는] 반대로 이념과 감각적 현실 사이 그 어떤 조화로운 관계로부터도 단절하기로 표시된다. 리오타르는 그런 식으로 근대 예술 전체를 이 숭고 개념의 현시로 만든다. 리오타르가 보기에 숭고 개념은 예술적 모더니티의 과제를 정한다. 그 과제는 다음과 같다. 특히 구상figuration을 거부함으로써 지성적인 것과 감각적인 것 사이의 넘을 수 없는 간극을 표시하기. 리오타르식으로 말하면 "제시 불가능한 것이 있음을 증언하기." 리오타르는 예술의 이 부정적 과제와 미학의 긍정적 니힐리즘을 대립시킨다. 미학은 황폐해져버린 문명의 이념들을 문화라는 이름 아래에서 즐긴다. 미에 대한 미학적 니힐리즘과 숭고를 증언하는 사이에서 벌어지는 싸움은 리오타르가 보기에 트랜스-아방-가르디즘 또는 신-표현주의 회화 형태에서 잘 드러난다. 그 회화 형태들은 구상으로 회귀하거나 구상적 소재와 추상적 소재를 섞는다. 또한 미학에 대한 이런 고발은 현대 사상의 보다 넓은 맥락 속에 기입된다. [리오타르처럼] 제시 불가능한 것 또는 재현 불가능한 것에 가치를 부여하는 것은

---

6   〔옮긴이〕 Jean-François Lyotard, *L'inhumain*(Paris: Galilée, 1988). Id., *Moralités pos-tmodernes*(Paris: Galilée, 1993).

모더니티에 대한 특정한 사유, 즉 진보주의 역사관을 뒤집는 사유의 입장을 취하는 것이다. 진보주의 역사관은 해방의 미래를 향해, 모더니티의 잠재성들을 완수하는 도래할 혁명을 향해 경도되어 있었다. 재현 불가능한 것에 관한 담론은 근대사를 유럽의 유대인 말살이라는 사건에서 출발해 생각해야 한다는 파국적 시각과 의견을 같이한다.

이 다양한 비판에는 적어도 두 공통점이 있다. 첫째, 그 비판들은 미학이 단순히 하나의 분과 학문을 가리키지 않는다는 사실을 밝힌다. 미학은 철학이나 예술학이 아니다. 그것은 사유에 대한 어떤 관념, 해석 방식, 사회관, 역사관에 착수하는 지각들과 담론들의 모체이다. 바로 이 점이 미학에 대한 내 고유한 성찰의 핵심이다. 그러나 나는 미학을 비판하는 자들의 방식과 다르게 미학을 해석한다. 그 비판들은 모두 [미학이 분과 학문에 그치지 않는다는] 사실을 풀어내야 하는 혼동의 징표라고 고발하는 데 의견을 같이한다. 그 비판들이 보기에 미학은 분석과 작품에 대한 평가 그리고 바깥에서 오는 근거들의 실천들[예술 행위]을 뒤섞어버린 책임이 있다. 이 부정적 판결은 미학에 대한 비판이 보여주는 두 번째 공통점이다. 그 비판들은 너나 할 것 없이 이론의 근거, 예술 행위, 감성의 정서affects를 다시 각자의 자리에 돌려놓겠다고 자처한다. 나는 이와 정반대 입장을 취한다. 예술을 미학 담론에서 분리해내길 바라는 것, 그것은 내가 보기에 그저 예술을 사라지게 만드는 것일 뿐이다. 이 비판가들이 고발하는 혼동이라는 것은 사실 매듭이다. 그것을 통해 사유, [예술] 행위, 정서가 세워지고 그들의 영토 또는 그들의 '고유한' 대상을 갖추게 되는 매듭 말이다. 만일 '미학'이 어떤 혼동을 가리키는 이름이라면, 이 '혼동' 덕분에 우리는 대상, 경험 방식, 그리고 사람들이 [미학을] 고 발하면서 [미학으로부터] 고립시키겠다고 주장하는 그 예술을 사유하는 형태를 식별할 수 있는 것이다. 사실 예술은 그 자체로 정의되는 자율적 실천으로 존재하는 것이 아니며, 또 자율적 실천의 이름으로 미학의 월 권을 고발할 수 있을 그런 것도 아니다. 예술은 예술 행위를 식별하고, 그 식별을 지각 방식, 정서를 일으키는 형태, 특정한 이해 가능성의 형태 와 일치시키는 식별 체제 안에서만 존재한다.[7]

나는 서구 전통 내에서 다음과 같은 세 가지 커다란 체제를 구별할 것을 제안했다. 나는 첫 번째 것을 이미지의 윤리적 체제régime éthique des images라고 불렀다. 왜냐하면 이 체제에서 예술가들이 만들어내는 것은

---

7 〔옮긴이〕 미학 비판들에 대한 랑시에르의 전반적 답변으로는 『미학 안의 불편함』(주형일 옮김, 인간사랑, 2008)의 「서론」을 참조하고, 바디우와 리오타르에 대한 랑시에르의 분석 및 평가로는 제3장 「모더니즘의 모순들」을 볼 것. 그리고 최근의 간략한 설명으로는 『아이스테시스』 출간 이후 《리베라시 옹(Libération)》지의 에릭 로레(Eric Loret)와 한 인터뷰를 참조할 것. "확실히 수년 전부터 미학 비판 이 존재합니다. 그것은 분석철학자들에게서 뿐 아니라 알랭 바디우 같은 다른 철학자들에게서도 발견 되죠. [그 비판에 따르면] 미학은 사실 예술 실천들에 기생하는 철학 담론일 것입니다. 분석철학자라 면, 이렇게 기생을 하는 자들이 [예술] 실천이나 철학에 대해서는 쥐뿔도, 정말 아무것도 모르며, 그 결 과 담론과 작품의 생산 형태조차도 묻지 못한다는 사실을 증명할 것입니다. 저는 분과 학문으로서의 미학을 옹호하려는 게 아닙니다. 제 의도는 미학이란 예술 작품을 다루는 분과 학문이 아니라고 이야 기하는 것입니다. 미학이란 지각, 사유의 체제입니다. 자주 되풀이되는 바와 반대로 지각 양식들의 집 합, '이것은 예술이다'라거나 '이것은 이런 혹은 저런 예술에 속한다'고 말할 수 있게 해주는 판단 형식 의 집합이 없다면 예술도 존재하지 않습니다. 제가 볼 때, 18세기 말에 시작된 분과 학문으로서의 미 학의 역사가 있다고 말할 수는 있겠지만 근본적으로 이 출현은 지각 양식, 이해 가능성의 형식과 관 련된 짜임/편성의 한 요소일 뿐입니다. '미학'이란 내가 예술의 '식별 체제'라고 부르는 것으로 사고되 어야 합니다." J. Rancière, "La rupture, c'est de cesser de vivre dans le monde de l'ennemi," http:// next.liberation.fr/livres/2011/11/16/la-rupture-c-est-de-cesser-de-vivre-dans-le-monde-de-l-ennemi_775211

예술 개념 아래 포섭되는 것이 아니라 이미지로 간주되기 때문이다. 그 제작물에 대한 판단은 서로 연결된 두 기준의 지배를 받는다. [첫째,] 이 이미지들은 원본에 충실한가? [둘째,] 그 이미지들은 존재 방식, 즉 그것들[이미지들]을 지각하는 자들의 성격과 도덕성에 어떤 효과를 낳는가? 플라톤이 호메로스의 시들을 비난하는 까닭은, 그것들이 신성의 성격과 양립할 수 없는, 따라서 훌륭한 시민을 양성할 수 없는 신들을 묘사하고 있기 때문이다. 탈레반이 바미안 석불을 파괴한 사건은 그 석불들을 인류의 예술적 유산으로 보았던 자들에게 커다란 스캔들이 되었다. [하지만] 탈레반이 석불을 파괴한 까닭은 그들에게 그 '예술 작품'이 한낱 우상, 가짜 신들의 이미지, 이미지가 되어버린 신들에 지나지 않았기 때문이다.

나는 두 번째 체제를 재현적 체제régime représentatif라고 불렀다. 왜냐하면 이 체제는 기예를 뜻하는 예술 일반에 모방의 예술들이 차지하는 특수한 영역을 따로 떼어놓기 때문이다. 재현적 체제는 이 모방의 예술들을 그 예술들의 진리와 도덕 효과에 대한 윤리적 입법에서 해방시킨다. 재현적 체제는 [이미지의 윤리적 체제가 중시하는] 진리 및 도덕 효과에 대해 그럴듯함과 내적 일관성이라는 규칙을 맞세운다. 예를 들어 아리스토텔레스는 비극적 행위 연쇄의 인과적 논리와 역사가 말해주는 사실들의 경험적 연속succession을 대립시켰다. 그러나 내적 일관성은 예술적 발명들과 그것들을 수용하는 공중의 감성 사이에 존재하는 안정적 관계들의 체계 내에서 의미를 획득한다. 17세기 유럽에서 자리 잡은 고전적 **미메시스** 질서는 이런 종류의 체계였다. 그 체계에서 예술가들은 관객들의 쾌락과 고통의 감정을 규정하는 인간 본성에 관한 인식에 의거한 규칙들을 따라야 했다. 그리하여 자율적 모방 질서는 위계적 세계 질서와 강력하게 이어졌다. 자율적 모방 질서는 재현할 만한 것과 그렇지 않은 것을 구별하고, 고상한 주제 또는 천박한 주제를 재현하는 데 적합한 형태를 구별하곤 했으니 말이다. 자율적 모방 질서에서는 비극이나 역사화 같은 고귀한 장르와 희극이나 장르 회화 같은 통속적 장르가 대립됐다. 그리고 인물, 상황, 언어활동의 혼합으로 특징지어지는 소설 같은 비-장르는 배제됐다.

나는 [모방 질서와 위계 질서를 잇는] 이 일치의 체계를 무너뜨리는 세 번째 체제를 예술의 미학적 체제régime esthétique des arts로 부르자고 제안했다. 예술의 미학적 체제란 주제와 장르의 위계가 붕괴하는 체제이다. 어느 주제든 재현해도 좋으며, 어떤 주제도 그것에 부합하는 형식을 미리 규정하지 않는다. 이 급작스러운 변환은 프랑스 혁명 시대에 이루어졌다. 헤겔은 1828년에 세비야의 거지 소년들을 재현하는 무리요가 그린 그림 두 점을 묘사하면서 그 변환을 특기한 바 있다. 헤겔은 [무리요의 그림들을] 묘사하면서 이 소년들의 무사태평함을 찬미한다. 이 한가로움 때문에 소년들은 고대의 조각물을 통해 이상화되는 올림포스의 신들과 비슷한 자들이 된다. 헤겔은 이 그림들을 미술관에서 보았다. 다시 말해 회화와 조각이, 군주의 궁전을 장식하고 위인의 위대한 행적을 찬양하거나 신앙의 신비를 간증할 때 따르곤 하던 위계나 그것의 목적에서 분리되어, 예술 작품으로서 전시되는 중화된 공간 속에서 보았다는 얘기다. 미학이란 이 새로운 체제에 대한 사유이다. 미학이란 예술이 다른 것에서 분리되어 하나의 종별적 경험 영역으로서 고유하게 존재하는 체제에 대한 사유인 것이다. 그리고 그 특정한 경험 영역의 고유한 장소는 미술관이다. 그렇지만 재현될 만한 대상과 그렇지 않은 대상을 나누는 어떤 경계도 이제 존재하지 않는다. 미학이란 예술의 제작물을 세상의 다른 대상에서 분리해내던 장벽들을 제거하면서 예술에 자율성을 주는 이 본원적 모순에 대한 사유이다.

예술의 자율성과 예술 대상의 타율성 사이에 존재하는 이 긴장은 재현적 질서와의 단절과 연결된 보다 근본적인 긴장에 기초한다. 재현적 체제의 핵심은 **포이에시스**와 **아이스테시스**의 관계가 정해져 있다고 전제한다는 데 있다. 포이에시스는 작품을 제작하는 것이고, 아이스테시스는 그 작품이 지각되고 느껴지는 감각적 환경을 말한다. 규칙에 따라 [작품] 제작이 이루어진 까닭은, 이 규칙들이 선택된 공중의 감성에 상응하는 효과들을 결정한다고 추정되었기 때문이다. 미메시스가 붕괴한다는 것은 포이에시스와 아이스테시스 사이의 정해진 조화가 붕괴한다는 말이기도 하다. [포이에시스와 아이스테시스 사이의] 이 단절이 바로 칸트의 『판단력 비판』의 핵심에 있다. 이런 관점에서 보면 미를 조화로 보는 고전적 분석론과 숭고를 단절로 보는 분석론 사이에 사람들이 세우려고 시도했던 대립은 전혀 존재하지 않는 셈이다. 단절은 미에 대한 분석론에 이미 현존한다. 칸트가 말하는 미는 개념 없이 평가되는 것이니 말이다. 미학이란 미메시스적 질서가 전제하던 '인간 본성'—이 본성은 예술가가 다룰 수 있는 주제, 예술가가 그 주제들을 펼치기 위해 사용하는 형식, 그리고 감정을 느끼거나 작품을 평가하는 공중의 자질 사이의 일치를 보장하는 규칙을 정한다고 추정되었다―과 단절한다는 뜻이다. 자유미beauté libre와 종속미beauté adhérente를 나누는 칸트적 대립은 다음의 단절을 인정한다. 미의 개념은 작품의 완성도나 건물의 기능 적합성을 정할 수 있게 해주는 규칙들과 관련하여 이질적이다. 미적 경험의 대상이 되는 형식은 예술가가 재료에 부과한 형식을 말하는 것이 아니다. 그것은 심지어 그런 형식이 전제하는바, 즉 자신의 개념들을 부과하는 오성과 그 개념의 자국이 찍히는 감각 재료 사이의 위계적 관계를 부정하기까지 한다. 따라서 미적 경험의 근거들은 예술의 근거들로부터 갈라진다. 예술은 항상 개념에 감각적 형태를 부여하는 반면, 미적 경험은 감각 재료에 형식을 불어넣는 개념, 즉 그 고유의 수용 모델을 만들려는 의도를 '모름으로써만' 기능한다. 예술의 개념과 미적 경험의 개념-없음 사이의 간극을 메우기 위해 칸트는 천재 개념을 내세운다. 그러나 천재는 [그 개념 자체를] 희화화하는 해석이 바라는 것처럼 전능한 예술가의 자유로운 창조성을 가리키는 것이 아니다. 반대로 천재란 예술 작품을 예술가의 앎과 의지에서 분리해내는 비인격적 역량이다. 천재란 자기가 바라지 않는 것을 하고, 자기가 생각하지 않는 것에 형식을 부여하는 예술의 역량이다. 미학적 체제의 예술은 예술에 속하지 않을 수 있는 능력만큼 예술에 속한다. 미학적 체제의 예술은 예술의 타율성을 수집하고 표현할 수 있는 능력만큼 자율적이다. 초현실주의 같은 20세기 예술운동들은 바로 이 대립들의 상호 의존[속하지 않으면서 속함, 타율성과 자율성]에 가치를 부여했던 것이다. 발터 벤야민과 테오도어 아도르노Theodor Wiesengrund Adorno 같은 사상가들도 특히 그 점을 강조했고 말이다.

그들은 동시에 미학적 모순에 연결된 전복의 역량을 강조했다. 우리는 역설적 전복이 갖는 이 역량을 대수롭지 않아 보이는 예로부터 출발해서 생각할 수 있다. 칸트는 미적 판단에 고유한 '무관심'을 정의하기 위해 그 예를 든 바 있다. 궁전의 형태를 미적으로 판단하기 위해서 나는 선이나 쾌적의 관점에서 판단해서는 안 된다. 궁전을 주거 장소로서의 쾌적함을 통해서, 또는 그 건물이 사회적 구별짓기의 기능에 부합하는지를 통해서 판단해서는 안 되는 것이다. 나는 그 궁전을 지었으면서도 정작 본인들은 누추한 집에서 살고 있는 노동자들의 땀을 완전히 빼놓고 생각해야 한다. 나는 전시용으로 [궁전을] 짓게 한 부자들의 허영심도 빼놓고 생각해야 한다. 이에 대한 대가로 나는 나의 판단을 주관적 보편성으로까지 올릴 수 있다. 칸트는 뒤에 가서 어떻게 이 능력이 새로운 공동체의 가능성을 여는지, 어떻게 문화의 헛된 꾸밈새와 자연의 야만성 사이의 나눔을 넘어서는 '공통 감각sens commun'의 가능성을 여는지를 제시한다. 칸트는 감각적 공동체가 「인간과 시민의 권리선언」, 그리고 자유와 평등에 바탕을 둔 새로운 정치 질서를 세우려는 혁명들을 완수하기 위한 선先조건이라고 판단한다.

궁전의 미적 형태에 대한 이 분석은 구별짓기에 대한 사회학자들의 진단을 정당화하기 위해 특별히 만들어진 듯 보인다. 칸트 스스로 미적 판단은 사회적인 것을 부인하는 데 바탕을 두고 있다고 고백하니 말이다. 그러나 그 논증을 뒤집는 것이 가능하며, 또 칸트의 '부인'이 부르디외의 '사회적 비판'보다 더 전복적임을 보이는 것이 가능하다. 부르디외의 비판은 미학적 가상을 사회 계급 사이에 취미 형태가 배정되는 현실과 대립시킨다. 그러나 이 점에서 부르디외의 비판은 윤리적 체제의 전통을 따른다. 그 전통은 각 계급에 자신의 조건에 부합하게 존재하고 느끼고 보고 이야기하는 방식을 할당한다. 윤리적 체제의 전통은 일찍부터 플라톤의 『국가/정체』에서 자신의 철학적 정식화를 받아들였다. 플라톤은 공동체에 속하는 각자나 각 집단이 '제 고유의 일'을 해야 하며, 마찬가지로 영혼의 각 부분이 명령하거나 복종하는 제 직무를 수행해야 한다고 주장한다. 근대 시대에 이 격언은 박식한 통치 엘리트들의 강박적 고민, 즉 보통 사람들에게 그들의 조건에 낯선 취미와 열망들이 도입됨으로써 야기되는 '탈계급화/탈분류화'의 출몰[을 어떻게 막을 것인가]에 영감을 주었다. 공동체를 자리, 점유/업무, 그리고 이 자리와 직무에 부합하는 존재 방식에 따라 정의되는 안정된 집단들의 집합으로 보는 시각을 나는 치안의 논리la logique policière라고 부른다. 치안의 논리에서는 전체가 부분의 총합과 동일해지며, 각 부분이 그에 합당한 몫을 갖는다. 또한 치안 논리에서는 전체에 바깥이 없고, 실재가 외양과 명확히 구분되며, 가시적인 것이 비가시적인 것과 명확히 구분되고, 말이 소음과 명확히 구분된다. 반대로 정치의 논리la logique politique가 있다. 정치의 논리는 부분들, 자리들, 직무들의 [치안적] 셈에 포함되지 않았던 보충적 요소의 도입으로 정의된다. 정치의 논리는 자리들의 나눔을 교란하는 동시에 전체의 셈, 그리고 가시적인 것과 비가시적인 것의 나눔을 교란한다. 정치의 논리는 욕구들의 어두운 삶에만 속해 있는 것으로 셈해지던 자들을 말하고 생각하는 존재들로서 가시화한다. 정치의 논리는 어두운 삶의 소음으로밖에 지각되지 않았던 것을 담화로서 들리게 만든다. 바로 이것이 내가 몫-없는 자들의 몫, 또는 셈해지지 않은 것들을 셈하기라고 불렀던 것들이다. 그로부터 나는 민주주의 개념을 다시 사고하자고 제안했다. 민주주의의 주체인 '인민le peuple'은 주민의 총합이 아니다. 인민이란 아무나n'importe qui의 능력, '실력 없는 자들'의 능력이 현실화되는 것이다. 실력 없는 자들은 출생, 부, 힘, 또는 지식에 기초하는 모든 통치 자격의 보충으로서 들어온다. 칸트가 궁전을 분석하면서 제안한 것도 이런 종류의 보충적 요소이다. 칸트가 우리에게 일러준 것은 이것이다. 사람들이 이런 종류의 건축물을 판단하는 데 통상 사용하는 두 가지 기준이 있다. [첫째,] 선의 개념에 따라 정의되는 지적인intellectuel 판단이 있다. 다시 말해 그것은 건축가가 지식을 갖추고 있는지, 그리고 건축물이 기능에 부합하는지 여부를 평가하는 판단이다. [둘째,] 쾌적하다는 느낌에 따라 정의되는 감각적sensible 판단이 있다. 이 두 기준은 위계적 논리를 정한다. 앎에 내적 위계가 있고, 감각적 쾌적을 목적과 수단의 지성적 계산에 종속시키는 위계적 질서가 있다. 또한 쾌적의 위계도 존재한다. 바로 그 위계 위에 부르디외는 자신의 비판을 세운다. 또한 그 위계에 근거하여 18세기에 볼테르는 "취향을 가진 인간은 상스러운 인간과는 다른 눈, 다른 귀, 다른 촉각을 지녔다"라고 말할 수 있었다. 따라서 사실상 세 개의 위계가 있는 셈이다. 그 위계들은 지성적인 선과 감각적인 쾌적의 고전적 분배에 따라 정의된다. 그리고 이 위계 속에서 부르디외는 미적 판단에 대한 자신의 '비판적' 과학을 정의한다. 이 비판적 과학은 현실과 가상 사이 간단한 나눔에 기초한다. 이 나눔은 그 자체에 대해 어두운 사회적 삶과 그 삶에 빛을 던지기에 적합한 과학만을 현존하는 부분들로 셈한다. 그렇지만 칸트의 분석이 행한 것은 제3의 항, 즉 [치안적] 셈에 대한 보충을 끌어내는 것이다. 그것은 쾌적과 선의 위계를 벗어나 아무나의 능력을 정의함으로써 이 위계들을 무력화시킨다.

프리드리히 폰 실러는 외양을 즐기고, 외양을 가지고 노는 누구나 가진 능력을 『판단력 비판』의 주요 가르침으로서 끌어내며, [자신이 쓴] 『인간의 미적 교육에 관한 편지』의 중심에 [그 능력을] 집어넣기도 한다. 이 텍스트는 프랑스 혁명 기간에 작성되었다. 그것은 자유에 기초하는 국가에 대해 품었던 희망이 실망으로 바뀐 상황과 공명한다. 실러가 보기에 [자유에 기초하는 국가를 세워보겠다는] 이 시도가 실패한 것은 국가와 법을 통해 직접적으로 불평등의 형태들을 제거하겠다는 의지, 감각적 실존의 보다 깊숙한 곳에 바탕을 둔 예속의 형태들을 제거하겠다는 의지와 관련되어 있다. 칸트가 말하는 상상과 오성 사이의 '자유로운 유희'는 실러에게는 능동적인 형식적 충동과 수동적인 감각적 충동을 나누는 위계적 분배와 단절하는 유희의 충동이 된다. 실러는 [『인간의 미적 교육에 관한 편지』 중 열다섯 번째 편지에서] 다음과 같이 선언한다. "인간은 유희하는 한에서만 온전한 인간일 수 있다." 유희는 외양 그 자체, 그러니까 어떤 현실도 가리지 않고, 어떤 목적의 수단도 아닌 외양을 즐길 수 있는 능력이다. 유희는 형식과 재료, 능동성과 수동성, 목적과 수단 등 사회적 위계가 되기도 하는 개념적 위계 같은 전통적 위계를 중화시킨다. 외양을 가지고 노는 능력은 고대의 신을 묘사한 조각상 앞에서 탐미주의자가 체험하는 능력이다. 그러나 그 능력은 야생인이 몸을 치장하는 취미를 갖게 되는 순간에 그 야생인을 특징지어주는 것이기도 하다.

외양을 가지고 노는 능력은 예술 작품의 종별적 본성과 연결된 것이 아니라 미적 경험 자체의 독특성과 연결된 인류의 공통된 잠재성을 정의해준다.

중요한 것은 다음과 같다. 긍정적이든 부정적이든 모더니즘 담론들은 예술의 자율성, 작품의 예외성, 예술가의 개성을 강조했다. 그러나 [예술의] 미학적 체제가 자율화하는 것은 작품이나 예술가가 아니라 특정한 경험 방식, 미적 경험이다. 미적 경험이란 예술의 형태가 그 속에서 지각되고 사유되는 틀이다. 미적 경험은 엄격한 의미에서 예술 작품들만을 고려하는 유일한 영역을 넘어선다. 미적 경험은 감각적 세계를 경험하는 다수의 형태를 훨씬 더 폭넓게 정의해준다. 감각적 세계는 실용적 관계의 질서에 국한되거나 선과 쾌적의 위계에 따라 조직되지 않는다. 미적 경험은 가능한 감각적 경험 세계를 정의해준다. 그 세계는 신체들과 그 신체들이 맡는 자리와 점유/업무에 부합하는 감각적인 것과의 관계 맺음 형태를 정렬하는 나눔을 교란한다. 사회학자[부르디외]는 이 교란을 [미학적] 가상이라고 고발한다. 그 사회학자는 권력을 가진 인간들이 사회 질서의 선을 위해 바라던 것을 자신의 과학의 선을 위해서 바란다. 즉, 각 계급은 제자리에, 그것도 그 자리에 부합하게 존재하고, 느끼고, 생각하는 방식을 가지고 머물러야 한다는 것이다. 거꾸로 이 에토스의 고리에서 빠져나가는 것이야말로 일과 욕구만을 가질 뿐인 계급으로 밀려난 자들이 개인적이고 집단적으로 해방되는 역사적 형태의 핵심에 있다. 이 전복은 언어활동, 가시적인 것, 그리고 감각적 경험의 모든 형태와 새로운 관계 맺기를 거친다. 궁전의 형태에 던진 무관심한 시선을 묘사한 칸트에 대해, 50년 뒤 어느 소목장이가 자신의 노동 일과를 묘사하는 텍스트로 응답한다. 루이-가브리엘 고니는 그 작업 현장의 소유주와 자신의 고용주 모두의 이익을 위해서 어느 사저私邸의 마루판 까는 일을 맡았다. 고니가 쓴 텍스트를 발췌하여 인용해보겠다.

자신이 마루판을 깔고 있는 방의 작업을 끝마치기 전까지, 그는 자기 집에 있다고 생각하면서 그 방의 배치를 마음에 들어 한다. 창이 정원으로 나 있거나 그림 같은 풍경이 내려다보이면, 그는 일순간 팔을 멈추고서 널찍한 전망을 향해 상상의 나래를 펴고 인근 주거 소유자들 이상으로 그 전망을 만끽한다.

이 텍스트에서는 예술이 문제가 아니다. 거기에서는 시선이 문제이다. 즉 노동과 소유의 공간에 대해 '무관심한' 시선을 획득하는 것이 문제다. 그러나 여기에서 '무관심'은 사회 현실에 무지한 탐미주의자의 초연과는 전혀 다른 것을 뜻한다. 그것은 팔을 써야 하는 강제된 노동과 전통적으로 지배의 자리에만 결합되어 있던 전망의 시선을 붙잡고 스스로 해방되는 시선 사이의 분리를 뜻한다. 이 분리는 점유/업무와 유능을 연결하는 치안적 경제를 전복한다. 그것은 자신의 조건에 부합하게 보고, 말하고, 생각하는 데 익숙해진 노동자 신체의 유기성을 해체한다. 그것은 [기존의] 자리, 직무, 느끼는 방식의 나눔에 더는 '들어맞지' 않는 노동자의 새로운 신체를 만든다. 이 텍스트는 예술에 대해서도, 정치에 대해서도 말하지 않는다. 이 텍스트는 예술과 정치를 그것들 이편에서 연결하는 것, 즉 내가 감각적인 것의 나눔le partage du sensible이라고 부르는 것에 대해 말한다. 감각적인 것의 나눔이란 감각적 경험 형태의 분배, 가시적인 것·말할 수 있는 것·사유할 수 있는 것의 분배이다. 그 분배 속에서 신체들은 어떤 것은 유능을 어떤 것은 무능을 분배받고서 함께 살아간다. 정치에 대해 말하지 않는 이 텍스트가 1848년 프랑스 혁명 기간에 혁명적 노동자 저널에 실린 것은 우연이 아니다. 노동자들이 집단적 목소리를 외칠 수 있는 가능성은 이러한 미학적 단절, 노동자의 존재 방식들로부터의 분리를 거친다. 실제로 피지배자들의 문제는 지배 메커니즘을 의식하는 것이었던 적이 없다. 오히려 지배에 복종하는 것이 아니라 다른 것을 할 수 있는 신체를 스스로 만드는 것이 문제였다. 소목장이는 상황에 대한 의식을 획득하는 것이 중요한 것이 아니라, 이 상황에 '적합하지 않은' 열정을 획득하는 것이 중요하다고 우리에게 이르고 있다. 이 새로운 신체의 자질을 만들어내는 것은 이런저런 예술 작품이 아니다. 작품들의 새로운 전시 형태에 상응하는 시선의 형태, 다시 말해 작품들의 분리된 실존 형태에 상응하는 시선의 형태가 새로운 신체의 자질을 만들어낸다는 사실을 덧붙여 말하기로 하자. 혁명적 노동자의 신체를 형성하는 것은 혁명적 그림이 아니다. 오히려 이 혁명적 그림이 고대의 조각상, 중세의 동정녀, 또는 정물화에 던지는 중화된 시선을 통해 지각될 수 있는 가능성이 혁명적 노동자의 신체를 형성한다. 어떤 의미에서 작동하는 것은 비움이다. 그것이 바로 언뜻 보아 역설적인 예술적-정치적 기획이 우리에게 가르쳐주는 바이다. 그 기획은 폭발적 성격을 드러낸 2005년 가을의 반란이 일어난 파리 방리유들 가운데 한 곳—사회적 유형流刑에 처해지고 인종 간 긴장에 따른 폭력의 자국이 새겨진 방리유들 가운데 한 곳—에서 현재 펼쳐지고 있다. '도시 야영 Campement urbain'이라는 예술가 집단은 이 도시들 가운데 한 곳에서 특수한 공간을 만들어내는 기획을 둘러싸고 주민 일부를 동원하려고 기획했다. 이 장소는 모두에게 열려 있고 모두의 보호 아래 있지만, 한 사람에 의해서만 점유될 수 있는 명상이나 고독한 사색의 장소이다. 이 기획은 겉보기에 역설적이다. 방리유 소요 사태에 대한 분석들은 대부분 소요의 원인을 대중의 소비자적 개인주의 때문에 초래된 '사회적 유대의 상실' 탓으로 돌리니 말이다. 그런데 그 기획은 사태를 정반대로 본다. 문제는 사회적 유대가 부족한 것이 아니라 자유로운, 선택할 수 있는 사회적 유대가 부족하다는 데 있다. 그리고 방리유에서 살면서 할 수 없었던 것 중 하나가 바로 홀로 있을 수 있는 가능성이었다. 혼자 있을 수 있도록 이렇게 한 장소를 할애하는 것은 공간 및 존재 방식의 분배에 미학적 단절을 만들어내는 것이다. 한 번 더 말하거니와, 이 미학적 단절은 어떤 작품에 대한 시선에 의해 야기되는 것이 아니다. 그것은 고독과 공동체 사이의 정상적 관계를 변경하는 경험 형태에 결부되어 있다. 그런 까닭에 위 기획은 '나와 우리Je et Nous'라고 불린다. 우리는 이 용어들을 그것들과 등가인 철학적 표현, 즉 칸트가 말하는 [취미]판단의 미적 보편성으로 쉽게 번역할 수 있다. [방리유에 만들어진] 이 장소는 작품이 하나도 없이 텅 빈 미술관과도 같다. 대신 그것은 하나의 본질적인 기능으로 귀착된다. 즉, 감각적 실존 형태, 그리고 그것에 결부된 '유능'과 '무능'의 정상적 분배 속에서 이루어진 절단을 정의한다. 이 프로젝트에 연계된 한 영상 작품은 각자 선택한 문구를 새긴 티셔츠를 입은 주민들을 필름에 담았다. 그 문구 중에서 나는 다음의 것이 기억난다. 한 여인이 그 장소가 형태를 부여하려 한 것에 대해 자신의 말로 이렇게 이야기한다. "나는 내가 채울 수 있는 빈 말을 원한다."

빈 말을 채운다는 것. 이 정식은 상당한 울림을 준다. 그것은 내용이 없기 때문에 모두에게 귀속될 수 있는 미적 판단의 주관적 보편성에 대한 칸트의 정식을 우리에게 연상시킬 수 있다. 그것은 "우리는 아무것도 아니지만, 전체가 되자"라는 인터내셔널가의 정식을 연상시킬 수도 있다. 프랑스 독자에게 그것은 프랑스 소설 속 여주인공 중 가장 유명한 보바리 부인을 연상시킬 수도 있다. 보바리 부인의 불행은 그녀가 책에서 읽은 단어들, 예컨대 지복, 열정, 또는 도취 같은 것들이 삶 속에서 무엇을 뜻할 수 있는지를 찾으려 한 데 있다. 그러나 그 정식은 또한 소설작가인 귀스타브 플로베르의 야망을 연상시킨다. 아무것도 아닌 것에 대한 책을 만들고자 하는 야망, 자신의 문체의 힘을 통해서만 모든 것을 손에 쥘 수 있을 책을 만들고자 하는 야망을. 이 야망은 플로베르에게 예술을 위한 예술의 챔피언이라는 명성을 가져다주었다. 하지만 그 책이 출간되자마자, [책에 쓰인] 단어들이 말하는 대로 살고 싶어 한 이 여성의 이야기는 문학에서 일어난 민주주의의 승리라고 비난받았다. 사실 순수문학의 자율화는 가능성을 뜻하던 미학적 전복에 대한 고려와 짝을 이룬다. 내가 보기에 이 모든 정식의 관계를 사유하는 것이 미학에 대한 모든 성찰에 부과되는 과제이다. 이 과제는 미적 구별짓기와 사회적 현실 사이, 예술을 위한 예술과 참여예술 사이, 고급문화와 대중문화 사이 등의 모든 표면적 대립을 해체하도록 우리를 초대한다. '미학적 전복'이란 작품 제작 형태와 작품 제작이 공중에게 미칠 수 있는 효과 사이의 모든 직접적 관계와 단절하는 것이다. 미학적 전복이란 미적 경험의 자율화와 예술일 만한 대상과 그렇지 않은 대상을 분리하고, 그것을 맛볼 수 있는 공중과 그렇지 못한 공중을 분리하는 모든 장벽을 제거하는 것 사이의 긴장이다.

이 근원적 긴장을 이해하는 것은 예술의 진화에 대한 성찰을 조직하는 수많은 개념을 소환하도록 만든다. 나는 특히 모던과 포스트모던 개념을 생각한다. 예술의 모더니티는 일반적으로 서구 전통에서 재현 예술과의 단절로 정의된다. 그러나 그런 재현 개념은 편협한 방식으로 이해된 것이다. 사람들은 재현 개념을 구상과의 회화적 단절로 식별했다. 그로부터 사람들은 모던한 반反재현적 혁명의 패러다임을 구축했다. 그 혁명을 통해 예술은 현실을 재현하거나 역사를 이야기하는 과제에서 해방됨으로써 예술의 재료들과 기술들의 고유한 가능성들을 탐사하는 쪽으로 방향을 틀었다는 것이다. 사람들은 예술들과 각 예술의 자율화로 이해된 모던한 단절을 구축했다. 바실리 칸딘스키, 카지미르 말레비치, 피터르 몬드리안은 구상을 제거함으로써 회화적 모더니티를 정초했다. 아르놀트 쇤베르크는 표현적인 음악 전통을 버리는 12음계의 언어를 가지고 음악적 모더니티를 정초했다. 스테판 말라르메는 자동사적인[verbe] intransitif 시 언어를 보통의 소통 언어와 대립시킴으로써 문학적 모더니티를 정초했다. 그로부터 사람들은 간단히 모더니티를 예술의 고유한 영역 속에서 예술이 자율화되는 것과 동일시할 수 있었다. 또는 사람들은 이 자율화와 정치적·사회적 해방 사이에 다소 쉽지 않은 상관관계—예술적 자율성과 자본주의 지배에 공모하는 상품 및 일상생활의 심미화의 대립, 예술적 물질성의 우위와 마르크스주의적 역사유물론 사이의 평행—를 수립할 수 있었다. 1940년대 클레멘트 그린버그Clement Greenberg의 모더니즘과 1960년대 구조주의의 모더니즘은 위와 같이 예술적 모더니즘과 정치적·사회적 해방 사이에 등가 관계를 수립하려 했다. 나중에 말레비치의 희고 검은 사각형은 유럽의 유대인 말살로 표시되는 세기의 경험을 예견하는 재현 불가능한 것에 대한 예술로 해석되었다. 그러나 같은 1960년대에 팝아트, 누보리얼리즘, 다양한 형태의 예술적 액티비즘은 다른 모더니즘들—다다이즘적 퍼포먼스와 조롱, 일상적 오브제·통속화·정치적 포토몽타주에 대한 초현실주의적 전용—을 되살리면서 위에서 말한 인위적 동일시를 파괴했다. 그렇다고 거기에서 포스트모던적 단절, 즉 고급예술과 대중예술, 예술과 상품 또는 예술과 삶 사이의 모더니즘적 분리에 대한 작별 인사를 볼 필요는 없다. 이 분리는 회고적인 발명품일 뿐이었다. '모더니즘'이라는 것 자체도 어떤 예술적 형태들에 대한 뒤늦은, 그리고 자의적인 해석이었다. 그 예술적 형태들은 예술의 자율성과 삶의 형태를 맞세우기는커녕 새로운 형태의 미적 경험에 연결된 예술을 정초하길 바랐다. 또한 그것은 고유한 잠재력을 각 예술의 물질성에 고립시키기는커녕 예술 안에 다른 예술의 가능성을 들여오려 했다. 칸딘스키와 쇤베르크가 했던 탐구들은 다양한 감각을 서로 상응하게 만드는 예술의 시대를 희구하는 꿈속에 등록된다. 말레비치, 알렉산드르 로드첸코, 또는 엘 리시츠키가 했던 순수 형태에 대한 탐구는 감각적 경험의 형태를 재구축하려는 사유와 연결되어 있다. 그런 까닭에 그 탐구는 소비에트 혁명 시기에 건축 프로젝트들 또는 선전 포스터에 영감을 줄 수 있었고, 또 분리된 현실로서의 예술을 없애려는 전망 속에 등록된다. 말라르메의 '순수'시는 공동체를 봉헌하려는 사회적 사명을 명시적으로 자처했다. 그리고 말라르메의 순수시는 이를 위해 시의 전개와 조판에 음악의 효과와 무용의 형태를 들여오려 했다.

후기 모더니즘은 예술의 자율성과 그 정치적 의미에 대해 근거 없는 우화를 구축했다. 그것은 재현을 유사성의 생산이라고 피상적으로 해석한 탓에 모던 예술의 성격이 '반-재현적'이라는 근거 없는 우화를 구축했다. 그러나 재현적 체제는 유사한 것들을 생산하라는 명령에 기초하는 체제가 전혀 아니다. 그것은 적합성, 그 용어의 강한 의미로 이해한 적합성의 규칙 속에서 이 [유사성의] 생산을 틀 짓곤 했다. 재현적 체제는 재현할 수 있는 주제, 그 주제를 예술적으로 전개하는 데 적합한 형식, 감성적 수용 형태를 일치시키는 규칙들을 정하는 체제이다. 재현적 체제는 그런 식으로 유사한 것들을 생산하는 가능한 방식들을 정한다. 이런 점에서 보면 미학적 체제는 유사한 것들을 해방시키는 체제다. 그렇기 때문에 그것은 장르 회화를 복권하면서 시작하고 리얼리즘 소설의 '초과'로 시작하는 것이지, 추상 회화의 형태로 시작하는 것이 아니다. 그러나 무엇보다 예술의 미학적 체제는 작품들의 자율성에 기초하는 체제가 아니다. 작품들의 자율성이라고 하는 것은 그저 포이에시스와 아이스테시스가 단절됨으로써 발생하는 효과일 뿐이다. 미학적 체제에 의해 자율성을 갖게 되는 것은 예술 작품이나 예술가의 형상이 아니다. 자율성을 갖게 되는 것은 그 안에서 이 작품, 그리고 이 형상이 이해되는 경험의 형태, 다시 말해 미적 경험의 형태이다. 그러나 정확히 말하면 이 경험은 이접의 경험이다. 미적 경험의 형태는 작품 속에서 현실화되는 의도의 형태가 아니다. 자율성을 갖게 되는 것은 그 지위 자체가 모순적인 경험이다.

이 모순을 정의하기 위해 미적 경험에 대한 실러의 분석으로 돌아가보자. 한편으로 미적 경험은 중지의 경험이다. 자유로운 외양 속에 현존하는 유희는 미적 경험의 정상적 형태와 관련하여 하나의 예외적 경험을 정의한다. 그것은 중화의 계기, 어떤 의미에서는 비행위의 계기, 또는 능동성과 수동성이 평등해지는 계기로 묘사된다. 실러의 『인간의 미적 교육에 관한 편지』에서 이 '비행위'는 조각된 두상, 조각된 여신의 두상인 주노 루도비시Juno Ludovisi로 상징화된다. 이 두상을 가치 있게 만들어주는 것, 즉 헤겔이 찬양한 스페인 거지 소년들과 그리스 여신을 이어주는 것은 바로 그것의 비행위이다. 그 머리는 아무것도 바라지 않으며, 아무것도 걱정하지 않는다. 이런 뜻에서 미적 경험은 예외에 대한 경험이다. 그리고 우리는 이 예외의 경험과 미술관의 시대, 책과 대중 콘서트가 확대되는 시대에 작품들이 차지하는 새로운 지위를 연결할 수 있다. 그것은 자율화된 현실들의 지위이다. 우리는 그로부터 미적 자율성을 예술적 자율성과 연결하고, 이 자율성을 도래할 자유로운 공동체에 대한 약속으로 만드는 시각을 끌어낼 수 있다. 그러나 다른 한편 미적 경험은 분리되지 않음에 대한 경험으로 표현된다. 희랍 조각상의 아름다운 외양은 예술과 삶 사이의 분리를 모르는 예술의 생산물이고, 예술의 영역과 종교의 영역과 정치의 영역 사이의 구분을 모르는 예술의 생산물이며, 공적인 삶과 일상생활 형태 사이의 구분을 알지 못하는 예술의 생산물이다. 인간에 대한 미적 '교육'은 삶의 방식을 변형하는 실질적 프로그램으로 해석될 수 있다. 그 프로그램은 예술과 삶의 비구분을 새로운 형태로 실현할 것을 제안한다. 그래서 칸트와 실러의 낭만적 계승자들은 예술과 삶의 비구분을 법과 국가의 죽은 공동체에 대립되는 살아 있는 공동체의 프로그램으로 이해했다. 다름 아닌 이 관념이 정치 혁명에 대립되는 인간 혁명에 대한 마르크스주의적 관념에 영감을 주었다. 또한 바로 그 관념이 소비에트 혁명의 순간에 미래파 아방가르드들의 프로그램에도 영감을 주었다. 그것은 더는 예술 작품을 만드는 것이 아니라 새로운 삶의 형태를 구축하는 것이었다. 모더니즘을 예술의 자율성으로 보는 반동적 시각은 이런 시도에 반발하는 결산으로서 회고적으로 부과되는 것이다. 사실상 하나가 아니라 적어도 두 개의 모더니즘, 그러니까 예술의 미학적 체제의 근원적 역설―예술의 근거와 미적 경험의 근거 사이의 분리―을 해석하고 축소하는 두 가지 방식이 있다. [첫째,] 예술적인 것과 미학적인 것 사이의 이접을 제거하는 행동주의적 모더니즘이 있다. 그것은 예술을 분리된 작품 생산 활동으로 만드는 것이 아니라 공통된 감각적 삶의 형태를 변형하는 과정으로 만들고, 따라서 분리된 현실로서의 예술을 제거하면서 예술을 실현한다. [둘째,] 거꾸로 미적 경험의 해방력을 작품들에 양도함으로써 이접을 제거하는 모더니즘이 있다. 사실 이 두 해석은 두 극을 표시한다. 그것들 사이에서 미학적 전복에 대한 해석은 자리를 옮긴다. 그러나 대립되는 두 극 사이의 긴장은 순수예술과 참여예술 사이의 대립과 결코 동일하지 않다. 위 해석 각각은 사실 서로 맞물려 있다. 예컨대 프랑크푸르트학파의 분석에서는 예술의 자율성이 중시되지 않는다. 오히려 예술에서 실현되는 경험 형태의 종별성이 중시된다. 이 형태가 소외된 삶에 고유한 경험 형태와 관련하여 만들어내는 간극이 중시된다. 그러나 소외된 삶의 경험 형태가 평정의 형태이자 이 삶을 윤색하는 형태이듯, 예술에 고유한 형태는 거꾸로 그 파열을 전시하는 형태이다. 만일 예술이 자신의 고유한 폐쇄를 맡아야 한다면, 그것은 작품들의 자폐 불가능성, 그러니까 아름다운 외양에 대한 탐구가 예술의 분리된 실존을 정초하는 사회적 고통을 드러낼 필요성을 나타내기 위해서이다. 쇤베르크의 예술이 아도르노에게 범례적인 까닭은, 합리화되고 기계화된 삶을 비난하기 위해서 [쇤베르크의 예술이] 이 삶보다 더 기계적으로, 훨씬 더 기계적으로 합리화되었기 때문이다. 또한 아도르노는 「모세와 아론Moses und Aron」의 작가[쇤베르크]가 텍스트와 음악 형식을 지나치게 조화롭게 합치시켰다고 고발하는 데 이른다. 자율적인 작품은 항상 침전된 사회적 경험에 속한다. 자율성이 정치적인 것이 아니라, 자율성의 불가능성이 정치적인 것이다. 역으로 기능적 건축물 또는 광고, 선전용 포스터를 제작하는 자로 탈바꿈한 예술가들은 그것을 하려면 작품 형태의 이러한 변형을 표시하지 않을 수 없다. 삶에 복무하는 기능적 예술은 자신이 새로운 삶에 복무하는 기능적 예술이라는 사실을 제작물의 형태 속에서 상징화할 필요가 있다. 기능적으로 유용해야 한다는 필요조건을 넘어섬으로써 새로운 삶의 운동을 모방하는 리시츠키의 레닌 연단 또는 로드첸코의 포스터와 사진들에 나타난 과장된 사선斜線들이 증언하는 바가 그것이다. 자율적인 작품과 삶 속에 용해되지 않는 예술은 똑같이 미적 상황을, 경험의 가능태를 재편성하는 형태들을 정의한다. 미학적 모더니티를 정의할 수 있는 것은 두 모더니즘 사이의 긴장이다. 그러나 예술의 미학적 체제의 극들을 정의하는 이 긴장은 다양한 예술 형태와 미적 경험 형태를 위한 공간을 연다. 이런 관점에서 보면 포스트모던 예술을 정의할 수 있을 패러다임의 변화를 긍정하기는 어렵다. 동시대 예술의 퍼포먼스, 설치, 비디오-설치 또는 비디오-퍼포먼스는 작품 제작과 실험 상황의 생산 사이 긴장을 잘 구현한다. 그것들은 지각의 형태, 정서의 양상, 그리고 해석의 형태를 변경하자는 제안들로 스스로를 내세운다.

나에게 미학에 대한 사유는 이 긴장들의 논리를 정의하고 그 논리가 지각 형태로, 해석 방식으로, 삶의 프로그램으로 번역되는 방식을 정의하려고 시도하는 사유이다. 미학은 미와 작품에 대한 이론 또는 학學으로 존재하지 않는다. 미학은 경험의 형태, 가시성의 방식, 해석의 체제로서 존재한다. 이런 뜻에서 미적 경험은 예술 작품의 영역을 훨씬 넘어선다. 미적 경험은 공동체를 정의하는 감각적 풍경의 유동적인 분배를 번역한다. 감각적 풍경이란 곧 볼 수 있는 것과 겪을 수 있는 것, 그것에 대해 이야기할 수 있는 것과 생각할 수 있는 것에 대한 어떤 분배를 뜻한다. 그것이 바로 내가 정의하려고 시도한 감각적인 것의 나눔이란 것이다. 감각적인 것의 나눔이란 가능태들에 대한 어떤 분배이며, 또한 이 가능태들에 접근할 수 있는 가능성에 대한 어떤 분배이다. 미적 보편성에 대한 칸트의 질문에서 핵심이 되는 것, 또한 내가 그 질문을 예증하기 위해 사용한 예에서 핵심이 되는 것도 그것이다. 전망적 시선의 지배를 주장하기 위해 [일하던] 자신의 팔을 멈출 수 있는 자가 누구인가? 누가 고독할 수 있는 권리를 가지는가? 누가 빈 단어들을 붙잡아 그것들을 채우는 권리를 가지는가? 이 미학적 질문은 곧바로 정치적 질문이며, 공통 세계를 편성하는 것에 대한 질문이다. 앎의 대상에 대한 질문은 그 앎의 형태 자체에 대한 질문이기도 하다. 그 질문들은 우리가 철학자, 예술사가, 문학이론가, 문화사회학자와 같은 상이한 전공 영역들로부터 빠져나와서 이 나눔의 지점으로 자리를 옮길 것을 전제한다. 지각의 가능태, 앎이 형성되는 방식, 공통 세계가 편성되는 방식들이 모두 함께 생겨나는 그 지점으로 말이다.

옮긴이의 말

『해방된 관객』의 자리

자크 랑시에르. 1940년 알제리의 알제 출생. 한때 고고학자를 꿈
꾸었으나 문학과 영화를 사랑한 청년. 청년 마르크스의 비판 관념에 관
한 논문을 쓰고 알튀세르의 '『자본』 읽기' 세미나에 참석하기도 했으나,
68혁명 이후 스승 알튀세르와 떠들썩하게 결별한 학생. 19세기 노동자
운동의 문서고를 뒤지며 발굴한 당시의 물음을 오늘의 시사적 현안과
시대착오적으로 접붙이는 연구자. 교육, 정치, 문학, 영화, 미술 등 분과
학문의 경계를 넘나들며 사유하는 자리옮김의 철학자.

랑시에르의 저작 목록. 『프롤레타리아들의 밤』, 『철학자와 그의 빈
자들』, 『무지한 스승』 등 19세기 노동자 운동 연구의 결실들로 채워지는
1980년대. 『정치적인 것의 가장자리에서』 및 『불화』와 같은 굵직한 정치
관련 저작으로 표식되는 1990년대 초중반. 『말라르메』, 『말의 살』, 『무언
의 말』과 같은 문학 관련 저작이 눈에 띄는 1990년대 중후반. 『감각적인
것의 나눔』, 『미학적 무의식』, 『영화적 우화』, 『이미지의 운명』, 『미학 안
의 불편함』과 같은 회화, 사진, 영화, 비디오, 퍼포먼스 등 예술 관련 저
작이 주를 이루는 2000년대.

이 파노라마 속에서 독자는 『해방된 관객』(2008)의 자리를 가늠할 수 있을 것이다.

랑시에르는 어느 인터뷰에서 『민주주의에 대한 증오』(2005)와 『해방된 관객』이 자매서라고 말한 적이 있다. 두 저작이 시기적으로 근접해 있는 때문이기도 하겠지만, 소비문화에 빠진 민주주의적 개인들에 대한 공화주의 엘리트들의 증오 그리고 교양이나 의식 없는 관객에 대한 예술계의 애증 사이에 존재하는 동형성을 염두에 둔 것일 테다. 하지만 『해방된 관객』의 주요 모티프와 도식은 랑시에르 본인이 이 책 서두에서 밝히듯이 『무지한 스승』에 바탕을 두고 있다. 또한 랑시에르에 익숙한 독자라면 이 책을 읽으면서 비판적 사유에 대한 논의가 『정치적인 것의 가장자리에서』 및 『불화』를, 불일치와 합의는 『불화』를, 이미지와 텍스트 그리고 용납 불가능한 것 내지 재현 불가능한 것에 관해서는 『이미지의 운명』을, 관계적 예술에 대한 논의는 『미학 안의 불편함』을 참조하고 있음을 발견하게 될 것이다. 반대로 이 책을 통해 랑시에르를 처음 접하는 독자라면 방금 열거한 책들—게다가 모두 우리말로 번역되어 있으니—을 디딤돌 삼아 본인의 관심을 확장할 수 있을 것이다.

『무지한 스승』과 『해방된 관객』 사이: 거리, 사라지는 매개

1980년대 프랑스에서 진행된 교육 개혁 논쟁에 개입하기 위해 집필한 『무지한 스승』은 교육계나 철학계에 큰 반향을 일으키지 못했다. 조제프 자코토의 기상천외한 모험에 매료된 것은 예술계였다. 랑시에르는 무지한 스승의 테마를 가지고 관객에 대해 논해달라는 요청을 받는다. 이 요청에 답하면서 집필한 『해방된 관객』은 『무지한 스승』에서 시작된 또 하나의 모험담이다.

연극에서 배우acteur와 관객spectateur은 그 단어의 로마 어원이 가리키듯 각각 능동적인 행위자actor와 수동적인 구경꾼spectator을 말한다. 행위/인식과 보기의 구분이 연극에 뿌리 깊이 박힌 것이다. 이러한 나눔에 답하는 몇 가지 정식이 있다. 플라톤은 연극이 공동체에 끼치는 해악을 비판하며 연극을 폐지하고 무용 공동체를 대안으로 내세운다. 브레히트는 연극 안에서 배우와 관객의 동일시/정체화를 방해하고 관객이 '인식하는' 관찰자가 되도록 유도한다. 아르토는 관객을 거리를 두고 바라보는 관찰자가 아니라 연극 안에 '참여'하여 생의 에너지를 얻는 구성원으로 만든다. 브레히트와 아르토의 방식은 대립되는 것 같지만 사실은 동전의 양면이다. 두 연극 개혁자는 모두 연극이라는 매개를 이용해 플라톤이 하고자 했던 것, 즉 관객을 능동적 존재로 변환하기를 이뤄내려 한 것이다. 랑시에르는 배우와 관객 사이 불평등을 제거하려는 기획이 전자의 능동성과 후자의 수동성이라는 근본 전제를 되풀이하는 한에서만 유지되며, 이것이 『무지한 스승』의 '불평등의 고리', '바보 만들기'와 닮아 있다고 본다.

『무지한 스승』에서 설명자는 거리의 기술을 소유한 자이다. "스승의 비밀은 가르친 교과와 지도해야 하는 주체 사이의 거리를 식별할 줄 아는 데 있다. 그것은 또한 배우는 것과 이해하는 것 사이의 거리를 식별하는 것이기도 하다. 설명자는 거리를 설정하고 없애는 자다. 그는 자신의 말 속에서 그 거리를 펼치고, 줄인다."[1] 스승은 텍스트를 설명하면서 지도하고 학생은 그 설명을 이해하면서 배운다. 학생은 이렇게 배우면서 스승과의 거리를 좁히지만, 학생의 배움에는 끝이 없기에 스승과의 거리는 다시 벌어진다. 이 상황을 보면, 유식한 스승과 무지한 학생 사이에는 '설명'이라는 매개가 있다. 설명은 학생의 이해로 변환되어 사라지는 매개가 된다.[2] 그리하면 스승의 지능과 학생의 지능은 직접 연결되고, 학생의 지능에 대한 스승의 지능의 우위가 고착되며 학생을 바보로 만들게 된다. 그래서 랑시에르는 설명을 불평등주의에 바탕을 두는 교육학의 신화라고 비판한다. 『해방된 관객』에서 연극 개혁자들은 스펙터클의 악과 참된 연극—능동적 관객=행위자로 이루어진 살아 있는 공동체 집단의 산출— 사이에 사라지는 매개로서 연극을 내세운다는 점에서 교육학 모델을 따른다.

예를 들어, 브레히트는 연극(의 배우)과 관객의 동일시/정체화를 방해하는 소격효과를 통해 연극(의 배우)과 관객 사이에 '비관계의 관계'를 수립한다. 여기서 중요한 것은 단지 능동적인 배우와 수동적인 관객이라는 대립물의 통일이 아니라, "관객과 공연되는 연극 사이에 새로운 관계, 즉 비판적이고 능동적인 관계를 창조"하는 것이며, "관객이 미완성의 연

---

1   자크 랑시에르, 양창렬 옮김, 『무지한 스승』(도서출판 궁리, 2016, 개정판), 17쪽.
2   '사라지는 매개'는 본디 대립되는 두 개념을 연결하고 사라지는 고리에 해당한다. 프레더릭 제임슨은 프로테스탄티즘이 봉건제에서 자본주의로의 이행이 완결되는 과정에서 사라지는 매개자(vanishing mediator)였다고 말하면서 그 개념을 사용한 바 있다.

극을 완성시키는 ―그러나 이번에는 실제의 삶에서― 배우가 되는" 것이다. 이를 위해서는 연극과 관객의 '거리'를 만들어야 하는데, 이 거리란 "의식의 환상들에 대한 비판이자 그 실재적 조건들의 드러내기"이다.[3] 관객의 '거리두기'를 가능케 하는 극劇 구성, 연극과 관객 사이 거리를 설정하는 '거리의 기술', '사라지는 매개'인 연극이 끝난 뒤 현실에서 배우/행위자가 되는 관객. 랑시에르가 문제 삼는 교육학적 테마가 여기에 모두 들어 있다.[4]

연극 개혁자들이 말하는 '거리'(두기)의 문제는 그것이 수동적 위치와 능동적 위치의 거리를 전제하면서 능력의 불평등(계속 유지되는 거리)을 재생한다는 것이다. '사라지는 매개'의 문제는 그것이 관객을 수동(적위치)에서 능동(적 위치)으로 변환하기 위해 사라지면서 작가와 관객 사이 거리를 제거한다는 것이다. 반면, 랑시에르는 이 '거리'―브레히트처럼 거리를 두든, 아르토처럼 거리를 제거하든―를 극작가에 의해 극 구

3　루이 알튀세르, 이종영 옮김, 「'피콜로', 베르톨라치와 브레히트(유물론적 연극에 대한 노트)」, 『맑스를 위하여』(백의, 1997), 174~175쪽. 랑시에르가 알튀세르를 논할 때 자주 등장하는 이 논문은 그 자체로 브레히트에 관한 탁월한 설명을 제공한다.

4　랑시에르가 브레히트를 비판하면서 알튀세르를 염두에 두는 것은 아닌가 하는 생각마저 든다. '사라지는 매개'를 비판할 때 '개입 속에서 사라지는' 철학(자)의 형상을 주장한 알튀세르를 겨냥하는 것 아닌가 말이다. 브레히트의 소격효과를 알튀세르가 전위(déplacement)로 번역하고, 랑시에르가 자리옮김(déplacement)이라는 동명의 개념을 사용하는 것은 표면적 유사성일 뿐이다. 위 용어를 둘러싼 개념 배치가 완전히 다르기 때문이다. 랑시에르와 브레히트의 주장이 별로 다르지 않다면서 브레히트를 옹호하려는 경향에 대해서도 마찬가지 평가를 내릴 수 있다. 예컨대, 김겸섭, 「브레히트의 독자, 랑시에르: '불화'의 연극과 리얼리즘의 갱신」, 『인문과학연구』, 제20집(대구가톨릭대학교 인문과학연구소, 2013. 12), 29~58쪽.

성 안에 배치된 수동에서 능동으로의 위치 변환의 계기로, 작가에 의해 설치되었다가 사라져야 하는 대상으로 보지 않는다. 오히려 거리는 "모든 소통의 정상적 조건"이다. 그 거리는 학생이 자신이 알고 있는 지식과 새로 마주하고 경험하는 것을 연결하기 위해 거치는 길이다. 『무지한 스승』에서 자코토와 학생 사이에 또는 페늘롱과 학생 사이에 공통된 것(제3항)으로서 『텔레마코스의 모험』 프랑스어—네덜란드어 대역본이 있었듯이, 작품(여기서는 연극)은 작가와 관객 사이에서 공통된 것으로서, 사라져서는 안 된다.

사라지는 매개를 통해 사라지는 거리의 목적은 "원인에서 효과로, 의도에서 결과로 가는 (연속적) 이행"에 있다. 유식한 스승이 설명을 통해 자신의 학식을 학생에게 전달할 때 스승의 지능과 학생의 지능이 직접 연결되듯이, 연극 개혁자들은 작가의 의도와 관객 안에서 이루어지는 효과를 직접 연결한다. 예술 제작의 감각적 형태들(포이에시스)과 그 형태를 수용하는 감각적 형태들(아이스테시스) 사이에 연속성을 설정하는 이 관념을 랑시에르는 미메시스 모델이라고 한다. 여기서 미메시스란 원본을 복사하는 이중체를 가리키는 것이 아니라, 랑시에르가 고유한 방식으로 정의하는 '재현적 체제'를 가리킨다. 이 책의 전체 테마는 바로 이 재현 모델, "예술의 실효성에 대한 교육학적 모델"에 맞서 미학적 모델, 미학적 실효성을 내세우는 것이다. 미학적 실효성이란 사라지는 매개로서의 작품이 아니라 작가와 관객 사이에 자율적이고 독립적으로 존재하는 제3항으로서 작품, 작가의 의도와 관객의 수용 사이의 불연속, 불일치, 단절 등에 바탕을 둔다.

해방된 관객, 관객의 해방

지능의 불평등이 교육학의 신화이듯, 관객의 수동성이 고전 연극 패러다임의 불평등주의적 전제에 지나지 않다면, 관객이 작가의 의도와 상관없이 작품을 지각하고 해석하고 비교하고 생각하고 표현하는 능력을 갖고 있다면, 관객은 그 자체로 이미 해방되어 있는 것일까? 그렇다면 관객이 어떻게 해방되는가라는 물음은 관객의 해방되지 않은 상태를 전제하기에 잘못 제기된 물음은 아닌가? 『무지한 스승』의 도식을 예술에 적용하는 『해방된 관객』에서 해방하는 스승에 해당하는 심급이 존재하는가?[5] 관객 자체가 이미 해방되어 있다면 관객이 작품을 만나 개인적 모험을 하며 자신의 역량을 증대하는지 혹은 그런 역량의 발휘를 가로막는 제도나 장치가 무엇인지에 대한 분석은 무용해지지 않는가?[6]

랑시에르는 인터뷰에서 이런 의문을 해소한다. 관객이 하는 것은 결국 '주의'라고, 주의란 시선이나 청취를 끌고 감으로써 관객이 제 고유의 저작을 만들어내는 것을 가리킨다고 했다. 다시 말해, "어떤 작업의 결과물 앞에 있는 자가 그 결과물을 전유하여 제 것으로 만들 때 해방이 있다고 말할 수 있겠다. 그림이 있다는 사실에, 그림을 바라본다는

---

5   『무지한 스승』에서 바보로 만드는 스승의 반대편에는 '해방하는 스승'이 있다. 해방하는 스승이란 자신의 '지능'을 학생의 학습 과정에서 빼냄으로써 학생이 스스로 학습하도록 만드는 자이다. 설사 학생이 스승의 도움 없이 혼자 학습하더라도 '해방'은 스승의 행위를 통해 이루어진다.

6   랑시에르의 해방론 전체를 되짚어보도록 만드는 이 물음들은 이 한정된 지면의 범위를 넘어선다. 나중에 이 문제를 다룰 기회가 있을 것이다.

사실에 그 자체로 해방의 형태가 있는 것이 아니다. [스스로] 시선을 이끄는 가운데 해방이 있으며, 그것이 내가 관심을 갖는 측면 가운데 하나이기도 하다."[7] 요컨대 "관객이 된다는 것은, 자신이 읽거나 보거나 들은 것이 낳은 새로운 가능태들에 의거해 관객이 기존의 것을 변이시키는 조건들을 구축하는 것일 테다."[8] 랑시에르가 이 책 중간에 소목장이 가브리엘 고니의 '미적 경험'을 통해 보여주려는 것이 바로 이것이다.

해방은 언제나 '행위'이다. 작품은 관객을 해방시키거나 해방시키지 못하거나 하는 것이 아니다. 관객은 해방되어 있거나 해방되어 있지 못한 것이 아니다. 관객을 해방시킬 의도로 제작된 작품이 아무런 효과를 낳지 못할 수 있고, 관객의 해방과 무관하게 제작된 작품으로부터 관객은 해방될 수 있다. 다만 작품과 마주하여 그것을 감각하고 생각하고 그 생각에 대해 말하는 능력이 아무에게나 있으며, 관객은 그 능력을 발휘하여 자신의 역량을 증가시켜야 한다. 학생이 어떤 모험을 할지 사전에 정할 수 없고, 정치적 주체화가 어떻게 이루어질지 알 수 없듯, 관객이 어떤 '정서'와 '생각'을 갖게 될지 미리 알 수 없다. 작가의 (정치적) 의도에 따라 관객을 능동적으로 변화시키겠다는 기획에 깔린 원인-효과 사이의 연속적 관계가 아니라 미리 계산할 수 없는 우연한 결과와 미적 단절을 만드는 것이 중요하다.

7   Jacques Rancière, "entretien avec Stéphanie Chiffaudel," *Joséphine*, n°5 (hiver 2008), p. 6.

8   Christian Ruby, "Jacques Rancière: écart des images et image de l'écart," in Adnen Jdey (ed.), *Politiques de l'image. Questions pour Jacques Rancière* (La Lettre volée, 2013), p. 54.

비판적 예술-관계적 예술-비판적 예술

랑시에르는 근대 사회 과학을 의혹의 과학—희랍어 어원에 따르면 '아래에서 바라보는' 학—으로 규정한다. 의혹이란 "공통의 외양 아래 놓여 있는, 그 외양을 거짓이라고 반박하는 진리를 파악하기에 적합한" 시각이다.[9] 이는 "정치의 진리가 정치의 아래쪽이나 정치의 뒤쪽에, 정치가 감추는 것 안에 위치해 있다"라고 보는 메타정치적 사유에서 두드러진다.[10] 다시 말해, 비판적 사유는 표층과 심층을 나누고 표층의 진리가 심층에 감춰져 있으며, 표층에 현혹된 수동적 주체들을 심층에 대한 진리를 인식/의식하게 함으로써 행동에 나서도록 만들 수 있다는 관념에 기반을 둔다. 랑시에르가 문제 삼는 교육학 모델, 광학 모델을 여기서 재확인할 수 있다.

랑시에르는 비판적 사유 그리고 그 사유와 연계된 비판적 예술을 두 계기, 즉 비판과 포스트-비판으로 나눈다. 비판적 예술의 예로서 마르타 로슬러의 사진 몽타주가, 포스트-비판적 예술의 예로서 조세핀 멕세퍼의 사진이 제시된다. 이질적 대상—안락한 실내와 숨진 아이를 팔에 보듬고 있는 베트남 사람, 반전 시위대와 소비한 상품으로 넘쳐나는 쓰레기통—을 한 장면에 담아 관객에게 충격을 주고 성찰하게 만든다는 점에서 그 둘은 다를 것이 없어 보인다. 이 둘의 차이는 무엇일까? 비

---

9   자크 랑시에르, 양창렬 옮김, 『정치적인 것의 가장자리에서』(도서출판 길, 2013, 개정판), 83쪽.
10   자크 랑시에르, 진태원 옮김, 『불화』(도서출판 길, 2015), 138쪽.

판적 예술은 마르크스의 이데올로기론이나 롤랑 바르트의 신화론과 같은 비판적 사유 전통과 연결된다. 포토몽타주를 통해 붙여진 이질적인 두 이미지는 보는 이에게 은폐된 현실을 인식하지 못한 채 지배 체계에 공모했다는 죄책감을 들게 하며, 동시에 그 체계에 맞서는 해방 과정에 나서야겠다는 의식을 고취시킨다고 주장한다. 반면 포스트-비판적 예술은 기 드보르의 스펙터클 비판, 페터 슬로터다이크, 지그문트 바우만, 뤽 볼탕스키와 에브 샤펠로 등과 같은 현대 철학자 내지 비판적 사회학자의 이론과 연결된다. 여기서는 외양과 현실의 구분은 없고 모든 것이 똑같이 스펙터클이 된다. 스펙터클로 대표되는 지배 체계에 맞서는 자들의 시위 역시 스펙터클 이미지를 소비하는 자들의 스펙터클에 지나지 않게 된다. 예컨대 〈놀아보자〉전에 전시된 작품들은 스펙터클=엔터테인먼트 때문에 소외된 형태로 여가를 소비하게 되는 세태를 비판하기 위해 상업적인 오락의 비판 또는 놀이의 힘을 긍정한다. 하지만 엔터테인먼트 기계의 전복은 이 기계 자체의 작동 방식과 구별되지 않는다. 이미지와 현실이 구분되지 않기에 외양이라는 기호 아래 감춰진 현실/진실을 해독하는 작업은 불가능해진다. 결국 지배의 법칙은 더 강력해지고, 해방의 지평은 시야에서 사라진다. 이로부터 남는 것은 멜랑콜리와 무기력이다. 그럼에도 불구하고 포스트-비판적 예술은 대중이 이미지와 현실이 구분되지 않게 되어버린 상황을 인식하지 못하고 있다고 꾸짖는다. 비판적 사유/예술에서 포스트-비판적 사유/예술로 가는 과정은 유식한 스승이 학생에게 지식을 전달하고, 학생이 그 지식을 습득했다고 하면, 다시 한 걸음 떨어져서 스승이 학생에게 연습문제를 내는 구도와 닮았다.

하지만 스펙터클에 휩쓸린 대중에 대한 비판 또는 '민주주의=인권+자유 시장+개인의 자유로운 선택'에 대한 좌우를 막론한 비판에 이어, 상실된 사회적 유대를 복원해야 한다는 목소리가 들린다. 이는 정치와 담을 쌓고 예술의 자율성을 주장하는 모더니즘 패러다임의 쇠퇴, 예술을 재정치화하려는 목소리의 부상과 궤를 같이한다. 정치화된 예술은 정치적 주체화를 촉발하거나 해방을 위해 에너지를 동원하거나 사회적 유대를 복원하려고 시도한다. 랑시에르가 염두에 두는 것은 니콜라 부리오의 관계 미학과 관계적 예술이다. 관계적 예술은 "오브제가 아니라 상황과 만남을 만들겠다고 나선다. 하지만 오브제와 상황을 이렇게 지나치게 단순히 대립시키는 것은 단락을 낳는다. 관건은, 사실 개념 예술이 예술의 오브제/상품에 대립시킨 바 있는 문제설정 공간을 변형하는 데 있다. 어제 상품에 대해 취했던 거리는 이제 존재들 사이에 새로운 근접성에 대한 제안, 새로운 형태의 사회관계의 수립에 대한 제안으로 역전된다. 예술이 답하고자 하는 것은 상품과 기호의 지나친 충만함이 아니라 관계들의 부재이다. 이 유파의 주요 이론가가 말하듯, '봉사 프로그램을 제공함으로써 예술가는 사회적 유대의 균열을 메운다.'"[11]

『미학 안의 불편함』에서 관계적 예술은 "비판적 예술의 정치적/논

---

11   자크 랑시에르, 주형일 옮김, 『미학 안의 불편함』(인간사랑, 2008), 99쪽. 랑시에르는 중간에 Nicolas Bourriaud, *Esthétique relationnelle*, p. 37을 인용한다. 거기서 부리오는 마사지, 구두 닦기, 슈퍼마켓 계산대에서 계산하기, 집단의 모임에서 사회 보기 등을 실연한 크리스틴 힐(Christine Hill)을 염두에 두고 위 표현을 썼다.

쟁적 임무를 사회적/공동체적 임무로 바꾸려는" 두드러진 형태라고 언급되는 데 그쳤다. 『불화』와 『미학 안의 불편함』 시기까지만 해도 합의와 허무주의의 시대에 정치를 제거하면서 실현하는 윤리(대타자의 무한한 타자성을 떠맡기)적 전회와 그에 상응하는 예술 형태인 장-프랑수아 리오타르의 숭고 미학 및 재현 불가능한 것을 비판하는 것이 관건이었다. 『해방된 관객』에서는 포스트-비판적 좌파의 무기력에 대한 응답으로 나온 관계적 예술과 관계 미학을 비판하는 것이 관건이 된다. 그도 그럴 것이 관계적 예술은 랑시에르가 논의하는 예술의 실효성 모델 가운데 재현적 모델[12]과 원-윤리적 모델을 모두 보여주기 때문이다.

　관계적 예술의 목적은 "세상에서 더 잘 살아가는 법을 배우기"라는 모토 아래 기성 현실 내에서 실존 양식이나 행위 모델을 구축하는 데 있다. 관계적 예술은 개인이나 집단의 만남을 촉발함으로써 기존의 폐쇄된 예술의 장에 외적인 관계를 생산하는 예술이다. 즉, "사회 안으로 옮겨질 수 있는" "사회성의 (상징적) 모델"을 제안하고, "작품이 '창안한' 외적 관계"를 생산하는 예술이다.[13] 작가는 작품과 관객, (작품을 매개로) 관객과 관객이 만나는 특정한 시공간적 상황을 연출하며, 작품의 의미나 만남의 결과는 이 만남의 상황 이전에 미리 예견할 수 없다.

12　랑시에르가 문예(les belles lettres)를 지배하는 체제를 설명하기 위해 도입한 재현적 모델은 주제를 고안하고, 작중 인물의 행위를 구성하고, 문장으로 표현할 때 따라야 하는 규칙들의 집합을 가리킨다. 재현적 모델에서 예술은 수동적인 질료에 형상을 능동적으로 부과하는 것으로 정의되며, 그 예술의 실천 구조는 위계적 세계 구조와 일치한다.

13　Nicolas Bourriaud, *Esthétique relationnelle*, p. 13 그리고 17~18.

랑시에르가 관계 미학 및 관계적 예술에서 문제 삼는 것은 크게 다음의 두 가지이다.

첫째, 랑시에르는 관계적 예술이 재현적 체제의 원칙—원인에서 효과로 이어지는 적합성의 규칙/규범—을 따른다고 본다. 이는 얼핏 부리오의 주장과 맞지 않는 비판처럼 보인다. 관계적 예술에서 말하는 관계는 작가/작품과 관객의 관계에 국한되지 않고, 개인들의 관계, 집단들의 관계, 예술가와 세계 사이 관계, 보는 자와 세계 사이 관계를 아우르기 때문이다. 또한 관계적 예술에서 작품이란 전시 이전에 완성된 오브제로서 존재하지 않고 관객의 참여에 의해 흔적마냥 사후적으로 의미가 규정되는 열린 작업이기 때문이다. 한마디로 부리오는 작가와 관객이 우발적으로 마주치는 시공간적 특정성을 강조한다. 반면, 랑시에르는 사실상 작가에 의해 모델화된 이 만남의 상황에서 작가와 관객의 거리가(더 정확히 말하면 관객이 작가의 생각을 표현한 작품을 보면서 작가의 생각을 넘겨짚기 위해 거쳐야 하는 모험이) 제거되고, 원인(작가의 제작 형식)과 효과(관객의 경험 형식)가 합치된다고 본다. 심지어 몇몇 예술가의 작품은 자신의 퍼포먼스의 '효과'를 앞당겨 기념비화해서 보여주기도 한다. 이는 『무지한 스승』에서 스승이 설명을 통해 자신의 지적 능력과 학생의 지적 능력을 직접 연결하면서 학식의 우위를 확보하는 메커니즘과 닮았다.[14]

14　하지만, 카차 크바스텍(Katja Kwastek)을 따라, 수용자의 참여에 의해서 그 형식이 드러나는 인터랙티브 아트와 예술가와 관객이 함께 하나의 이벤트를 경험하는 퍼포먼스를 구별할 수 있다면, 랑시에르가 관계적 예술의 '퍼포머티비티'(퍼포먼스 현장에서 행위자와 관객 사이의 상호작용적인 피드백 루프)를 '인터랙티비티'(미리 프로그램된 과정에 의한 폐쇄적 피드백 루프)로 혼동하여 비판하고 있는

둘째, 랑시에르는 작가가 제안하여 사회 안으로 옮겨지는 사회성의 모델, 작품이 창안하는 외적 관계가 함의하는 바를 문제 삼는다. 전통적으로 지각되는 오브제이길 그치고 상황을 연출하거나 삶-되기를 실연함으로써 사회적 관계를 직접적으로 생산하려는 관계적 예술의 기획. 이는 예술 작품을 통해 만들어진 만남의 상황이 즉각적으로 공동체의 유대를 만들어낸다고 가정하는 것과 다름없다.[15] 랑시에르는 『해방된 관객』에서 연극을 통해 도덕적 교훈을 주고자 했던 몰리에르와 그를 비판한 루소의 논쟁을 다룬다. 루소는 "예술의 실효성이란 메시지를 전달하거나 행동의 좋은 표본과 나쁜 표본을 주거나 재현/상연을 해독하는 법을 가르치는 데 있지 않음"을 분명히 하면서 "재현/상연 없는 예술, 예술적 퍼포먼스의 무대와 집단생활의 무대를 분리하지 않는 예술"을 내세웠다. 랑시에르는 루소의 생각을 "사유가 재현된/상연된 신체나 이미지에 담긴 교훈의 대상이 아니라 습속에, 공동체의 존재 방식에 직접 구현되는" 원-윤리적 모델이라고 불렀다. 이 모델은 삶이 되는 예술, 정치화된 예술, 예술의 타율성을 주장하는 아방가르드 전통에 의해 표방되고

것은 아닌지 자문할 수 있다. 카차 크바스텍의 개념 구분에 관해서는 이임수, 「디지털 미디어 시대의 참여 미술: 재매개와 상호작용」, 『미술이론과 현장』, vol. 19(한국미술이론학회, 2015), 105~106쪽 참조.

15   클레어 비숍도 관계적 예술에 대해 비슷한 평가를 내린 바 있다. 관계적 예술에서 주장하는 상호작용은 "긍정적인 인간관계를 산출할 수 있는 사회 형태이기 때문에, 결과적으로 작품은 자동적으로 정치적 함의를 지니며, 해방적 효과를 갖는다." 부리오는 미적 판단을 예술 작품에 의해 생산되는 관계에 대한 윤리정치적인 판단과 등치시켰다." Claire Bishop, "Antagonism and Relational Aesthetics," *October*, n° 110(Fall 2004), pp. 51~79 [이영욱 옮김, 「적대와 관계미학」 http://blog.naver.com/ggcfart/220152766422]. 그리고 Claire Bishop, *Artificial Hells: Participatory Art and the Politics of Spectatorship*(Verso, 2012).

실천되었다. 관계적 예술을 식별하는 기준으로 부리오가 열거한 사항들이 (비록 해방의 기획을 포기하고 기성 현실 속에 거주하며 관계 변화에 만족한다는 점에서 아방가르드 전통과 분명히 선을 긋지만) 원-윤리적 모델과 닮아 있다고 랑시에르는 본 것이다. 또한 관계적 예술에서는 예술 작품이 추구할 수 있는 '미학의 정치'와 '우리'라는 주체가 스스로 자신의 무대를 연출하는 '정치'의 구분을 제거하면서 정치의 가능성을 탈취한다고 본 것이다.

부리오는 「불안정한 구조물」이라는 글로 응수했다.[16] 랑시에르의 비판이 '광학적 왜곡'이라고 했다. 관계적 예술이라는 표제 아래 묶인 작품들에 공통된 형식―작품이 직접 사회적 관계를 창출하거나 윤리적 모델을 자처한다고 자주 비난하는 형식― 따위는 존재하지 않는다고 했다. 그리고 리크리트 티라와니트의 작품 배치에 대해 랑시에르가 묘사한 것은 작품의 포괄적인 아우트라인을 스케치한 것일 뿐 작품의 구체적 현실과 아이디어를 설명하지 못한다고 했다. 부리오는 랑시에르의 비판에 이렇게 간단히 답한 뒤, 불안정성 개념을 둘러싸고 제작되는 동시대 예술 작품들에 대한 분석으로 넘어간다.

부리오의 답변은 결국 이런 것이다. 첫째, 랑시에르가 개별 작품을 충실히 분석하지 않고 헐거운 개념을 가지고 관계적 예술을 싸잡아 비판하고 있다는 것. 둘째, 동시대 예술은 고정된 형식이나 지향을 갖기는커녕 불안정성에 기반을 두고 있는바, 사회적 관계를 회복하겠다는 윤

16   Nicolas Bourriaud, "Precarious Constructions: answer to Jacques Rancière on art and politics," *Open*, n° 17(2009), p. 20~40.

리적 목적이나 형식을 갖지 않는다는 것. 클레어 비숍이 말하듯, 부리오가 제시하는 관계 미학의 논변과 그가 지지하는 예술가들의 작품은 구별되며,[17] 랑시에르는 엄밀히 말해 관계적 예술가로 명명되는 이들의 작품보다 부리오의 관계 미학 텍스트의 '윤리적 지향'을 문제 삼는 것이라고 볼 수 있다.[18] 따라서 랑시에르가 관계적 예술 작품들의 구체적 배치나 의미를 고려하지 않았다고 불평할 수도 있고, 관계적 예술이라고 불렸던 작품들을 랑시에르와 다르게, 나아가 부리오와 다르게 해석할 수도 있다.[19] 부리오는 사정이 다르다. 그는 랑시에르가 실제로 비판한 대상인 자신의 관계 미학을 변호했어야 한다. 그런데 부리오는 관계 미학이 아니라 자신의 최근 관심사인 불안정성의 미학으로 논의 지형을 옮긴다. 또는 불안정성의 미학을 이용해 관계 미학을 사후적으로 정당화하려고 시도한다. 이는 부리오 본인의 말에 배치되지 않는가? 그는 세계화와 소비자본주의가 팽배한 현대 사회에서 개인의 소외와 위기에 대한 해결책으로서 사람들의 소통과 교류에 대한 욕구가 생겨나고 있고, 관계적 예술이 그에 응답하였다고 말하지 않았는가? 그는 관계 미학을 통해 1990년대 출현한 예술 실천들 사이에 존재하는 어떤 '공통의 형식', 미학적으로 그 가치를 인정받아야 하는 형식상의 일관성을 밝혀내려

---

17   C. Bishop, *Artificial Hells*, p. 2, n. 2.

18   같은 책, p. 28.

19   예를 들어 필립 파레노(Philippe Parreno)가 노동절에 사람들을 초대해 공장의 조립 공정 라인 위에서 취미를 실행하도록 할 때, 그 활동은 감각적인 것을 새롭게 재편성하는 한 방식으로 읽을 수는 없을까? 노동=소외의 공간을 유희=전유의 공간으로 바꾸었으니 말이다.

한 것이 아닌가? 그는 동시대 예술을 변화 가능한 인위적 사회 현실이 본래적으로 취약함을 노출함으로써 그 현실을 전복하는 표상과 대항 모델을 만들어내는 생산자로서 (실질적 효과를 낳는다는 의미에서) 훨씬 더 실효적인 정치 프로그램을 포함한다고 말하지 않았던가?

랑시에르와 부리오 두 사람이 다퉜을 수 있는(하지만 그러지 않았던) 쟁점은 이 밖에도 더 많다. 작품과 관객의 일대일 대면이냐 작품과 다수 관람객 사이의 '임시적 마주침의 상황'이냐, '따로 또 같이'의 형태를 띠는 주관적 보편성이냐 상호주관성이냐, 사회적 맥락에서 분리된 오브제를 익명의 공중이 관람하는 미술관이냐 미술관 바깥 삶과 예술의 비구분 지대이냐 등등. 어쨌든 랑시에르와 부리오 간 논쟁은 주변 사람들의 호들갑에 비해 싱겁게 마무리된 모양새이다. 2008년 구겐하임 미술관에서 관계적 예술의 대표 작품들을 망라하는 〈임의의 공간 theanyspacewhatever〉 전시를 기점으로 관계적 예술이 역사적 정점에 이른 동시에 쇠락의 길을 걷고 있다고 한다면,[20] 랑시에르의 논의가 지금 우리에게 무슨 의미가 있을까? 국내에서 관계 미학에 대한 연구나 서적, 관

---

20 임근준, 「이것은 과연 미술인가? Ⅴ] 장소 특정적 미술: 전시되는 장소나 상황에 비평적으로 대응하는 현대미술은 여전히 유효한가?」, 월간 『문화공간』, 2016년 1월 호. http://chungwoo.egloos.com/4104262. 로버타 스미스는 〈임의의 공간〉 관람평에서 "이 예술가들과 그 옹호자들은 그들의 작품이 다른 어떤 예술보다 더 인간관계를 개선하고 공동체의 감각을 만들어내는 데 일조한다고 주장하는데, 이는 증명하기 어렵다"라고 썼다. Roberta Smith, "Museum as Romantic Comedy," *New York Times*, oct 31 2008. http://www.nytimes.com/2008/10/31/arts/design/31gugg.html?_r=0. 또한 관계 미학의 추락에 대한 정리로는 Andrew Russeth, "The Fall of Relational Aesthetics." http://observer.com/2011/09/the-fall-of-relational-aesthetics/.

계적 예술을 표방하는 작품들은 지금도 꾸준히 나오고 있으니만큼, 랑시에르의 비판 논점들이 국내에 어떤 반향을 낳을지 지켜보자.[21]

처음으로 돌아가자. 랑시에르는 수년간 여러 저서에 걸쳐 비판적 사유나 비판적 예술을 줄기차게 비판해왔다. 그런데 '비판적'이라는 단어를 예술 사전에서 삭제하지는 않는다. 랑시에르는 다큐멘터리와 픽션의 장르를 구분하고 그 장르에 어울리는 인류를 분류하고 그 작품을 전시하는 공간을 분배하는 나눔의 선을 문제 삼는 허구들을 비판적이라고 부른다. 안리 살라의 영상과 페드로 코스타의 영화들이 예로 제시된다. 다만 그 작품들이 '비판적 예술'이라고 불리는 것은, "자신의 효과를 예견하기를 거부하고 이 효과를 산출하는 미학적 분리를 고려하며", "관객의 수동성을 제거하려는 대신 관객의 능동성을 재검토"할 때이다. 요컨대 랑시에르가 내세우는 비판적 예술이란 '이것'을 예술적으로 생산하는 작업과 '우리'[정치적 언표행위의 주체]를 정치적으로 창조하는 작업의 관계를 고정하지 않고 열어두는 것으로, 감각적인 것의 나눔을 재편성함으로써 정치적 주체화에 가능성의 장을 만들어주는 것으로 충분하

21   학계에서는 이미 몇 편의 연구가 있다. 관계 미학과 그에 대한 클레어 비숍, 핼 포스터 등의 비판을 정리한 연구로는 김종기, 「니콜라 부리오의 관계 미학과 관계 미술: 이해와 비판을 위한 시도」, 『美學』, 제81권 1호(한국미학회, 2015), 155~193쪽. 비숍에 대한 비판적 고찰 내지 랑시에르와 비숍의 참여미술론의 차이에 대해서는, 조선령, 「논쟁적 공간의 발명: 자크 랑시에르의 관점을 통해서 본 현대미술의 몇몇 실천들」, 『미술사학보』, 제42집(미술사학연구회, 2014), 95~116쪽(특히 100쪽 이하). 이영욱, 「참여미술에서의 윤리와 미학: 클레어 비숍(Clair Bishop)의 논의를 중심으로」, 『美學』, 제78권 0호(한국미학회, 2014), 139~181쪽. 관계미학에 대한 비판적 견해들에 대한 정리로는 김순아, 『니콜라 부리오의 미술이론 연구: 관련 작품 분석을 중심으로』, 명지대학교 석사학위 논문, 2015, 31~44쪽 참조.

다. 왜냐하면 예술의 미학적 체제하에서 예술은 [작품을] 제작하는 감각 형태와 수용자가 [작품을] 전유할 때 발생하는 의미 형태 사이 분리와 절연의 역량이라는 역설적 실효성에 바탕을 두기 때문에, 그리고 여기서 보듯 미학은 소여에 대한 '감각'과 그것을 해석하는 '의미' 사이 '불일치'를 통해 작동하기 때문이다.

말과 이미지

로슬러의 포토몽타주에서 숨진 아이를 보듬고 있는 베트남 사람의 이미지는 미국의 안락한 가정의 이미지를 비판할 수 있었다. 하지만 외양과 현실을 구분할 수 없게 되었다는 진단과 더불어 외양을 비판하는 현실의 이미지는 불가능하게 되어버렸다. 현실의 이미지를 자처하는 것 역시 이미지의 가시성 체계에 똑같이 속한다는 것이다. 이 막다른 상황에서 힘을 획득하는 것은 '말/목소리'이다. 이를테면, 드보르가 영화 〈스펙터클의 사회〉에서 전도된 수동적 삶의 이미지에 맞서 스펙터클을 공격해야 한다고 선동하거나 스펙터클의 수동적 관계에 갇히지 않은 능동적 행위의 이미지를 제시할 때, 두 이미지는 결국 똑같이 스펙터클에 속하지만, 여기서 권위를 획득하는 것은 결국 "우리가 늘 그 안에 있을 것"이라고 말하는 목소리이다. 〈수용소의 기억〉 전시를 둘러싸고 논쟁이 벌어졌을 때, 제라르 바쥬만은 가스실 사진이 아우슈비츠의 현실을 제대로 드러내지 못한다고, 아우슈비츠는 재현 불가능한 것이라고 말했고,

클로드 란즈만은 이미지의 거짓말에 맞서 증인의 눈물과 침묵이라는 말 없는 증언, 그리고 그 증언을 강제하는 감독(타자)의 목소리를 맞세웠다. 여기서 권위를 획득하는 것은 결국 "재현할 수도 없고 재현해서도 안 되는 것이 있다"라고 말하는 목소리이다.

예술 식별 체제의 틀을 빌려 말과 이미지의 관계를 설명해보자. 랑시에르는 플라톤의 『파이드로스』에 등장하는 살아 있는 말과 죽은 문자의 대립에서 착안하여 수다스럽고 침묵하는 문자, 무언의 말, 말들의 과잉, 문학성, 문학에서의 민주주의 같은 개념들을 고안했다. 여기서 말과 문자 사이 대립은 말과 이미지 사이 관계로 대체할 수 있다. 이미지의 윤리적 체제에서 이미지는 그것의 기원과 목적지에 대한 물음에 종속되었을 뿐 아니라, 모델을 좋게 모방하느냐 나쁘게 모방하느냐, 개인과 집단의 에토스(존재 방식)에 어떤 영향을 미치느냐라는 기능적 물음에 종속됐다. 이미지는 언제나 사물(또는 말)을 모방하는 이중체로 간주됐다. "말할 수 있는 것과 볼 수 있는 것 사이 정리된 관계들의 집합"인 재현적 체제에서는 말이 통제를 하고, 봐야 할 것을 제공한다. 이미지는 담화 기능에 복무하는 것, 다시 말해 어떤 생각이나 느낌을 표현하거나 행위의 서사를 보충하는 도구에 지나지 않는다. 요컨대 말-행위자-능동적인 것과 이미지-복제-수동적인 것의 구분에 비추어, 이미지를 보고 소비하는 자는 늘 수동적 관객의 지위를 부여받은 것이다. 외양의 기만과 관객의 수동성에 대한 플라톤의 고발을 다시 작동시키는 스펙터클 비판자와 재현 불가능성을 교리로 삼아 우상 숭배에 반대하는 자는 각각 이미지의 윤리적 체제와 재현적 체제의 틀에서 말과 이미지 사이 관계를 사고하고 있다 하겠다.

랑시에르는 말과 이미지의 대립을 문제 삼는다. 이를테면 랑시에르는 폭력적이고 용납할 수 없는 이미지가 도처에 넘쳐난다는 진단에 동의하지 않는다. 참화를 제대로 보여주는 이미지는 없고, 그 대신 "여러분에게 닥친, 하지만 여러분이 이해하지 못하는 불행은 이것입니다"라고 말하는 전문가들이 넘쳐난다고 주장한다. 보도 체계가 이미지의 과잉이 아니라 선별에 의해 작동함을 지적하는 것이다. 여기서 관건은 말을 하는 전문가와 말을 갖지 못한다는 이유로 보도를 통해 가시화되거나/가시화되지 못하는 희생자 사이 대립이다. 〈쇼아〉에서 이발사는 눈물을 훔치며 침묵하고, 침묵 뒤에서 증언을 강제하는 작가의 말이 권위를 획득하게 되는 상황을 떠올려보자. 여기서 누락되거나 배제되는 것은 무엇인가? 존재가 지워진 희생자/피지배자의 말과 이야기. 그들의 말과 이야기를 어떻게 되살릴 것인가? 어떻게 그들의 몸은 이미지가 되며[가시화되며], 담화가 될 수 있는가[우리에게 들릴 수 있는가]? 이것이 랑시에르가 던지는 물음이다.

몫 없는 자들은 소음으로 간주되는 자신의 말을 말로 들리게 만들기 위한 무대/장면을 연출하면서 집단적으로 주체화되곤 했다. 『정치적인 것의 가장자리에서』와 『불화』는 이것을 정치의 핵심 문제로 다루었다. 랑시에르는 이번에는 예술이 말 없는 자들의 말을 어떻게 가시화할 수 있느냐는 문제를 다룬다. 이를 위해서는 먼저 말 대對 이미지라는 지배 담론의 형식을 거부하고, 이미지를 사물의 이중체 또는 말을 수식하는 도구가 아니라 "말로 할 수 있는 것과 시각적인 것의 어떤 접속"이라

고 새롭게 정의할 필요가 있다.[22]

랑시에르는 란즈만처럼 〈쇼아〉를 재현 체제의 틀로 읽으면서 증언의 효력과 증거(사진 이미지)의 결격을 맞세우는 것이 아니라, (연출가의 의도를 거슬러) 미학적 체제의 틀로 읽으면서 말과 이미지가 같은 방식으로 작동한다고 본다. 이발사는 '증언'을 통해 그가 보았던 용납할 수 없는 참화를 '보이기' 위해 애쓰고, 침묵하는 '모습'을 보이며 당시의 참화를 '이야기'한다. 표현의 미학적 체제를 참조해서 말하면 침묵과 눈물은 말을 보충하지 않는다. 그것은 말을 중지시킨다. 또는 오히려 말을 배가시킨다. 증언하라고 재촉하는 감독은 말과 이미지의 이러한 등가를 이해하지 못하고, 이미지에 대한 말의 우위를 이중으로—이미지에 대한 증언의 우위, 증언에 대한 증언을 강제하는 타자의 목소리의 우위— 주장하는 것이다. 반대로 침묵(그리고 그에 더해 눈물과 표정)을 가시화함으로써 이발사는 자신이 본 것을 말하지 않고 보게 만든다는 것이 랑시에르의 생각이다. 침묵의 '수사적' 혹은 '회화적' 힘. 이는 말/목소리(비가시적인 것) 대對 이미지(가시적인 것)의 구도를 깬다.

"이미지란 가시적인 것의 단순한 조각이 아니라고, 이미지란 가시적인 것의 연출이요, 가시적인 것과 그 가시적인 것이 이야기하는 것 사이의 묶음이며, 말과 그 말이 보이는 것의 묶음이라고" 환기하는 알프레도

---

22   자크 랑시에르, 김상운 옮김, 『이미지의 운명』(현실문화, 2014), 67쪽에는 "이미지(즉, 가시성과 의미작용 사이의 관계)"라는 표현이 나온다.

자르는 랑시에르의 논의를 뒷받침하는 훌륭한 예가 된다.[23] "칠레 출신 예술가 자르는 르완다 대학살을 다루는 설치 작품을 여럿 만들었지만 죽임을 당한 신체의 노골적 이미지를 보여준 적은 없다. 첫 작업(《생명의 흔적Signs of Life》[1994])에서 자르는 우편엽서에 X 또는 Y—수신자가 모르는 개인들—가 아직 살아 있다고 적어서 친구들에게 보냈다. 두 번째 설치 작업(《리얼 픽처스Real Pictures》[1995])에서는 학살당한 투치족의 모습을 담은 이미지를 검은 상자 안에 집어넣었다. 이미지는 감춰졌지만 상자 위에는 그 사람의 이름과 역사/이야기가 쓰였다. 자르는 이렇게 100만여 희생자가 100만여 개인들임을 보였으며, 우리가 시체더미에 던져지도록 운명지어진 무리가 아니라 우리와 똑같은 인간성을 지닌 신체들과 마주하고 있음을 보였다."[24] 대량 학살에 의해 제거된 것은 희생자들의 몸이다. 그들이 희생된 것은 그들이 이름도, 이야기/역사도 갖지 않은 존재였기 때문이다. 따라서 희생자들을 가시화하기 위해서는, 그들이 말을 할 수 있게 만들기 위해서는 먼저 가시화 작업이 필요한데, 이는 희생자의

23   J. Rancière, "Le Théâtre des images," in le catalogue *Alfredo Jaar. La politique des images* (jrp/ ringier-Musée Cantonal des Beaux-Arts de Lausanne, 2007), p. 74.

24   J. Rancière, "La parole n'est pas plus morale que les images," *Télérama*, n° 3074 (10 décembre 2008). http://www.telerama.fr/idees/le-philosophe-jacques-ranciere-la-parole-n-est-pas-plus-morale-que-les-images,36909.php "보이도록 만들어야 하는 비가시적인 것은 여기서 다른 의미를 얻는다. 보이지 않는 것, 보이도록 만들어야 하는 것, 그것은 이 대량 학살의 희생자들이 모두 개인들이었다는 사실이다. 그 개인들에게 이름을 돌려주어야 한다. 담론과 기념관에 [이름을] 새겨야 한다. 왜냐하면 이 모든 죽음에 대한 무관심은 어떤 비가시성—그 생명은 담화의 세계 외부에 있다는 느낌—을 연장하기 때문이다." J. Rancière, *Et tant pis pour les gens fatigués* (Paris: Éditions Amsterdam, 2009), p. 487.

몸의 이미지를 노출하는 것이 아니라, 그들의 이름/문자/역사를 담은 단어의 가시화를 전제한다. 참화를 '보게 만드는' '텍스트.' "이미지는 가시적인 것과 비가시적인 것, 가시적인 것과 말, 말해진 것과 말해지지 않은 것 사이의 관계가 벌이는 복잡한 게임이다." "말로 할 수 있는 것과 시각적인 것의 어떤 접속을 구축하는 것"이 중요하다.

생각에 잠긴 이미지

이 책 마지막 장에서 다루는 생각에 잠긴 이미지는 이미지가 사물의 이중체에 지나지 않는다는 관념과 이미지는 예술의 조작에 의해 만들어진 것이라는 관념 사이에 존재하는 것, 사유와 비-사유, 능동성과 수동성, 예술과 비예술 사이의 비규정 지대에 존재하는 것이다. 랑시에르는 생각에 잠긴 이미지를 예증하기 위해 리네커 딕스트라의 폴란드 소녀 사진에서 나타나는 '약간의 신비를 가진 임의의 존재', 알렉산더 가드너의 루이스 페인 사진에 나타나는 '비규정성', 워커 에번스의 농가 사진에 쓰인 '중립적 프레이밍', 압바스 키아로스타미의 영화에서 영화, 사진, 데생, 캘리그래피, 시가 서로의 독특성을 교환하는 '공-현전' 등을 논한다.

『해방된 관객』에서 생각에 잠긴 이미지를 논하면서 드는 예와 설명은 랑시에르가 『이미지의 운명』에서 상징적 몽타주를 논하면서 드는 그것들과 겹치는 경우가 있다. 딕스트라의 정체가 불분명한 인물 사진들이나 고다르의 〈영화의 역사(들)〉이 그러하다. 그렇다면 상징적 몽타주는 곧 생각에 잠긴 이미지인가? 이 난감한 물음에 답하기 위해서 『이미지의 운명』, 『미학 안의 불편함』, 『해방된 관객』에서 계속 등장하는 딕스트라의 사진이 어떻게 소개되는지 살펴보는 것이 좋겠다.

먼저 그 사진은 『이미지의 운명』에서 상징적 몽타주의 예로 제시된다. 예술의 미학적 체제와 함께 시작된 무질서에 '공통의 척도', '이해 가능성'을 도입하기 위한 기술로서 문장-이미지(몽타주)를 논한다. 그리고 이질적인 것을 결합하는 몽타주의 두 양상으로서 변증법적 몽타주와 상징적 몽타주를 구분한다. 변증법적 몽타주(존 하트필드, 로슬러, 한스 하케, 1960년대 고다르의 〈미치광이 피에로〉 등의 작품이 거론된다)는 한 세계 뒤에 또 다른 세계를 출현시킴으로써 충돌과 갈등을 조직하고, 친숙한 것의 낯섦을 연출하며, 어떤 세계의 비밀을 폭로하는 간극과 충돌의 힘을 자신의 역량으로 갖는다.[25] 반면, 상징적 몽타주(1980년대 고다르의 〈카르멘이라는 이름〉, 〈영화의 역사(들)〉, 구겐하임 미술관 〈무빙 픽처스〉 전시회의 작품들)는 낯선 요소들 사이에 존재하는 친숙성과 유비에 근거하여 은유의 형제애를 따라 조합되어 공통의 세계를 증언한다. 여기서 '상징적'이란 말라르메가 체계화한 미학적 범주로서의 신비와 연결되어 있다. "신비는 유비를 제조하는 작은 연극적 기계이다. (중략) 신비의 기계는 공통적인 것을 만드는 어떤 기계, 더 이상 세계들을 대립시키는 것이 아니라 가장 예기

---

25   자크 랑시에르, 김상운 옮김, 『이미지의 운명』, 103쪽 참조.

치 못한 방식으로 함께-속함을 연출할 수 있는 기계이다."[26]

　이 틀이 『미학 안의 불편함』에서 그대로 반복되는데, 특히 딕스트라의 사진은 어제의 변증법적 도발이 끝나고 이질적인 것들을 조합하는 새로운 네 형태인 놀이, 목록, 만남, 신비 가운데 '신비'의 맥락에서 제시된다. "동시대 설치 작품에서 제시되는 오브제, 이미지, 기호의 아상블라주는 근래에 도발적 이견dissensus의 논리에서 공-현전co-présence을 증언하는 신비의 논리로 미끄러졌다. (중략) 적대에 의해 특징지어지는 현실에 대해 증언하는 충격을 유발하려고 요소들의 이질발생성을 강조하는 변증법적 실천에 맞서, 신비는 이질적으로 발생된 것들의 동족성을 강조한다. 신비는 유비의 놀이를 만든다. 그 놀이 안에서 이질적으로 발생된 것들은 공통 세계에 대해 증언한다. 그리고 가장 멀리 떨어진 현실들은 동일한 감각적 조직 안에서 재단된 것처럼 나타나고 고다르가 '은유의 형제애'라고 부른 것에 의해 항상 연결될 수 있다."[27]

　물음은 배가된다. 상징적 몽타주, 신비, 은유의 형제애, 공-현전은 생각에 잠긴 이미지와 자동으로 연결되는 것일까? 아니면 오늘날 동시대 미술에서 중요한 의제가 된 신비 또는 상징주의와 별개로 생각에 잠긴 이미지를 사고해야 할까? 아직 답할 수 없다.

　『미학 안의 불편함』에서 스케치한 오늘날 이질적인 것들을 조합하는 네 형태가 『해방된 관객』에서 평가되는 방식으로 또 한 번 우회해보

26　같은 책, 107쪽.
27　자크 랑시에르, 주형일 옮김, 『미학 안의 불편함』, 100~101쪽.

자. 첫째, 비판적 차원에서 유희적 차원으로 넘어간 '놀이'의 전략은 권력, 미디어, 상품의 제시 형태와 구분되지 않으며, 이는 포스트-비판적 예술의 무기력으로 귀결된다. 둘째, 집단적 삶의 기록을 보관하고 수집하는 '목록'의 전략은 공통 역사의 잠재력, 세계를 구성하는 행위의 기술들을 가시화하지만, 정치적이거나 논쟁적이기를 회피하고 사회 및 공동체를 복원하는 임무를 떤다. 이 전략은『해방된 관객』에서 집중적으로 다뤄지지는 않지만, 관계적 예술의 지향과 맞닿는 부분이 있다. 셋째, 사회적 유대의 부재에 답하기 위한 '만남' 내지 '초대'의 전략은 관계 미학 및 관계적 예술에 대한 랑시에르의 논의에서 주요 비판 대상이 된다. 넷째, 세상을 만드는 존재와 사물의 공-현전의 의미 상실에 답하기 위한 '신비'의 전략은 유비의 놀이를 통해 공-현전하는 이질적인 것들의 공통 세계를 증언한다. 신비의 전략을 취하는 몇몇 작품은『해방된 관객』에서 생각에 잠긴 이미지를 논하는 가운데 등장한다.『미학 안의 불편함』에서의 다소 중립적인 스케치에 비해,『해방된 관객』에서 랑시에르는 놀이, 목록, 만남의 전략에 대해 비판적이다. 그렇다면 신비는 어떠한가? 이에 대한 답변은 책에 나오지 않는다.

『이미지의 운명』과『미학 안의 불편함』을 겹쳐 읽고, 또 「정치와 미학」이라는 인터뷰(2006)를 참조함으로써 우리는 다음과 같이 추론할 수 있다. 첫째, 상징적 몽타주는 비판적 예술 전통의 변증법적 몽타주 이후, 무질서하고 카오스적인 분열증적 폭발, 곧 사회적 유대나 공동체의 상실에 답하는 예술의 대응 중 하나이다. 이는 몽타주(문장-이미지) 자체가 "거대병렬의 역량을 붙잡아두면서, 거대병렬이 분열증이나 합의 속으로 사라지는 것을 가로막기"[28] 위해 만들어진 것이라는 랑시에르의 규정에 부합한다. 둘째, 상징적 몽타주는 사회의 이면(상품 지배, 제국주의적 현실) 을 고발하는 것이 아니라 공통 세계를 구축하고, 당대를 증언하는 증인 이 된다. 이는 사회를 고발하는 비판적 예술이 1980년대에 증언의 예술, 기억의 예술, 목록의 예술이 된 것과 연관된다. 이 점에서 상징적 몽타주 나 신비는 현대 전시의 네 형태 중 하나인 '목록'과 연결되기도 한다.[29] 셋 째, 상징적 몽타주는 예술의 정치적/논쟁적 측면보다는 사회적/공동체 적 측면에서의 개입을 표방하며, 공통 세계를 구축할 수 있는 능력을 증 언함으로써 사회적 유대를 회복하고자 한다는 점에서 '만남'(관계적 예술) 과 비슷한 문제의식을 공유한다.[30] 이를 종합해보면, (목록, 만남, 신비라는 형태가 포스트-비판에 대한 대응이라는 공통 지반 때문에 서로 뒤섞인다는 사실은 차치하고) 상징적 몽타주나 신비의 테마는 해방의 전망이 불투명해진 시 기에 등장하는 질서 회복의 마지막 기획과 다르지 않다. 그것의 전도된 버전은 아마 종말론적 시간관이나 구원론의 테마일 것이다. 하지만 역 사의 황혼녘에 차이를 봉합하는 비식별의 공통 세계 모델은 '불일치', '불 화'에 기반을 둔 공통 세계 모델과는 상반된다.

28   자크 랑시에르, 김상운 옮김, 『이미지의 운명』, 87쪽.

29   "설치 예술 일부는 기억의 정치, 공동체의 기호들을 수집한 목록으로 전향했다. 예술은 아렌트 의 사상에 따라 우리에게 세계를 제공하도록 요구받는다. 경우에 따라서는 여기에 예술과 문화가 무 우주론적인 야만에 위협받는다는 쇠락하는/황혼의(crépusculaire) 시각이 연결된다." J. Rancière, *Et tant pis pour les gens fatigués*, p. 472.

30   이에 대해서는 자크 랑시에르, 김상운 옮김, 『이미지의 운명』, 128~129쪽을 보라.

따라서 비록 랑시에르가 생각에 잠긴 이미지를 논하면서 드는 예들이 상징적 몽타주의 예들(딕스트라의 정체가 불분명한 인물 사진들, 고다르의 은유의 형제애)과 겹치는 경우가 있다 하더라도 상징적 몽타주가 곧 생각에 잠긴 이미지라고 보기는 어렵다. 다만 상징적 몽타주의 몇몇 특징이 생각에 잠긴 이미지를 사고하는 데 도움이 될 뿐이다. 이를테면, 상징적 몽타주에서는 "[스테레오타입한] 유형의 모든 해석을 중지시키고, 이런 현전을 이것이 지닌 신비에 내맡기고 있는 것처럼 보이며", "비디오, 사진, 비디오 설치물 사이에서 우리는 지각적인 스테레오타입에 대해 늘 제기됐던 질문이 친숙한 것과 낯선 것, 현실적인 것과 상징적인 것 사이의 불분명한 경계에 대한 아주 다른 관심으로 미끄러지는 것을 목격한다."[31] 여기서 '해석의 중지', '불분명한 경계'는 생각에 잠긴 이미지의 규정 가운데 "이미지에서 생각에 저항하는 어떤 것, 그 생각을 만들어낸 자의 생각과 그 생각을 식별하려고 애쓰는 자의 생각에 저항하는 어떤 것", "비규정지대"와 연결해서 볼 여지가 있다. 이외에도 비디오 아트의 '전기 이미지의 비물질성'에 대한 상징주의적 심취는 『해방된 관객』에서 우디 바술카의 〈기억의 기술〉에 대해 논하는 내용과 겹치며, 고다르의 영화사 비디오에 나타난 "이미지의 함께-속함의 순수한 왕국과 이미지의 무한한 상호 표현의 잠재성"을 논한 부분은 압바스 키아로스타미의 〈키아로스타미의 길〉에 나타난 여러 매체의 '공-현전'과 포개진다.[32]

31   같은 책, 122쪽.
32   같은 책, 122, 124, 126쪽 참조.

랑시에르가 생각에 잠긴 이미지를 통해 말하고 싶은 것은 "의미를 내놓지 않는 이미지"이다. 비판적 예술에서 이미지는 심층의 진실을 내포하는 기호로서 해독의 대상이었다. 이와 반대로 바르트처럼 스투디움/의미작용을 비우고 푼크툼을 내세우거나 네오-상징주의자들처럼 이미지를 신비에 내맡기는 경향도 나타난다. 하지만 랑시에르가 딕스트라, 에번스 등의 사진을 통해 말하고자 한 것은 그것들이 촬영된 의도도 배경도 예상되는 효과도 말하지 않는 "불분명한" 이미지라는 것이다. 이 점에서 딕스트라 사진의 인물들이 보여주는 '약간의 신비'를 철저히 세속화하여 '임의적인 것'le quelconque으로 이해해야 한다. 그것을 『감각적인 것의 나눔』에 등장하는 "평범한 개인의 제스처(발자크)"나 평범하고 하찮은 사람들(앨프리드 스티글리츠의 〈3등 선실〉의 이주자들, 폴 스트랜드 또는 워커 에번스의 정면 초상 사진 속 인물들)과 연결할 때 우리는 더 많은 것을 끌어낼 수 있을 것이다. 생각에 잠긴 이미지는 "의미를 이야기하지 않는 이미지를 관객이 바라보고 그가 본인의 조건과 연결된 반사적 행동에서 스스로 탈출할 수 있도록 요청한다. 이 관객은 미학적 거리를 만들어낼 수 있다."[33] "실로 해방은 원인과 효과 사이에 단절이 있는 바로 그때 시작된다. 이 [원인과 효과 사이] 개방 속에 관객의 활동이 기입된다."[34] 생각에 잠긴 이미지는 바로 이 미학적 거리와 미학적 단절을 만들어내는 이미지

33   J. Rancière, "L'art politique est-il réactionnaire? Entretien avec Jacques Rancière", *Regards*, n°58(janvier 2009), http://www.regards.fr/acces-payant/archives-web/l-art-politique-est-il,3698.

34   J. Rancière, *Et tant pis pour les gens fatigués*, p. 635.

이다. 이 지점에서 생각에 잠긴 이미지는 관객의 해방이라는 이 책 전체의 주제와 다시 연결된다.

이 책은 관객의 역할 및 지위 변화에 관한 역사적 설명을 제공하지 않는다. 작품의 열린 의미, 무한한 해석 가능성을 가능케 한 저자의 죽음이라는 담론을 논하지 않는다. 텔레비전 재핑zapping, 비디오의 감기-되감기-빨리 감기, 주문형 비디오VOD, 롤플레잉게임RPG, 인터랙티브한 설치, 디자인, 영상 등 변화된 인터페이스로 가능해진 관객의 능동성 내지 상호작용성을 논하지도 않는다. 포이에시스 차원의 담론 지형 변화나 아이스테시스 차원의 매체 변화를 논하지 않은 채, '관객의 역설'이라는 소박하지만 근본적인 문제에서 출발해 동시대 예술의 무대를 종횡무진한다. 모더니즘 담론이나 아방가르드론의 관객 비판은 새로운 예술을 경험하기 위한 새로운 청중을 요청했다. 그렇다면 그들의 논의를 비판하기 위해 랑시에르도 새로운 관객론을 제출해야 마땅할까?[35] 예술 제작이 있고 그 예술 제작에 부합하는 감각 능력을 지니거나 지니지 못한 관객이 있는 것이 아니다. 관객의 능력은 대단한 것이 아니다. 주위에 있는 것을 보고, 듣고, 관찰하고, 자신이 보고 들었던 것과 새로 보고 듣게 된 것을 비교하고, 생각하고, 이야기하기. 관객이라면 누구나 가지고 있는 기본적인 능력. 하지만 이 간단한 이야기를 하기 위해서 동시대 예술에

---

35   cf. Dave Beech, "Encountering art," *Art Monthly*, n° 336(May 2010), pp. 9~11.

서 덜어내야 했던 짐들이 너무도 많았던 것이다.

2016년 5월

양창렬

찾아보기

지은이 자크 랑시에르 Jacques Rancière

1940년 알제리에서 태어났다. 파리고등사범학교를 졸업하고, 파리 8대학에서 1969년부터 2000년까지 미학과 철학을 가르쳤다. 루이 알튀세르의 '자본론 읽기' 세미나에 참석해 마르크스의 비판 개념에 관한 발표를 했다. 68혁명을 경험하면서 알튀세르주의자들이 주장하는 이론적 실천이 내포하는 '앎과 대중의 분리', 그들의 이데올로기론이 함축하는 '자리/몫의 배분'을 비판했고, 『알튀세르의 교훈』(1974)을 집필하며 스승 알튀세르와 떠들썩하게 결별했다. 1970년대 들어 19세기 노동자들의 문서고를 뒤지면서 노동자들의 말과 사유를 추적했다. 이 연구는 '정치의 감성학'이라는 개념으로 정리되며, 『노동자의 말, 1830/1851』(1976), 『평민 철학자』(1983) 같은 편역서, 국가 박사학위 논문인 『프롤레타리아들의 밤』(1981), 『철학자와 그의 빈자들』(1983), 『무지한 스승』(1987) 같은 저서의 토대가 됐다. 구소련의 붕괴와 더불어 선포된 정치의 몰락/회귀에 맞서 정치와 평등 그리고 민주주의에 대해 고민하면서, 그로부터 『정치적인 것의 가장자리에서』(1990, 1998)와 『불화』(1995)를 발표하며 세계적인 명성을 얻었다. 1990년대 중반부터는 미학과 정치의 관계를 사유하는 데 집중하면서, 『무언의 말』(1998), 『말의 살』(1998), 『감각적인 것의 나눔』(2000. 국내 번역, 『감성의 분할』), 『이미지의 운명』(2003), 『미학 안의 불편함』(2004), 『아이스테시스』(2011), 『평등의 방법』(2012) 등을 펴냈다.

옮긴이 양창렬

고대 원자론 및 현대 정치철학을 연구하며 글을 쓰거나 책을 번역하고 있다. 『알튀세르 효과』(2011), 『현대 정치철학의 모험』(2010) 등을 공저했으며, 자크 랑시에르의 『평등의 방법』(근간), 『무지한 스승』(개정판/2016), 『정치적인 것의 가장자리에서』(개정판/2013)를 번역했다.

해방된 관객

1판 1쇄 2016년 6월 15일
1판 4쇄 2023년 3월 20일

지은이 자크 랑시에르
옮긴이 양창렬
펴낸이 김수기

펴낸곳 현실문화연구
등록 1999년 4월 23일 / 제25100-2015-000091호
주소 서울시 은평구 불광로 128 302호
전화 02-393-1125 / **팩스** 02-393-1128 / **전자우편** hyunsilbook@daum.net
ⓗ hyunsilbook.blog.me   ⓕ hyunsilbook   ⓣ hyunsilbook

ISBN 978-89-6564-186-5 (93100)

이 도서의 국립중앙도서관 출판예정도서목록(CIP)은
서지정보유통지원시스템 홈페이지(http://seoji.nl.go.kr)와
국가자료공동목록시스템(http://www.nl.go.kr/kolisnet)에서 이용하실 수 있습니다.
(CIP제어번호:CIP2016011415)